# Sprache gestalten 9

Sprachbuch Deutsch
Jahrgangsstufe 9

Herausgegeben von Hans Hertel

Verfasst von Hans Hertel, Anne-Rose Hofmann,
Peter Rehfeld, Herbert Woerlein, Hans Wunderlich

Illustriert von Eva Czerwenka

Oldenbourg
C. C. Buchner

## Legende

 **1** ✳ **d**  Zusatzaufgabe zum weiteren Üben und Vertiefen der Lerninhalte oder als Alternative zu den anderen Aufgaben

Anhalt für eine Unterrichtsstunde

✱✱  Partnerdiktat: Diktierabschnitt

Tipp- und Ergebniskasten

informierender Einstieg zu einer Unterrichtseinheit

Regelkasten

Definition einer literarischen Gattung

▶ G  Querverweis auf Grammatik

▶ R  Querverweis auf Rechtschreiben

▶  inhaltlicher Querverweis

 Der Rotstift zeigt dir, dass diese Texte Fehler enthalten und verbessert werden müssen.

© 1995, 1997 Oldenbourg Schulbuchverlag GmbH, München
www.oldenbourg-bsv.de
C. C. Buchners Verlag, Bamberg
www.ccbuchner.de

Dieses Werk folgt der reformierten Rechtschreibung und Zeichensetzung.

2. Auflage 1997  E

Druck  05  04  03  02  01
Die letzte Zahl bezeichnet das Jahr des Drucks.

Alle Drucke dieser Auflage sind untereinander unverändert und im Unterricht nebeneinander verwendbar.

Umschlagkonzept: Mendell & Oberer, München
Umschlaggestaltung: Atelier Höpfner-Thoma, München
Lektorat: Ruth Bornefeld, Simone Riedel (Assistenz)
Herstellung: Felicitas Hübner, Christa Neukirchinger
Illustration: Eva Czerwenka
Satz und Reproduktion: Franzis print & media GmbH, München
Druck: R. Oldenbourg Graphische Betriebe Druckerei GmbH, Kirchheim b. München

Das Papier ist aus chlorfrei gebleichtem Zellstoff hergestellt, ist säurefrei und recyclingfähig.

ISBN 3-486-**82224**-1  Oldenbourg Schulbuchverlag
ISBN 3-7661-**2289**-4  C. C. Buchners Verlag

# Inhalt

# Mit Texten umgehen

Von klein auf hat man dir Märchen erzählt. Später hast du begonnen Bücher zu lesen. Immer handelte es sich dabei um Texte. Auch wenn du dich in der Zeitung informierst oder ins Theater gehst, hast du es mit Texten zu tun. Sie begegnen dir im Alltag, in der Schule oder in der Freizeit und gehören zu unserem Leben. Um sie zu verstehen ist es wichtig, ihren Inhalt zu erfassen und den Aufbau und die Aussageabsicht zu erkennen. Das folgende Kapitel will dir helfen deine Fertigkeiten und Fähigkeiten im Umgang mit Texten weiter zu vertiefen.

# Sich mit poetischen Texten auseinander setzen

Wie ein Maler aus Farben Bilder werden lässt oder ein Komponist Töne in Musik verwandelt, schaffen Dichter mithilfe der Sprache Kunstwerke. Und so, wie Bilder und Musik die Menschen von jeher faszinierten, ließen sie sich zu allen Zeiten für die Dichtung (Poesie) begeistern. Dichtung kann nämlich zum Ausdruck bringen, was viele Menschen denken und empfinden, kann helfen uns und die Welt besser zu verstehen, kann die Fantasie anregen, erheitern oder uns ruhig und glücklich machen. Davon will dir das folgende Kapitel einen Eindruck geben.

## Eine Theateraufführung besuchen

### 1 Sich über Theaterstücke informieren

**a** Informiere dich in einer Literaturgeschichte oder in einem Schauspielführer über den Inhalt von einigen Stücken!

**b** Welches Stück würdest du gerne sehen? Begründe!

**c** Betrachte die Schaukästen des nächstgelegenen Theaters! Für welche Theaterstücke wird geworben?

✱ **d** Informiere dich über das Programm des Theaters! Wähle ein Stück aus dem Programm aus und informiere die Klasse in einem Kurzreferat über den Dichter und sein Werk!

## 2 Einen Theaterspielplan auswerten

| | Residenztheater | | Cuvilliéstheater | Marstall |
|---|---|---|---|---|
| Juni 1. Mi | 19.30 bis 21.45 Uhr **Herr Paul** | 7. Abo blau, Freier Verkauf A | 19.30 bis 22.15 Uhr   Freier Verkauf H **Die Eingeschlossenen,** anschl.**Gespräch** | |
| 02. Do | 19.00 bis 21.15 Uhr **Herr Paul** | 7. Abo grün, Freier Verkauf A | 19.00 bis 21.45 Uhr   Freier Verkauf H **Die Eingeschlossenen,** anschließend | |
| 03. Fr | 20.00 bis 21.45 Uhr **Der Streit** | 7. Abo gelb, Freier Verkauf A | ↑ **Nacht-Foyer/Gespräch** | 23.00 bis 0.15 Uhr   15,– DM **Late Night Show** |
| 04. Sa | 19.30 bis 22.15 Uhr **Gewitter** | 7. Abo rot, Freier Verkauf A | 19.30 bis 22.15 Uhr   Freier Verkauf H **Die Eingeschlossenen** | 23.00 bis 0.15 Uhr   15,– DM **Late Night Show** |
| 05. So | 19.00 bis 20.45 Uhr **Der Streit** | 7. Abo grün, Freier Verkauf A | | 21.00 Uhr **Lesung:** Stefan Hunstein liest **Johannes Muggenthaler** 20,– DM |
| 06. Mo | 19.30 bis 22.00 Uhr **Die Soldaten,** anschließend **Nacht-Foyer/Gespräch** | 7. Abo rot, Freier Verkauf A | 19.30 bis 22.00 Uhr   Freier Verkauf H **Der Ignorant und der Wahnsinnige** | |
| 07. Di | | | | |
| 08. Mi | 20.00 bis 22.15 Uhr **Der eingebildete Kranke** | 7. Abo gelb, Freier Verkauf A | | **Muffathalle/Praterinsel** |
| 09. Do | 19.30 bis 21.45 Uhr **Herr Paul,** anschließend **Nacht-Foyer/Gespräch** | 7. Abo blau, Freier Verkauf A | | 19.00 Uhr **Serious Chiller...** Praterinsel 21.00 Uhr **Serious Chiller...** Muffathalle |
| 10. Fr | 19.30 bis 22.00 Uhr **Die Soldaten** | 7. Abo rot, Freier Verkauf A | 19.30 bis 22.00 Uhr   Freier Verkauf H **Der Ignorant und der Wahnsinnige** | 21.00 Uhr Konrad Becker   15,– DM **Serious Chiller Lounge** Muffathalle |
| 11. Sa | 20.00 bis 22.15 Uhr **Der eingebildete Kranke** | 7. Abo gelb, Freier Verkauf A | 19.30 bis 22.15 Uhr   Freier Verkauf H **Die Eingeschlossenen** | 21.00 Uhr Konrad Becker   15,– DM **Serious Chiller...** Muffathalle, anschl. |
| 12. So | 15.00 Uhr **Der eingebildete Kranke** 19.30 Uhr **Der eingebildete Kranke** | Geschlossene Vorstellung 7. Abo blau, Freier Verkauf A | 19.00 bis 21.45 Uhr   Freier Verkauf H **Die Eingeschlossenen** | bis 12.00 Uhr **Serious Chiller Lounge Schlussparty** Muffathalle |
| 13. Mo | 19.30 bis 22.00 Uhr **Die Soldaten** | 7. Abo gelb, Freier Verkauf A | | |
| 14. Di | 19.30 bis 22.15 Uhr **Gewitter** | 7. Abo gelb, Freier Verkauf A | | ab. 10.00 Uhr **Ausstellung** Praterinsel **Serious...** William S. Burroughs 8,– DM |
| 15. Mi | 19.30 bis 21.45 Uhr **Herr Paul,** anschließend **Nacht-Foyer/Gespräch** | 8. Abo grün, Freier Verkauf A | | ab. 10.00 Uhr **Ausstellung** Praterinsel **Serious...** William S. Burroughs 8,– DM |
| 16. Do | 19.30 bis 21.30 Uhr Uraufführung **In den Augen eines Fremden** | 7. Abo gelb, Freier Verkauf A | | ab. 10.00 Uhr **Ausstellung** Praterinsel **Serious...** William S. Burroughs 8,– DM |
| 17. Fr | 19.30 bis 22.00 Uhr **Der Widerspenstigen Zähmung** | Freier Verkauf B | | ab. 10.00 Uhr **Ausstellung** Praterinsel **Serious...** William S. Burroughs 8,– DM |
| 18. Sa | 19.30 Uhr Premiere ℗ **Ödipus** | 8. Premieren Abo, Beschränkter Verkauf B | 19.30 bis 22.15 Uhr   Freier Verkauf H **Die Eingeschlossenen** | ab. 10.00 Uhr **Ausstellung** Praterinsel **Serious...** William S. Burroughs 8,– DM |

**a** Was erfährst du aus dem Spielplan?

**b** Besorgt euch einen Spielplan vom nächstgelegenen Stadt- oder Landestheater! Ihr könnt ihn euch auch zuschicken lassen.

**c** Gibt es an eurer Schule eine Schulplatzmiete? Wie ist sie organisiert?

✱ **d** Entwerft ein Werbeplakat für die nächste Aufführung der Theatergruppe eurer Schule!

# Ein Abonnement – Ihr Vorteil!

- Bis zu 30 % Preisermäßigung
- Ratenzahlung ohne Mehrpreis
- Selbst gewählter Stammplatz
- Regelmäßiger Theaterbesuch
- Kein Warten an der Kasse
- Bargeldlose Abwicklung
- Termintauschmöglichkeit
- Übertragbarkeit des Abonnements
- Ermäßigungsscheine für den Erwerb zusätzlicher Karten (bei Vorauszahlung des Abonnementpreises)
- Unsere Spielplanvorschau wird Ihnen kostenfrei zugesandt

Ab 1. Juni werden Neueinschreibungen entgegengenommen. Fordern Sie hierzu ein Bestellformular an und senden Sie es an die Städtischen Bühnen.

Oder Sie kommen selbst vorbei und lassen sich beraten, welches Abonnement für Sie am vorteilhaftesten ist.
Wir haben täglich von 8.30–15.30 Uhr geöffnet (freitags nur bis 12.30 Uhr), Telefon 01 23 45

Je früher Sie uns Ihre Wünsche bekannt geben, desto besser und leichter können wir sie erfüllen!

Übrigens,
unser Abonnementbüro ist auch während der Theaterferien vom 23. Juli bis 5. September montags–freitags von 8.30–12.00 Uhr besetzt!

## Schauspiel-Abonnement

Schauspiele, Komödien 6 Vorstellungen

| Preisgruppe | Tageskassenpreis | Abonnementpreis | | |
|---|---|---|---|---|
| | | 1 Vorstellung | 6 Vorstellungen | Raten |
| 1 | 32,00 | 24,50 | 147,00 | 2 x 73,50 |
| 2 | 29,00 | 22,25 | 133,50 | 2 x 66,75 |
| 3 | 26,00 | 20,00 | 120,00 | 2 x 60,00 |
| 4 | 17,00 | 13,25 | 79,50 | 2 x 39,75 |
| 5 | 13,00 | 10,25 | 61,50 | 2 x 30,75 |

Serie A / Platzmietetag Dienstag
Serie B / Platzmietetag Mittwoch
Serie C / Platzmietetag Donnerstag
Serie L oder M / Platzmietetag wechselt
**25 % Preisermäßigung**

## Schauspiel-Premierenabonnement

Schauspiele, Komödien 6 Vorstellungen

Serie P / Platzmietetag wechselt

| Preisgruppe | Tageskassenpreis | Abonnementpreis | |
|---|---|---|---|
| | | 6 Vorstellungen | Raten |
| 1 | 35,00 | 210,00 | 2 x 105,00 |
| 2 | 31,00 | 186,00 | 2 x 93,00 |
| 3 | 28,00 | 168,00 | 2 x 84,00 |
| 4 | 20,00 | 120,00 | 2 x 60,00 |
| 5 | 14,00 | 84,00 | 2 x 42,00 |

**a** Kläre den Begriff „Abonnement"!

**b** Wie kommt man zu einem Abonnement?

**c** Weise anhand der Anzeige nach, dass ein Abonnement kostengünstig ist!

**d** Welche weiteren Vorteile sind mit dem Erwerb eines Abonnements verbunden?

# Tödlicher Lebensrausch einer Jugend

Residenztheater München: Haußmanns bunte Inszenierung von „Romeo und Julia"

Wenn sich nach fast fünf Stunden kurz vor Mitternacht die Väter Montague und Capulet über den Leichen ihrer Kinder zögernd, eigentlich eher widerwillig die Hände zum Gruß entgegenstrecken und sich langsam
5 der Schlussvorhang senkt, wenn Beifall, Bravo und Buh aufbranden, dann ist im Münchner Residenztheater ein beinahe großer Theaterabend zu Ende gegangen. Als Zuschauer muss man sich frei machen von dem in weiten Passagen lähmenden zweiten Teil der
10 Aufführung um nicht zu vergessen, wie tollkühn und furios, wie sinnlich, intelligent und verspielt, wie witzig und ernsthaft zugleich Regisseur Leander Haußmann William Shakespeares Tragödie „Romeo und Julia" bis zur späten Pause in Szene setzte.
15 Vor den Vorhang tritt ein nach Pantomimenart geschminkter Mann, der das Stück begleitet – als Prolog und Kommentator, als Spielführer und Tod, Musikant und Sänger. […] Dieser Erzähler, im Programmheft durch den Namen Naso als Ovid ausgewiesen, hebt
20 den Vorhang. Das Spiel von Liebe und Tod beginnt.
Das Leben in der engen City von Verona erwacht. Die Yuppies der Stadt schlagen sich mit dem Degen, die Väter hauen mit Funken sprühenden Schwertern aufeinander ein. […] Zunächst geschieht das alles auf
25 Englisch, dann mengt sich Italienisch dazu – bis dem grandiosen Wolfgang Hinze als Capulet als Erstem ein deutsches Wort entschlüpft: „Fettsack" ruft er dem herrlich vertrottelten Montague des Alois Strempel nach, hält sich erschrocken den Mund […] Haußmann
30 entfacht auf der von Bernhard Kleber wunderbar ausgestatteten Drehbühne ein Feuerwerk an Ideen und Slapsticks ohne dabei das Eigentliche aus dem Auge zu verlieren: die Geschichte einer ziellosen Jungen-Generation und die einer ungestümen, ersten und einzigen
35 Liebe zweier Halbwüchsiger.
Wirkungsvoll eingesetzte Musik (Einrichtung: Michael Gottfried), hervorragend studierte Fechtszenen (Reinhard Riemerschmid), in denen sich die Kampfhähne durch die verwirrenden Gassen Veronas über die
40 Drehbühne jagen, zirzensische Akrobatik (Roman Linke, Horst Beeck), Fackeln und Pestfeuer, herrliche groteske Masken, bunte historische Kostüme (Doris Haußmann), witzige, als Verbeugung gemeinte Anklänge an Oskar Werner und Elisabeth Flickenschild: Haußmann nutzt alle nur denkbaren und für
45 den Zuschauer bis dahin auch undenkbaren Möglichkeiten des Theaters den tödlichen Lebensrausch einer verlorenen Jugend höchst sinnenreich zu erzählen.

Im Spannungsfeld des Wechsels vom grellen Spektakel
50 zur innigen Liebe, von der grotesken Komik zur anrührenden Tragik bietet Haußmann seinen Schauspielern größte Entfaltungsmöglichkeiten. Margit Carstensen war hier noch nie so gut zu sehen wie jetzt als Amme. Volker Spahr ist ein herrlich verschmitzter
55 Bruder Lorenzo. Schneidig, gefährlich, stark: der Tybalt des Jans-Werner Meyer. Glänzend: der Mercutio von Wolfgang Bauer. Ihm gelingt es am vollkommensten, die Shakespeare-Figur des ausgehenden 16. Jahrhunderts mit dem Lebensgefühl des endenden
60 zwanzigsten in Übereinstimmung zu bringen. Die Szene seines Sterbens, der atemberaubende Wettlauf mit dem Tod, gehört zu den bestinszenierten des Abends. An solchen Bildern erweist sich Haußmanns großes Talent zu einheitlicher Ensembleleistung.
65 Aber auch die Szenen der aufkeimenden Liebe gelingen ihm meisterlich. Denn für Romeo und Julia wählte er zwei Schauspieler – den Italo-Melancholie ausstrahlenden Guntram Brattia und die tatsächlich wie eine 14-Jährige wirkende Resi-Debütantin Anne-Marie Bub-
70 ke –, die vor allem durch ihre Jugend Glaubwürdigkeit erzielen: in der komisch-zarten Szene ihres ersten Kusses wie in dem berühmten Balkonbild. Hier bietet Brattia eine sehenswerte Clownsnummer, in der er – begleitet von lautem Herzklopfen – mit drei verschie-
75 den hohen Leitern vergeblich versucht zu Julia emporzusteigen. Schließlich gelingt es ihm ohne Hilfsmittel, den Balkon zu erspringen, und komisch-unbeholfen sitzt der Jüngling jetzt auf der Brüstung, schlägt verklemmt die Beine übereinander, übt sich mit Julia in
80 Konversation – bis er Wams und Hemd auszieht um das Mädchen zu wärmen. Eine Szene verströmenden Glücks, einfach und schnörkellos.
Was ist nur in den Regisseur gefahren, diese Theaterpracht der ersten zweieinhalb Stunden nach der Pause
85 so aufs Spiel zu setzen […]? Die Drehbühne ist jetzt ein labyrinthartiger Friedhof vor der Stadt, in dessen offenen Gräbern die Toten der Pest sichtbar sind. Haußmann lässt nun die Szenen der mühsamen Liebes- und Tragödienvollendung ineinander fließen […]
90 Am Schluss weicht Haußmann von der Shakespeare-Vorgabe ab. Anne-Marie Bubkes Julia erwacht vorzeitig in der Gruft der Väter, trotzdem zu spät: Romeo lebt zwar noch, hat aber sein Gift bereits getrunken. Verkitschter Liebestod des Paares, in dem ihm ge-
95 meinsames Sterben zugebilligt wird.

Sabine Dultz

**a** Schreibt unverstandene Begriffe heraus und klärt sie!

**b** Welche Aspekte werden besprochen?

**c** Wo äußert sich die Kritikerin negativ, wo positiv?

**d** Zu welchem Zweck werden Theaterkritiken geschrieben?

**e** Sammelt Theaterkritiken und vergleicht sie nach den Aspekten, die erwähnt und beurteilt werden!

 **5**

> ## Vorschlag für ein Projekt
> ## „Eine Theatervorstellung besuchen"
>
> - Wählt aus der Programmvorschau ein Stück!
> - Beschafft euch den Text und lest ihn mit verteilten Rollen!
> - Klärt, was schwer zu verstehen ist!
> - Macht euch klar, welche Eigenschaften die Hauptpersonen haben und warum es zu Konflikten oder Verwirrungen kommt!
> - Gebt den Inhalt des Stückes mit eigenen Worten wieder!
> - Informiert euch über die Öffnungszeiten der Theaterkasse und bestellt euch Schülerkarten!
> - Besorgt euch nach dem Theaterbesuch die Theaterkritiken zu dem Stück aus Tageszeitungen!
> - Vergleicht die Meinung der Kritik mit dem Eindruck, den ihr von der Aufführung hattet!
> - Diskutiert eure Meinungen und schreibt selbst Kritiken! Ihr könnt sie in der Schülerzeitung veröffentlichen.

# Dichtung in ihrem Entstehungszusammenhang sehen

Häufig verarbeiten Dichter und Dichterinnen in ihrem Werk ihre persönliche Situation. Manche gehen auch auf aktuelle Ereignisse ihrer Zeit ein. Andere beschäftigen sich mit längst Vergangenem. Dichter und Dichterinnen verfolgen aber auch bestimmte Absichten und wollen ihren Lesern und Leserinnen Einsichten vermitteln.

**1** Dichter bei der Arbeit

**a** Vergleicht die Bilder! Wie ist der Vorgang des Dichtens und Schreibens jeweils dargestellt?

**b** Wie haben sich die Bedingungen, unter denen Dichtung entsteht, verändert?

**2** Eine Dichterin stellt sich vor

*Sarah Kirsch ist 1935 in Limlin-
gerode im Harz geboren. Vor allem
als Lyrikerin bekannt geworden
erhielt sie 1973 den Heinrich-Heine-
Preis, 1976 den Petrarca-Preis.*

Aus einem Gespräch mit Sarah Kirsch aus dem Jahre 1978

SCHÜLERIN: Liegt Ihnen überhaupt etwas daran, dass die Leser Ihre Gedichte so verstehen, wie Sie sie wirklich gemeint haben?

S. K.: Das ist eine sehr gute Frage, weil ich eigentlich Gedichte schreiben möchte,
in denen für den Lesenden noch Spielraum ist, wo er selbst auch etwas

5      machen kann. Ich möchte meine Leser nicht völlig festlegen. Sie müssen
nicht dasselbe empfinden, was ich empfunden habe. Es sind nur kleine
Anstöße und jeder kann sich in den Zeilen noch bewegen – und mehr will ich
eigentlich gar nicht, als dass jemand sagt: So ähnlich ist es mir auch schon
mal gegangen, das habe ich auch schon mal gedacht.

10 SCHÜLER: Zum Beispiel hier: Ich zitiere mal „Ein Bauer".

> Ein Bauer mit schleifendem Bein
> Ging über das Kohlfeld, schwenkte den Hut
> Als wäre er fröhlich.

Da wird in einer Kritik von einem geradezu gigantischen Dreizeiler gespro-

15      chen. Also ich konnte mir darunter nichts vorstellen. Da habe ich mich wirklich gefragt, wenn Sie nun so kompliziert schreiben …

S. K.: Versuchen Sie mal einfach mitzumachen. Das steht doch so in der Mitte von mehreren Landschaftsgedichten, die in Mecklenburg entstanden sind. Ein guter Trick mit Gedichten etwas anfangen zu können ist, dass man nicht denkt: Was will der Dichter damit sagen? Was hat er sich Großes gedacht? – sondern sich ganz locker lässt und einfach mitmacht und nicht irgendetwas ganz Tolles erwartet, sondern nur das, was da steht. Nun kann man fast die Augen ein bisschen zumachen und versuchen dieses Bild zu sehen.

Ein Bauer mit schleifendem Bein
Ging über das Kohlfeld, schwenkte den Hut
Als wäre er fröhlich.

Das ist so ein ganz kleines Bild, eine Momentaufnahme, eine Skizze oder irgendetwas. Ich kann nichts dafür, wenn da steht, dass das ein kolossaler Dreizeiler wäre. Da kann ich nichts dafür.

SCHÜLER: Könnte man dann sagen, dass Sie praktisch versuchen Bilder zu malen mit Worten?

S. K.: Ja. Das Optische interessiert mich überhaupt sehr. Die Gedichte entstehen oft aus einem optischen Einfall, dass ich irgendetwas gesehen habe. Von dort an geht es dann los, dass man etwas aufschreibt. Das kann die Mitte eines Gedichtes sein oder der Anfang, das ist völlig verschieden. Aber es hat mit diesen Bildern schon viel zu tun.

SCHÜLER: Ich möchte mal wissen, warum Sie denn gerade Gedichte schreiben, wenn es Ihnen mehr um den bildlichen Ausdruck geht. Warum fangen Sie nicht an zu malen?

S. K.: Ja, also der eine kann sich in Musik äußern, der andere in Malerei. Ich kann beides leider nicht. Meine Art ist es eben, Gedichte zu schreiben. Das ist die Art für mich mich zu meiner Umgebung und zur Welt überhaupt zu äußern.

SCHÜLERIN: Wenn Sie nun solche Gedichte schreiben: Sie sehen meinetwegen eine Landschaft und es gefällt Ihnen unheimlich und Sie setzen sich da einfach hin und schreiben das nun auf? Oder arbeiten Sie da irgendwie dran?

S. K.: Das ist richtige harte Arbeit. Man hat einen Einfall. Man fängt an ihn aufzuschreiben, ein Stück Vorarbeit sozusagen. Dann beginnt die richtige Arbeit. Es gibt Dichter, die machen das Gedicht im Kopf fertig. Die brauchen es eines Tages nur aufzuschreiben und dann steht es so, wie es steht. Das ist die eine Sorte. Die andere schreibt und schreibt und schreibt und schreibt das wieder ab. Beim Schreiben entsteht Neues. Zu dieser zweiten Sorte gehöre ich. Dann lasse ich es auch eine Weile liegen und sehe es mir immer wieder an. Ein Gedicht, ein Einfall hat auch einen bestimmten Bogen, der erfüllt werden muss. Ein Bild hat eine bestimmte Logik. Auch bei einem Gedicht kann nachher nicht unendlich viel dazugetan werden. Man muss wissen, wann man aufhört.

SCHÜLERIN: Ja, schreiben Sie aber gleich in Versen oder ist es eigentlich eher so textlich abgefasst am Anfang?

S. K.: Nein, es ist schon zeilenweise da, wenn man es schreibt. Es kann sein, dass man viel streicht und wegwirft oder dass das ganze Gedicht weggeworfen wird. [...]

**a** Was sagt die Schriftstellerin über die Entstehung ihrer Gedichte?

**b** Wie soll man nach Sarah Kirschs Vorstellungen mit ihren Gedichten umgehen?

**c** Schreibe die Ergebnisse aus Aufgabe a und b in einem zusammenhängenden Text auf!

**d** Sommerabend

Auf schwarzen Weiden das Melkvieh
Suchet den Pferch auf und immer
Zur nämlichen Zeit. Der zufriedene Landmann
Sitzt auf dem Schemel am Rande des Wegs
Raucht eine Marlboro während die Milch
Wild in den gläsernen Leitungen strömt.

*Sarah Kirsch*

Kirsch: „Ich möchte meine Leser nicht völlig festlegen." Jeder sieht also ein Gedicht anders.

Versuche die Vorschläge der Dichterin anhand des Gedichtes „Sommerabend" nachzuvollziehen!

Hinweis: Eine/r liest das Gedicht laut vor!

## 3 *Annette von Droste-Hülshoff*
*\* 10. 1. 1797 in Hülshoff/Münster*
*† 24. 5. 1848 in Meersburg*

*Die Werke des Edelfräuleins
gehören zur Weltliteratur.*

[...] Trotz schwacher Gesundheit verlebte Annette eine frohe Kindheit auf dem alten Wasserschloß Hülshoff inmitten von Feldern, Wäl-
dern und Mooren. Vom Vater erbte sie die Liebe zur Musik und eine scharfe Beobachtungsgabe für die Wunderwelt der Natur. Sie komponierte, spielte 50 Orgel, schrieb Gedichte, spielte 20 leidenschaftlich gern Theater. Für eine „standesgemäße" Bildung sorgte die stolze, strenge Mutter (Dichten galt als unstandesgemäß). Bei der frommen Großmutter im Paderbornschen ging es immer 25 gesellig zu; dort wurde Annette auch von den Brüdern Grimm eingeladen, an der

Sammlung von Volksliedern und Märchen mitzuarbeiten. Die erste unglückliche Liebe erschütterte sie tief; sie erkrankte 30 schwer. Nach dem Tod des Vaters zog sie 1826 in das verwunschene Landschlößchen Rüschhaus. Hier verkroch sie sich in ihr „Schneckenhäuschen", wenn die Mutter auf Reisen war, und abends erzählte 35 „Fräulein Nette" den Kindern vom Hof unheimliche Spukgeschichten. Hier arbeitete sie auch an ihrem berühmtesten Werk, „Die Judenbuche" (erstmals erschienen 1842), einer Novelle voll unheim- 40 licher Spannung. Hierher kam der siebzehn Jahre jüngere Sohn ihrer Freundin, Levin Schücking. Gemeinsame literarische Arbeit führte sie näher zusammen: aus Freundschaft wurde Liebe. [...] Den näch- 45 sten Winter verlebten die beiden auf Schloß Meersburg am Bodensee, das Annettes Schwager, dem Freiherrn von Laßberg, gehörte. Wie in einem Rausch entstanden die „Meersburger Balladen", 50 z. B. „Die Vergeltung", „Heidebilder", [...] Höhepunkte deutscher Lyrik: „Der Knabe im Moor", „Das Hirtenfeuer" u. a. Als Levin sie verließ, versenkte sich Annette ganz in die dichterische Arbeit. 55 Von deren Erlös kaufte sie sich das „Fürstenhäusle" in den Weingärten bei Schloß Meersburg. Hier, in ihrem „kleinen Paradies" fern der Welt, starb sie.

## Am Turme

Ich steh auf hohem Balkone am Turm,
Umstrichen vom schreienden Stare,
Und lass gleich einer Mänade\* den Sturm
Mir wühlen im flatternden Haare;
5  O wilder Geselle, o toller Fant,
Ich möchte dich kräftig umschlingen,
Und, Sehne an Sehne, zwei Schritte vom Rand
Auf Tod und Leben dann ringen!

---

\* (griech.) rasendes Weib

Und drunten seh ich am Strand, so frisch
10   Wie spielende Doggen, die Wellen
Sich tummeln rings mit Geklaff und Gezisch
Und glänzende Flocken schnellen.
O, springen möcht ich hinein alsbald,
Recht in die tobende Meute,
15   Und jagen durch den korallenen Wald
Das Walroß, die lustige Beute!
Und drüben seh ich ein Wimpel wehn
So keck wie eine Standarte,
Seh auf und nieder den Kiel sich drehn
20   Von meiner luftigen Warte;

O, sitzen möcht ich im kämpfenden Schiff,
Das Steuerruder ergreifen
Und zischend über das brandende Riff
Wie eine Seemöwe streifen.

25   Wär ich ein Jäger auf freier Flur,
Ein Stück nur von einem Soldaten,
Wär ich ein Mann doch mindestens nur,
So würde der Himmel mir raten;
Nun muß ich sitzen so fein und klar,
30   Gleich einem artigen Kinde,
Und darf nur heimlich lösen mein Haar
Und lassen es flattern im Winde!

*Annette von Droste-Hülshoff*

**a** Welche Situation schildert die Dichterin in ihrem Gedicht, welche Sehnsüchte bewegen sie?

**b** Warum werden sich ihre Wünsche nicht erfüllen lassen? Beziehe dich auf die Angaben im Lebenslauf!

**c** Weise an dem Gedicht nach, dass es zur Zeit ihres Aufenthaltes auf Schloss Meersburg entstanden ist!

**d** Trage das Gedicht stimmungsvoll vor!

**∗ e** Wonach sehnst *du* dich? Schreibe es auf!

## ★ 4 *Heinrich Heine*
*\* 13. 12. 1797 in Düsseldorf*
*† 17. 2. 1856 in Paris*

Heine gilt nach Goethe als einer der bedeutendsten Lyriker der deutschen Literatur des neunzehnten Jahrhunderts. Andererseits wurde er angegriffen wie wenige, seine Bücher wurden verboten und er musste mehr als zwanzig Jahre im Exil leben. Erklären kann man dies damit, dass Heine, der in seinem lebenslangen Kampf gegen Unaufrichtigkeit, Heuchelei und Vorurteile keine Rücksicht nahm, in eine Zeit hineingeboren war, in der noch immer Altes und Überliefertes gepflegt wurde, obwohl es seine Bedeutung schon längst verloren hatte. Das galt besonders für Kunst und Politik. Geboren wurde Heine in Düsseldorf, wo er bereits in jungen Jahren mit den Ideen der Französischen Revolution in Berührung kam, die ihn schon deshalb besonders faszinierten, weil sie ihm als Juden die bürgerliche Freiheit und die Gleichberechtigung mit den Christen versprachen. […] Durch seine Arbeiten hatte sich Heine schon einen Namen gemacht und er galt als Führer einer Gruppe von Autoren, die sich das „Junge Deutschland" nannte und tiefgreifende Reformen für nötig hielt. 1835 wurden die Schriften des „Jungen Deutschland" in allen Staaten des Deutschen Bundes verboten. Heine musste nun in Paris bleiben, wo er von einer Pension der französischen Regierung lebte. Im Jahre 1848 erkrankte er an Rückenmarkschwindsucht, die ihn acht Jahre lang an seine „Matratzengruft" fesselte, bis er endlich 1856 gelähmt, fast blind und verarmt, starb. […]

Zur Beruhigung

Wir schlafen ganz, wie Brutus schlief –
Doch jener erwachte und bohrte tief
In Cäsars Brust das kalte Messer!
Die Römer waren Tyrannenfresser.

5 Wir sind keine Römer, wir rauchen Tabak.
Ein jedes Volk hat seinen Geschmack,
Ein jedes Volk hat seine Größe;
In Schwaben kocht man die besten Klöße.

Wir sind Germanen, gemütlich und brav,
10 Wir schlafen gesunden Pflanzenschlaf,
Und wenn wir erwachen, pflegt uns zu dürsten,
Doch nicht nach dem Blute unserer Fürsten.

Wir sind so treu wie Eichenholz,
Auch Lindenholz, drauf sind wir stolz;
15 Im Lande der Eichen und der Linden
Wird niemals sich ein Brutus finden.

Und wenn auch ein Brutus unter uns wär,
Den Cäsar fänd er nimmermehr,
Vergeblich würd er den Cäsar suchen;
20 Wir haben gute Pfefferkuchen.
Wir haben sechsunddreißig Herrn
(Ist nicht zuviel!), und einen Stern
Trägt jeder schützend auf seinem Herzen
Und er braucht nicht zu fürchten die Iden des Märzen.

25 Wir nennen sie Väter, und Vaterland
Benennen wir dasjenige Land,
Das erbeigentümlich gehört den Fürsten;
Wir lieben auch Sauerkraut mit Würsten.

Wenn unser Vater spazierengeht,
30 Ziehn wir den Hut mit Pietät;
Deutschland, die fromme Kinderstube,
Ist keine römische Mördergrube.

*Heinrich Heine*

---

Cäsar wurde am 15. 3. 44 v. Chr. (Iden des März) u. a. von Brutus ermordet

**a** Informiere dich in deinem Geschichtsbuch über die politische und gesellschaftliche Situation in Deutschland zur Zeit Heines! Inwiefern bezieht sich das Gedicht darauf?

**b** Wie charakterisiert Heine seine Landsleute?

**c** In welcher Absicht hat Heine das Gedicht geschrieben?

**d** Welches Stilmittel verwendet er um seine Einstellung deutlich zu machen? Untersuche jeweils den letzten Vers jeder Strophe!

**e** Warum wurden Heines Schriften verboten?

**f** Notiere dir die Antworten in Stichpunkten und trage sie der Klasse in einem Kurzreferat vor!

# Frauen- und Männerbilder im Wandel

**1** Kunstlied

O Sternen Äugelein!
O Seiden Härelein!
O Rosen Wängelein
Corallen Lippelein!
5 O Perlen-Zeenelein!
O Honig Züngelein!
O Perlmutter Öhrelein!
O Helffenbeinen Hälßelein!
O Pomerantzen[1] Brüstelein!
10 Bissher an euch ist alles fein:
Aber O du steinern Hertzelein/
Wie dass du tödst das Leben mein!

Johann Hermann Schein (1586–1630)

_____

[1] apfelsinenartige Zitrusfrucht

**a** Wie sah eine begehrenswerte Frau damals aus, welchen „Fehler" hatte die Dame aber anscheinend?

**b** Übertrage den Text in heutiges Deutsch!

**c** Konnte der Verfasser nicht rechtschreiben?

**2 Darling Ultra**

Darling Ultra ist nicht schön, nicht reich, nicht sexy
die Männer sehen an ihr vorbei, keiner träumt von ihr
sie lässt in deinem Kopf keinen Sexfilm entstehn
und niemand will ihr Bild in seiner Brieftasche sehn
5 wirklich, so ist das

_Refrain_ { aber ich steh auf sie und betrüg sie nie
denn Darling Ultra ist das bunteste Mädchen der Stadt
sie trägt gelbe Socken und silberne Schuhe
und rosa Petticoats
10 und ein T-Shirt, auf dem „Havard University" steht
und in ihrem Pferdeschwanz hat sie 'ne Blume aus Papier
oh wirklich, das hat sie, das macht sie, und das die ganze Zeit
Darling Ultra ist nicht schön, nicht reich, nicht sexy
sie hat breite Hüften – uh – und dicke Beine
15 und 'ne Menge Pickel im Gesicht
wenn sie die Modehefte gelesen hat, traut sie sich nicht mehr auf die Straße hinaus
_Refrain_

sie hat schwarze Kleider, wo Silbersternchen aufgestickt sind
und Schuhe, die sie fünfzehn Zentimeter größer machen
20 und sie hat Lippen und Augen mit einem schwarzen Strich herum
wirklich, das hat sie, das macht sie, und das die ganze Zeit

Darling Ultra ist nicht schön, nicht reich, nicht sexy
wenn sie redet, hört sie nie mehr auf
und wenn sie tanzt – uh – muss ich wegschaun
25 wenn sie sich schminkt, dann kommen wir immer zu spät
wirklich, so ist das
*Refrain*
und Mama und Papa werden nervös, wenn sie uns sehn
wie wir am Samstag die Straße zur Diskothek raufgehn
30 oh, sie treibt mich zum Wahnsinn mit ihren Kleidern und Make-ups
oh wirklich, das macht sie, das hat sie, und das die ganze Zeit

*Achim Reichel*

**a** Worin besteht der besondere Reiz des Mädchens Darling Ultra?

**b**

Welchem Idealbild würdest du als Mädchen gerne entsprechen, welches Mädchen hättest du als Junge gerne zur Freundin? Übertrage die Oberbegriffe in dein Heft und ergänze sie nach deinen Vorstellungen!

Beispiel: **blaue** *Augen*

✳ **c** Interviewt eure Lehrer und Lehrerinnen, wie sie sich den idealen Mann bzw. die ideale Frau vorstellen! Vielleicht dürft ihr das Interview in der Schülerzeitung abdrucken!

**3** Irgendwann wird mir schon ein Mädchen übern Weg laufen
(Schülertext)

Gefühle sind schon so 'ne Sache. Über Gefühle wird man ja nie richtig aufge-
klärt. Da muss man erst mal selber ausprobieren, was Gefühle sind.
Zum Beispiel hab ich mal 'ne Freundin gehabt. Und irgendwie waren meine
Gefühle für die schon anders. Die wollt ich auch küssen. Hab ich auch
5 gemacht. Aber es ist ziemlich schwer, das Gefühl zu erklären, was ich hatte.
Ich war natürlich aufgeregt, das ist ja klar.
Wir sind spazieren gegangen und haben uns dann auf eine Bank gesetzt.
Haben die ganze Zeit rumdiskutiert. Und dann hab ich ihr gesagt, dass ich
sie gut finde. Die war ein Jahr älter als ich und beim Küssen ist sie mir etwas
10 entgegengekommen. Aber ich hab den Anfang gemacht. Wir haben uns aber
nicht so mit allen Schikanen geküsst. Das war alles irgendwie etwas scheu.
Nachher verlief das Verhältnis praktisch im Sande.
Die musste zu Hause sagenhaft viel tun. Die Mutter war krank und sie konnte
überhaupt nicht mehr raus, weil sie auch noch so viele kleine Geschwister
15 hatte. Und dann wird man es ja bald leid, wenn man dauernd hinter dem
Mädchen her ist und die kann nicht. Da wird man irgendwie sauer.
Ich möchte schon gerne wieder eine Freundin haben. Aber ich streng mich
nicht an eine zu finden. Irgendwann wird mir schon eine übern Weg laufen.
In der Schule sind eine ganze Menge Mädchen, die ich gut finde. Aber ich bin
20 ehrlich gesagt zu faul mich an die ranzumachen. Ehrlich, ich weiß, das hört
sich zwar ein bisschen kindlich an, aber ich hätte am liebsten eine kamerad-
schaftliche Freundin. Allerdings sollte sie nicht jeden Tag mit einem anderen
losziehen. Das hätte ich auch nicht gern. Aber die sollte doch mehr so ein
Kumpeltyp sein. Nicht so, wie es manchmal in Filmen dargestellt wird, dass
25 Dreizehn-, Vierzehnjährige Ausflüge machen und überhaupt nichts
„machen" und sich benehmen wie „Freunde". Das ist nämlich nicht so, dass
ich das Mädchen nicht küssen will. Das soll nicht so eine Freundschaft sein,
bei der nicht aufs Geschlecht geachtet wird. So ist das nicht. Und die müsste
auch zu einem halten. Man müsste sich sagenhaft gut verstehen, aber nicht
30 nur Kumpel sein. Nur wie sie aussehen sollte, weiß ich nicht. Ich hab da nicht
so 'ne Idealvorstellung. Besonders dick dürfte sie aber nicht sein. Aber
auch nicht besonders dürr. Am liebsten sollte sie gleichaltrig sein. Und am
liebsten wär mir auch, wenn wir gleich viel Erfahrungen hätten. So mit Küssen und so. Wenn ich mehr Erfahrungen hätte als sie, käme ich mir komisch
35 vor. Aber noch komischer käme ich mir vor, wenn sie mehr Erfahrungen
hätte.
Aber heiraten werd ich nicht. Wenn ich mir überlege, wie manche Leute da
in Schwierigkeiten kommen. Ich kann mir wirklich nicht vorstellen, dass ich
mit einer Frau ein ganzes Leben lang zusammen sein soll. Ich hab vielleicht

40 nach zehn, zwanzig, dreißig Jahren keine Lust mehr und dann würde ich vielleicht abhauen.

Ich glaube, die ganze Liebe verläuft später im Sande. Wenn ich heiraten würde und wir hätten Kinder und ich wär es irgendwann leid, aber könnte praktisch nicht weg, weil ich noch Kinder zu ernähren hätte und all so was …

45 Nee, und darum möchte ich gar nicht heiraten.

Die Ehe meiner Eltern ist ja auch auseinander gegangen, ich hab mal meine
Mutter gefragt, warum sie meinen Vater überhaupt geheiratet hat. Da hat sie
gesagt, man denkt, der Mann würde sich nach der Heirat ändern. Aber das
tut der nie. Das war praktisch wie ein Reinfall. Sie hat ihm immer alles

50 geglaubt und sie glaubt ihm ja heute auch noch. Das ist ja gerade das Schlim-
me. Meine Mutter weiß genau, dass mein Vater sie belügt und betrügt. Und
trotzdem glaubt sie ihm jedes Wort. Sie versucht sogar immer noch ihn als
gut hinzustellen.

*Thomas L.*

**a** Was erfahrt ihr über Thomas L. und seine Beziehungen zu Mädchen?

**b** Welche Vorstellungen von Partnerschaft hat Thomas? Worin liegen deiner
Meinung nach die Gründe für diese Ansichten?

**c** Wie denkst du über Liebe und Partnerschaft? Schreibe deine Vorstellungen
auf! Du kannst dir zunächst einen Cluster erstellen (s. S. 163)!

**4** Aufs Pferd, Kamerad …

| | |
|---|---|
| ZW. KÜRASSIER: | Wohl auf, Kameraden, aufs Pferd, aufs Pferd! |
| *(singt)* | Ins Feld, in die Freiheit gezogen! |
| | Im Felde, da ist der Mann noch was wert, |
| | Da wird das Herz noch gewogen. |

5               Da tritt kein anderer für ihn ein,
                Auf sich selber steht er da ganz allein.
                *(Die Soldaten aus dem Hintergrunde haben sich während des Gesangs herbei-*
                *gezogen und machen den Chor.)*

CHOR: Da tritt kein anderer für ihn ein,
10               Auf sich selber steht er da ganz allein.

DRAGONER: Aus der Welt die Freiheit verschwunden ist,
                Man sieht nur Herren und Knechte,
                Die Falschheit herrschet, die Hinterlist
                Bei dem feigen Menschengeschlechte.
15               Der dem Tod ins Angesicht schauen kann,
                Der Soldat allein ist der freie Mann.

CHOR: Der dem Tod ins Angesicht schauen kann,
                Der Soldat allein ist der freie Mann.

ERSTER JÄGER: Des Lebens Ängsten, er wirft sie weg,
20              Hat nicht mehr zu fürchten, zu sorgen,
                Er reitet dem Schicksal entgegen keck,
                Trifft's heute nicht, trifft es doch morgen.
                Und trifft es morgen, so lasset uns heut
                Noch schlürfen die Neige der köstlichen Zeit.

25 CHOR: Und trifft es morgen, so lasset uns heut
                Noch schlürfen die Neige der köstlichen Zeit.
                *(Die Gläser sind aufs Neue gefüllt worden, sie stoßen an und trinken.)*

WACHTMEISTER: Von dem Himmel fällt ihm sein lustig Los,
                Braucht's nicht mit Müh zu erstreben,
30              Der Fröner, der sucht in der Erde Schoß,
                Da meint er den Schatz zu erheben.
                Er gräbt und schaufelt, solang' er lebt,
                und gräbt, bis er endlich sein Grab sich gräbt.

CHOR: Er gräbt und schaufelt, solang' er lebt,
35               Und gräbt, bis er endlich sein Grab sich gräbt.

ERSTER JÄGER: Der Reiter und sein geschwindes Ross,
                Sie sind gefürchtete Gäste,
                flimmern die Lampen im Hochzeitsschloss,
                Ungeladen kommt er zum Feste.
40              Er wirbt nicht lange, er zeiget nicht Gold.
                Im Sturm erringt er den Minnesold.

*11. Auftritt*

CHOR: Er wirbt nicht lange, er zeiget nicht Gold.
   Im Sturm erringt er den Minnesold.
ZW. KÜRASSIER: „Warum weint die Dirn' und zergrämet sich schier?
45   Lass fahren dahin, lass fahren!
   Er hat auf Erden kein bleibend Quartier,
   Kann treue Lieb' nicht bewahren.
   Das rasche Schicksal, es treibt ihn fort,
   Seine Ruh' lässt er an keinem Ort.
50 CHOR: Das rasche Schicksal, es treibt ihn fort,
   Seine Ruh' lässt er an keinem Ort.
ERSTER JÄGER: *(fasst die zwei Nächsten an der Hand, die übrigen ahmen es nach; alle, welche*
   *gesprochen, bilden einen großen Halbkreis.)*
   Drum frisch, Kameraden, den Rappen gezäumt,
55   Die Brust im Gefechte gelüftet!
   Die Jugend brauset, das Leben schäumt,
   Frisch auf! eh' der Geist noch verdüftet.
   Und setzet ihr nicht das Leben ein,
   Nie wird euch das Leben gewonnen sein.
60 CHOR: Und setzet ihr nicht das Leben ein,
   Nie wird euch das Leben gewonnen sein.
   *(Der Vorhang fällt, ehe der Chor ganz ausgesungen.)*

*aus: Friedrich Schiller (1759–1805), Wallenstein*

**a** Wie wird ein Mann in diesem Text des 18. Jahrhunderts charakterisiert?

**b** Welche Gründe könnte es für dieses Männerbild gegeben haben?

**c** Informiere dich über die historische Person Wallenstein und den Inhalt von
   Schillers gleichnamigem Drama!

d

Zu welcher Gattung des Dramas gehört Schillers „Wallenstein"? Informiere dich in einem Lexikon oder deiner Literaturgeschichte!

* **e** Wer findet in der Literaturgeschichte am schnellsten fünf Tragödien aus der Epoche der Klassik?

* **5** **Im Westen nichts Neues**

Der Schriftsteller schildert aus der Perspektive des 17-jährigen Paul die Situation der Soldaten im Ersten Weltkrieg an der Westfront. Bei einem Artilleriegefecht hat er die Orientierung verloren und wartet in einem Granattrichter das Ende der Schlacht ab. Er muss damit rechnen, dass der Feind ihn entdeckt …

[…] Es ist noch etwas heller geworden. An mir vorüber hasten Schritte. Die ersten. Vorbei. Wieder andere. Das Knarren der Maschinengewehre wird eine ununterbrochene Kette. Gerade will ich mich etwas umdrehen, da poltert es und schwer und klatschend fällt ein Körper zu mir in den Trichter, rutscht ab, liegt auf mir –

5 Ich denke nichts, ich fasse keinen Entschluss – ich stoße rasend zu und fühle nur, wie der Körper zuckt und dann weich wird und zusammensackt. Meine Hand ist klebrig und rot, als ich zu mir komme.

Der andere röchelt. Es scheint mir, als ob er brülle, jeder Atemzug ist wie ein Schrei, ein Donnern – aber es sind nur meine Adern, die so klopfen. Ich möchte ihm den Mund zuhalten, Erde hinein-
10 stopfen, noch einmal zustechen, er soll still sein, er verrät mich; doch ich bin schon so weit zu mir gekommen und auch so schwach plötzlich, dass ich nicht mehr die Hand gegen ihn heben kann.

So krieche ich in die entfernteste Ecke und bleibe dort, die Augen starr auf ihn gerichtet, das Messer umklammert, bereit, wenn er sich rührt, wieder auf ihn loszugehen. Aber er wird nichts mehr tun, das höre ich schon an seinem Röcheln.

15 Undeutlich kann ich ihn sehen. Nur der eine Wunsch ist in mir, wegzukommen. Wenn es nicht bald ist, wird es zu hell; schon jetzt ist es schwer. Doch als ich versuche den Kopf hochzunehmen, sehe ich bereits die Unmöglichkeit ein. Das Maschinengewehrfeuer ist derartig gedeckt, dass ich durchlöchert werde, ehe ich einen Sprung tue. […]

Das Licht nimmt zu. Ich warte brennend auf einen Angriff von uns. Meine Hände sind weiß an 20 den Knöcheln, so presse ich sie zusammen, so flehe ich, das Feuer möge aufhören und meine Kameraden möchten kommen.

Es ist heller, grauer, früher Tag. Das Röcheln tönt fort. Ich halte mir die Ohren zu, nehme aber die Finger bald wieder heraus, weil ich sonst auch das andere nicht hören kann.

Die Gestalt gegenüber bewegt sich. Ich schrecke zusammen und sehe unwillkürlich hin. Jetzt blei- 25 ben meine Augen wie festgeklebt hängen. Ein Mann mit einem kleinen Schnurrbart liegt da, der Kopf ist zur Seite gefallen, ein Arm ist halb gebeugt, der Kopf drückt kraftlos darauf. Die andere Hand liegt auf der Brust, sie ist blutig.

Er ist tot, sage ich mir, er muss tot sein, er fühlt nichts mehr; – was da röchelt ist nur noch der Körper. Doch der Kopf versucht sich zu heben, das Stöhnen wird einen Moment stärker, dann 30 sinkt die Stirn wieder auf den Arm zurück. Der Mann ist nicht tot, er stirbt, aber er ist nicht tot. Ich schiebe mich heran, halte inne, stütze mich auf die Hände, rutsche wieder etwas weiter, warte – weiter, einen grässlichen Weg von drei Metern, einen langen, furchtbaren Weg. Endlich bin ich neben ihm.

Da schlägt er die Augen auf. Er muss mich noch gehört haben und sieht mich mit einem Ausdruck 35 furchtbaren Entsetzens an. Der Körper liegt still, aber in den Augen ist eine so ungeheure Flucht, dass ich einen Moment glaube, sie würden die Kraft haben den Körper mit sich zu reißen, Hunderte von Kilometern weit weg, mit einem einzigen Ruck. Der Körper ist still, völlig ruhig, ohne Laut jetzt, das Röcheln ist verstummt, aber die Augen schreien, brüllen, in ihnen ist alles Leben versammelt zu einer unfassbaren Anstrengung zu entfliehen, zu einem schrecklichen Grauen vor 40 dem Tode, vor mir.

Ich knicke in den Gelenken ein und falle auf die Ellbogen. „Nein, nein", flüstere ich.

Die Augen folgen mir. Ich bin unfähig eine Bewegung zu machen, solange sie da sind. […]

*Erich Maria Remarque (1898–1970)*

**a** In welcher Lage befindet sich Paul?

**b** Wie erklärst du dir sein widersprüchliches Verhalten?

**c** Sowohl Schiller (Aufgabe 4) als auch Remarque beschreiben, wie der Krieg den Mann verändert. Wie unterscheiden sich ihre Ansichten?

# Der Tod in der Literatur

**1** Novalis
\* 1772, † 1801

Novalis, eigentlich Friedrich Leopold Freiherr von Hardenberg, entstammte einer verarmten Adelsfamilie. Er war dichterisch begabt und verkehrte mit Schiller und Friedrich Schlegel. Er studierte Mathematik und Jura und wurde 1800 Amtshauptmann in Thüringen. 1795 verlobte er sich mit der 13jährigen Sophie von Kühn, deren früher Tod ihn sehr erschütterte. Bereits 1801 starb der Dichter an Schwindsucht, beseelt von dem Verlangen, Sophie nachzufolgen.

Hymnen an die Nacht

Hinüber wall ich,
Und jede Pein
Wird einst ein Stachel
Der Wollust sein.
5 Noch wenig Zeiten,
So bin ich los
Und liege trunken
Der Lieb im Schoß.
Unendliches Leben
10 Wogt mächtig in mir,
Ich schaue von oben
Herunter nach dir.
An jenem Hügel
Verlischt dein Glanz –

15 Ein Schatten bringet
Den kühlenden Kranz.
O! sauge, Geliebter,
Gewaltig mich an,
Daß ich entschlummern
20 Und lieben kann.
Ich fühle des Todes
Verjüngende Flut,
Zu Balsam und Äther
Verwandelt mein Blut –
25 Ich lebe bei Tage
Voll Glauben und Mut
Und sterbe die Nächte
In heiliger Glut.

*Novalis*

**a** Novalis schrieb das Gedicht unter dem Eindruck des frühen Todes seiner Verlobten. Weist an dem Gedicht nach, dass der Dichter hier die Geliebte sprechen lässt!

**b** Mit welchen Bildern drückt er seine Empfindungen aus? Schreibe sie heraus!

**c** Welche Einstellung zum Tod kommt in dem Gedicht zum Ausdruck?

**d** Untersucht das Reimschema und den Rhythmus des Gedichtes! Was stellt ihr fest?

**e** Welcher literarischen Epoche ist das Gedicht zuzuordnen?

**f** Lies das Gedicht ausdrucksvoll vor!

**g** Welche Vorstellungen habt ihr vom Tod?

**2**

Ein Gleiches

Über allen Gipfeln
ist Ruh,
In allen Wipfeln
Spürest du
5 Kaum einen Hauch;
Die Vögelein schweigen im Walde.
Warte nur, balde
Ruhest du auch.

Johann Wolfgang Goethe (1749–1832)

Des Dichters Tod

Die Sterne rosten
Langsam oxydiert sie der Frost
Es regnet dort und überall
Der Wind wirft mit zerbrochenen
5 Vögeln um sich
Und schreit –
Erkaltet wie ein Krater auf dem Mond
Ist mein Herz
Ich friere langsam in das All hinüber

Yvan Goll (1891–1950)

**a** Welche Wörter in „Des Dichters Tod" weisen auf Tod und Sterben hin?

**b** Wähle zwei Beispiele aus und schreibe deine Gedanken und Empfindungen dazu auf!

**c** Vergleiche „Des Dichters Tod" mit „Ein Gleiches" und den „Hymnen an die Nacht"! Wie unterscheiden sich die Auffassungen vom Tod?

**d** Welchen literarischen Epochen gehören beide Dichter an? Schlage in der Literaturgeschichte oder im Lexikon nach!

✳ **3** Komm großer schwarzer Vogel

Komm großer schwarzer Vogel, komm jetzt!
Schau, das Fenster ist weit offen,
schau, ich hab' Dir Zucker aufs
Fensterbrett g'straht.

5 Komm großer schwarzer Vogel, komm zu mir!
Spann' Deine weiten, sanften Flügel aus
und leg' s' auf meine Fieberaugen!
Bitte, hol' mich weg von da!

Und dann fliegen wir rauf,
10 mitten in Himmel rein,
in a neue Zeit, in a neue Welt,
und ich werd' singen, ich werd' lachen,
ich werd' „das gibt's net", schrei'n,
weil ich werd' auf einmal kapieren,
15 worum sich alles dreht.

Komm großer schwarzer Vogel, hilf mir doch!
Press' Deinen feuchten, kalten Schnabel
auf meine wunde, auf meine heiße Stirn!

Komm großer schwarzer Vogel,
20 jetzt wär's grad günstig!
Die anderen da im Zimmer schlafen fest
und wenn wir ganz leise sind,
hört uns die Schwester nicht!
Bitte, hol mich weg von da!

25 Und dann fliegen wir rauf,
mitten in Himmel rein,
in a neue Zeit, in a neue Welt,
und ich werd' singen, ich werd' lachen,
ich werd' „das gibt's net", schrei'n,
30 weil ich werd' auf einmal kapieren,
worum sich alles dreht.

Ja, großer schwarzer Vogel, endlich!
Ich hab' Dich gar nicht reinkommen g'hört,
wie lautlos Du fliegst,
35 mein Gott, wie schön Du bist!

Auf geht's, großer schwarzer Vogel, auf geht's!
Baba, ihr meine Lieben daham!
Du, mein Mädel, und du, Mama, Baba!
Bitte, vergesst's mich nicht!

40 Auf geht's, mitten in den Himmel eine,
nicht traurig sein, na, na, na,
ist kein Grund zum Traurigsein!
Ich werd' singen, ich werd' lachen,
ich werd' „das gibt's net", schrei'n.
45 Ich werd' endlich kapieren,
ich werd' glücklich sein!
Ich werd' singen, ich werd' lachen,
ich werd' „des gibt's net", schrei'n.
Ich werd' endlich kapieren,
50 ich werd' glücklich sein!
Ich werd' singen, ich werd' lachen,
ich werd' endlich glücklich sein!

*Ludwig Hirsch (geb. 1946)*

**a** Wer ist mit dem „großen schwarzen Vogel" gemeint, welche Vorstellungen löst das Bild vom „großen schwarzen Vogel" bei dir aus?

**b** In welcher Situation befindet sich die Person, die in dem Gedicht spricht?

**c** Wo wird in dem Gedicht deutlich, dass Sterben kein Grund zum Traurigsein ist?

**d** Was meint der Liedermacher mit „Ich werd' endlich kapieren"?

**e** Mit welchen Bildern würdest *du* den Tod umschreiben?

**f** Fasse deine Antworten in einem Text zusammen!

# Kreativ mit Sprache umgehen

## 1 Ein Hörspiel gestalten

Das Bettelweib von Locarno[1]

Am Fuße der Alpen, bei Locarno im oberen Italien, befand sich ein altes, einem Marchese[2] gehöriges Schloss, das man jetzt, wenn man vom St. Gotthard kommt, in Schutt und Trümmern liegen sieht: ein Schloss mit hohen und weitläufigen Zimmern, in deren einem einst, auf Stroh, das man ihr unter-
5 schüttete, eine alte kranke Frau, die sich bettelnd vor der Tür eingefunden hatte, von der Hausfrau aus Mitleiden gebettet worden war. Der Marchese, der bei der Rückkehr von der Jagd zufällig in das Zimmer trat, wo er seine Büchse abzusetzen pflegte, befahl der Frau unwillig, aus dem Winkel, in welchem sie lag, aufzustehen und sich hinter den Ofen zu verfügen. Die Frau, da
10 sie sich erhob, glitschte mit der Krücke auf dem glatten Boden aus und beschädigte sich auf eine gefährliche Weise das Kreuz; dergestalt, dass sie zwar noch mit unsäglicher Mühe aufstand und quer, wie es vorgeschrieben war, über das Zimmer ging, hinter den Ofen aber unter Stöhnen und Ächzen niedersank und verschied.
15 Mehrere Jahre nachher, da der Marchese durch Krieg und Misswachs in bedenkliche Vermögensumstände geraten war, fand sich ein florentinischer Ritter bei ihm ein, der das Schloss, seiner schönen Lage wegen, von ihm kaufen wollte. Der Marchese, dem viel an dem Handel gelegen war, gab seiner Frau auf, den Fremden in dem oben erwähnten, leer stehenden Zimmer, das
20 sehr schön und prächtig eingerichtet war, unterzubringen. Aber wie betreten war das Ehepaar, als der Ritter mitten in der Nacht verstört und bleich zu ihnen herunterkam, hoch und teuer versichernd, dass es in dem Zimmer spuke, indem etwas, das dem Blick unsichtbar gewesen, mit einem Geräusch, als ob es auf Stroh gelegen, im Zimmerwinkel aufgestanden, mit vernehmlichen
25 Schritten langsam und gebrechlich quer über das Zimmer gegangen und hinter dem Ofen unter Stöhnen und Ächzen niedergesunken sei.
Der Marchese erschrocken, er wusste selbst nicht recht warum, lachte den Ritter mit erkünstelter Heiterkeit aus und sagte, er wolle sogleich aufstehen und die Nacht zu seiner Beruhigung mit ihm in dem Zimmer zubringen.
30 Doch der Ritter bat um die Gefälligkeit ihm zu erlauben, dass er auf einem Lehnstuhl in seinem Schlafzimmer übernachte, und als der Morgen kam, ließ er anspannen, empfahl sich und reiste ab.
Dieser Vorfall, der außerordentliches Aufsehen machte, schreckte auf eine dem Marchese höchst unangenehme Weise mehrere Käufer ab; dergestalt,

---
[1] Stadt am zur Schweiz gehörigen Nordende des Lago Maggiore
[2] hoher ital. Adelstitel

35  dass, da sich unter seinem eigenen Hausgesinde befremdend und unbegreif-
    lich das Gerücht erhob, dass es in dem Zimmer zur Mitternachtsstunde
    umgehe, er, um es mit einem entscheidenden Verfahren niederzuschlagen,
    beschloss die Sache in der nächsten Nacht selbst zu untersuchen. Demnach
    ließ er beim Einbruch der Dämmerung sein Bett in dem besagten Zimmer
40  aufschlagen und erharrte ohne zu schlafen die Mitternacht. Aber wie
    erschüttert war er, als er in der Tat mit dem Schlage der Geisterstunde das
    unbegreifliche Geräusch wahrnahm; es war, als ob ein Mensch sich von
    Stroh, das unter ihm knisterte, erhob, quer über das Zimmer ging und hinter
    dem Ofen unter Geseufz und Geröchel niedersank. Die Marquise, am
45  andern Morgen, da er herunterkam, fragte ihn, wie die Untersuchung abge-
    laufen; und da er sich mit scheuen und ungewissen Blicken umsah und, nach-
    dem er die Tür verriegelt, versicherte, dass es mit dem Spuk seine Rich-
    tigkeit habe: so erschrak sie, wie sie in ihrem Leben nicht getan, und bat ihn,
    bevor er die Sache verlauten ließe, sie noch einmal, in ihrer Gesellschaft,
50  einer kaltblütigen Prüfung zu unterwerfen. Sie hörten aber, samt einem treu-
    en Bedienten, den sie mitgenommen hatten, in der Tat in der nächsten
    Nacht dasselbe unbegreifliche, gespensterartige Geräusch; und nur der drin-
    gende Wunsch, das Schloss, es koste was es wolle, loszuwerden, vermochte
    sie, das Entsetzen, das sie ergriff, in Gegenwart ihres Dieners zu unter-
55  drücken und dem Vorfall irgendeine gleichgültige und zufällige Ursache, die
    sich entdecken lassen müsse, unterzuschieben. Am Abend des dritten Tages,
    da beide um der Sache auf den Grund zu kommen mit Herzklopfen wieder
    die Treppe zu dem Fremdenzimmer bestiegen, fand sich zufällig der Haus-
    hund, den man von der Kette losgelassen hatte, vor der Tür desselben ein;
60  dergestalt, dass beide ohne sich bestimmt zu erklären, vielleicht in der
    unwillkürlichen Absicht, außer sich selbst noch etwas Drittes, Lebendiges,
    bei sich zu haben, den Hund mit sich in das Zimmer nahmen. Das Ehepaar,
    zwei Lichter auf dem Tisch, die Marquise unausgezogen, der Marchese
    Degen und Pistolen, die er aus dem Schrank genommen, neben sich, setzen
65  sich gegen elf Uhr jeder auf sein Bett; und während sie sich mit Gesprächen,
    so gut sie vermögen, zu unterhalten suchen, legt sich der Hund, Kopf und
    Beine zusammengekauert, in der Mitte des Zimmers nieder und schläft ein.
    Drauf, in dem Augenblick der Mitternacht, lässt sich das entsetzliche
    Geräusch wieder hören; jemand, den kein Mensch mit Augen sehen
70  kann, hebt sich auf Krücken im Zimmerwinkel empor; man hört das Stroh,
    das unter ihm rauscht; und mit dem ersten Schritt: tapp! tapp! erwacht der
    Hund, hebt sich plötzlich, die Ohren spitzend, vom Boden empor, und knur-
    rend und bellend, grad als ob ein Mensch auf ihn eingeschritten käme, rück-
    wärts gegen den Ofen weicht er aus. Bei diesem Anblick stürzt die Marquise
75  mit sträubenden Haaren aus dem Zimmer; und während der Marquis, der
    den Degen ergriffen: wer da? ruft, und da ihm niemand antwortet gleich

einem Rasenden nach allen Richtungen die Luft durchhaut, lässt sie anspannen, entschlossen, augenblicklich nach der Stadt abzufahren. Aber ehe sie noch einige Sachen zusammengepackt und aus dem Tore herausgerasselt,
80 sieht sie schon das Schloss ringsum in Flammen aufgehen. Der Marchese, von Entsetzen überreizt, hatte eine Kerze genommen und dasselbe, überall mit Holz getäfelt wie es war, an allen vier Ecken, müde seines Lebens, angesteckt. Vergebens schickte sie Leute hinein den Unglücklichen zu retten; er war auf die elendiglichste Weise bereits umgekommen, und noch jetzt liegen,
85 von den Landleuten zusammengetragen, seine weißen Gebeine in dem Winkel des Zimmers, von welchem er das Bettelweib von Locarno hatte aufstehen heißen.

*Heinrich von Kleist (1777–1811)*

**a** Gib den Inhalt der Gruselgeschichte mit eigenen Worten wieder!

**b** Wie beurteilst du das Verhalten des Marchese? Warum begeht er am Ende Selbstmord?

**c** Wodurch wird der Gruseleffekt ausgelöst?

**d** Informiere dich in der Literaturgeschichte über die Epoche der Romantik! Welche für diese Zeit typischen Motive enthält der Text?

**e** Gestaltet den Text zu einem Hörspiel um!

### Tipps zum Schreiben von Hörspielen

- Teilt die Erzählung in Szenen ein!
- Überlegt, welche Personen sprechen sollen und was sie sagen!
- Verdeutlicht Stimmungen mit Geräuschen!
- Schreibt ein Drehbuch! Beispiel:

1. SZENE: *Der Marchese kehrt von der Jagd heim und betritt das Zimmer.*

| Personen | Geräusche | Text | Ausdruck | Ort |
|---|---|---|---|---|
| Marchese | Türquietschen Schritte | ? | laut schimpfend energisch | Zimmer im Schloss |
| Bettlerin | Stöhnen Rascheln ? | ? | ? | |

**∗ f** Schreibe einen Zeitungsbericht über den Hergang des Geschehens!

## 2 Einen Text parodieren

Abendlied

Der Mond ist aufgegangen,
Die goldnen Sternlein prangen
Am Himmel hell und klar;
Der Wald steht schwarz und schweiget,
5   Und aus den Wiesen steiget
Der weiße Nebel wunderbar.

Wie ist die Welt so stille,
Und in der Dämmerung Hülle
So traulich und so hold!
10  Als eine stille Kammer,
Wo ihr des Tages Jammer
verschlafen und vergessen sollt.

Seht ihr den Mond dort stehen? –
Er ist nur halb zu sehen
15  Und ist doch rund und schön!
So sind wohl manche Sachen,
Die wir getrost belachen,
Weil unsere Augen sie nicht sehn.

Wir stolze Menschenkinder
20  Sind eitel arme Sünder
Und wissen gar nicht viel,
Wir spinnen Luftgespinste
Und suchen viele Künste
Und kommen weiter von dem Ziel.

25  Gott, lass uns dein Heil schauen,
Auf nichts Vergänglichs trauen,
Nicht Eitelkeit uns freun!
Lass uns einfältig werden
Und vor dir hier auf Erden
30  Wie Kinder fromm und fröhlich sein!

So legt euch denn, ihr Brüder,
In Gottes Namen nieder;
Kalt ist der Abendhauch.
Verschon uns, Gott! mit Strafen,
35  Und lass uns ruhig schlafen!
Und unsern kranken Nachbar auch!

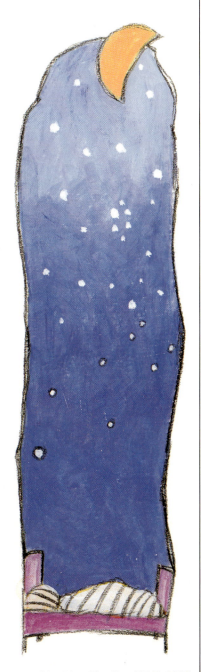

*Matthias Claudius (1740–1815)*

Lied des Astronauten
*(Melodie: Der Mond ist aufgegangen)*

Der Mond ist eingefangen,
von Sonden schon begangen,
von Fotos wohl vertraut.
Das All steht schwarz und schweiget,
5 doch aus Raketen steiget
schon hie und da ein Astronaut.

Noch ist der Kosmos stille
und in der Kapsel Hülle
so traulich und so hold
10 als wie ein leeres Zimmer,
das nur der Sterne Schimmer
erreichen und erhellen sollt.

Wenn wir darein nun treten,
was nützet unser Beten,
15 dass es so traulich blieb?
Da wir doch weiterfahren,
herrscht hier in ein paar Jahren
bestimmt der schlimmste Hochbetrieb.

Wir tollen Menschenkinder
20 sind mächtige Erfinder
und machen nirgends Halt.
Wir holen uns die Sterne,
selbst Venus, die noch ferne,
und wenn es sein muss, mit Gewalt.

25 Wie bist du, Welt, von weitem
so still. Von deinem Streiten
spürt man hier keinen Hauch.
Herr, schütze meine Reisen
und lass mich ruhig kreisen –
30 und meinen toten Nachbarn auch.

*Dieter Höss*

**a** Vergleiche beide Gedichte! Worin sind sie sich ähnlich, worin unterscheiden
sie sich?

Weise die Merkmale der Parodie am „Lied der Astronauten" nach!

**✳ 3** Heimatlied

über allen giebeln
ist ruß
aus allen schloten
siehst du es
5 quellen
die kinder
kommen vom
baden krepierte
fische im handtuch
10 warte nur
balde
stürzen die vögel
aus der
so genannten
15 luft

*Gert Kalow*

**a** Vergleiche den Text mit Goethes Gedicht „Ein Gleiches" (S. 29) und äußere dich zu Inhalt, Form und Absicht der Parodie!

**b**

*Tischbein, Goethe in der Campagna*

*Parodie*

Auch mit Bildern kann man parodieren.

In welcher Absicht geschah das hier?

**c** Seht ihr einen Zusammenhang mit dem „Heimatlied" und „Ein Gleiches"?

✱ **4 Eine Parodie weiterschreiben**

| Volkslied | Parodie |
|---|---|
| Alle Vögel sind schon da,<br>Alle Vögel, alle.<br>Welch ein Singen, Jubilier'n,<br>Pfeifen, Zwitschern, Tirilier'n!<br>5 Frühling will nun einmarschier'n,<br>Kommt mit Sang und Klange.<br><br>Wie sie alle lustig sind,<br>Flink und froh sich regen.<br>Amsel, Drossel, Fink und Star<br>10 Und die ganze Vogelschar,<br>Lauter Heil und Segen.<br><br>Was sie uns verkündet nun,<br>Nehmen wir zu Herzen.<br>Wir auch wollen lustig sein,<br>15 Lustig wie die Vögelein;<br>Hier und dort, feldaus, feldein,<br>Singen, springen, scherzen. | Alle Lehrer sind schon da,<br>Alle Lehrer, alle.<br>Welch ein Zieren, Imponier'n,<br>Fleißig Tuen und Dozier'n.<br>5 Schule will nun ausprobier'n,<br>Was wir können alle.<br><br>Wie sie alle tüchtig sind,<br><br> |

**a** Schreibt die Parodie weiter!

**b** „Sag' mir, wo die Blumen sind …"
„Wem Gott will rechte Gunst erweisen …"
„Die Vogelhochzeit"
Beschafft euch die Texte und schreibt zu einem eine Parodie!

# Medientexte untersuchen und beschreiben

## Nachricht und Bericht

Du hast die Textsorten Nachricht und Bericht schon kennen gelernt. Sie unterscheiden sich in erster Linie durch ihre Länge: Nachrichten sind kurz abgefasst und enthalten nur die wichtigsten Angaben. Berichte sind ausführlicher, gehen meist auch auf Hintergründe und Einzelheiten ein. Häufig sind Berichte – im Gegensatz zu Nachrichten – auch mit dem Namen des Verfassers oder mit dessen Kürzel versehen. Die allermeisten Nachrichten stammen von Presseagenturen und werden von der Zeitungsredaktion nur noch gekürzt oder umgeschrieben.

**1** **Zwei Nachrichten zu demselben Thema vergleichen**

### Shalom, Nessie

**Jerusalem** (AP) – Ein Krokodil treibt sein Unwesen im See Genezareth – das jedenfalls behaupten israelische Touristen. Vor drei
5 Wochen wandte sich ein Urlauber an die Behörden, weil er im See ein Krokodil gesehen haben will, obwohl es dort keine Krokodile gibt. Nachdem weitere Besucher
10 das Tier gesehen haben wollen, suchten Boote den See ab – ohne Erfolg.

### Ein Krokodil auf Irrwegen

**Jerusalem** (ap) – Ein Krokodil treibt sein Unwesen im See Genezareth – das jedenfalls behaupten israelische Touristen. Bereits vor drei Wochen wandte sich ein
5 Urlauber an die Behörden mit der Information, er habe in dem Gewässer ein Krokodil gesehen. Die Behörden glaubten ihm nicht – in dem Gebiet gibt es solche Reptilien nicht. Doch jetzt berichte-
10 ten zwei weitere Touristen, sie hätten ein Krokodil erblickt. Daraufhin durchsuchten zehn Boote den See – ohne Erfolg. Badelustige schrecken die Berichte offenbar nicht ab. Der Gedanke an ein Kroko-
15 dil, so sagte ein Tourist im israelischen Rundfunk, verschaffe einem doch wohl ein ähnliches Prickeln wie eine Patrouille im israelisch-libanesischen Grenzgebiet.

**a** Die beiden Nachrichten haben offensichtlich die gleiche Quelle. Begründe! Wodurch unterscheiden sie sich?

* **b** Diesen Nachrichten liegt das folgende Fernschreiben zugrunde. Was geschah mit der Agenturmeldung in der Redaktion?

```
Associated Press, 16. 7. 1995
Jerusalem - Ein Krokodil treibt sein Unwesen im See
Genezareth - das jedenfalls behaupten israelische
Touristen. Vor drei Wochen wandte sich ein Urlauber an
die Behörden in Tiberias mit der Information, er habe
im See ein Krokodil gesehen. Die Behörden glaubten ihm
nicht, denn in diesem Gebiet, das von einer ausgespro-
chenen Trockenregion umgeben ist und keinerlei ufer-
nahe Sumpfbereiche aufweist, wie sie für Krokodile
eigentlich lebensnotwendig sind, gibt es diese Repti-
lien normalerweise nicht. Doch am vergangenen Freitag
berichteten zwei weitere Touristen, sie hätten eben-
falls ein Krokodil erblickt. Daraufhin suchten zehn
Boote mit Tauchern und Feuerwehrleuten den See ab -
ohne Erfolg. Badelustige schrecken die Berichte
offenbar nicht ab. „Der Gedanke an ein Krokodil", so
sagte der Tourist Peter Meir im israelischen Rundfunk
in einem Interview, „verschafft einem ein ähnliches
Prickeln wie eine Patrouille im israelisch-libanesi-
schen Grenzgebiet". Seine Begleiterin Vera ergänzte,
durch dieses gemeinsame Abenteuer sei sogar ihre Ehe
neu belebt worden.
```

(Zeilennummern: 5, 10, 15, 20)

* **c** Schreibe eine Fantasieerzählung!

Mit dem Kleinkraftrad auf parkenden Kleinbus geprallt:

# Nach Feier verunglückte 16-jähriger Schüler tödlich

Sozius wurde schwer verletzt – Blutentnahme veranlasst

**Peißenberg/Weilheim** (jt) – Was so fröhlich begann, endete tragisch: Tödlich verunglückte in der Nacht zum gestrigen Mittwoch ein 16-jähriger Schüler aus Hohenpeißen-
berg nach einer privaten Abschlussfeier. Er prallte gegen
5 0.30 Uhr mit einem Leichtkraftrad auf einen an der
Böbinger Straße in Peißenberg parkenden Kleinbus und
erlag gegen 5.20 Uhr im Weilheimer Krankenhaus seinen
schweren Verletzungen. Dort liegt auch sein schwer ver-
letzter Beifahrer, ein 17-jähriger Hohenpeißenberger.

10 Mittwoch, eine halbe Stunde
nach Mitternacht: Mit einem
offenbar geliehenen Moped
fahren die beiden Ho-
henpeißenberger von der
15 Böbinger Ammerbrücke in
Peißenberg ortseinwärts. Sie
kamen von einem Fest, mit ihren Klassenkameraden von der
Peißenberger Realschule hat-
20 ten sie den Schulabschluss aus-
giebig gefeiert.
Aus noch ungeklärter Ursache
prallten sie in Höhe der Haus-
nummer 31 mit dem Moped
25 gegen das linke Heck eines
Kleinbusses, der, so die Polizei
gestern, größtenteils auf dem
Gehweg an der Böbinger
Straße geparkt war. Wer das
30 Moped gefahren hat, ist noch
ungeklärt, das Bayerische
Landeskriminalamt (LKA)
schaltete sich aus diesem
Grunde am gestrigen Mitt-
35 woch in die Ermittlungen ein.
Klar ist hingegen, bei beiden
Schülern musste aufgrund des
Verdachts auf Alkoholgenuss
eine Blutentnahme veranlasst
40 werden. Außerdem hatten
weder der 16-jährige Schüler
noch sein um ein Jahr älterer
Klassenkamerad einen Füh-
rerschein.
45 Um 5.20 Uhr erliegt der Jüngere seinen schweren Verletzungen, der 17-Jährige war auch
am gestrigen Nachmittag, so
die Polizei, „kaum ansprech-
50 bar und erinnerte sich an gar
nichts".
Die Weilheimer Polizeiinspek-
tion richtet nach diesem
schrecklichen Unfall einen
55 Appell an alle Jugendlichen:
Nach Festen, bei denen Alkohol ausgeschenkt wird, sollen
sie auf die Benutzung ihrer
Zweiräder verzichten und ent-
60 weder zu Fuß nach Hause
gehen oder sich von ihren
Eltern abholen lassen.

**a** Welches Fehlverhalten kann man dem Realschüler zur Last legen, wie ist sein Verhalten strafrechtlich zu werten? Besprecht euch mit der Lehrkraft für Wirtschafts- und Rechtslehre!

**b** Sollte bei Schulfeiern Alkohol ausgeschenkt werden?

**c** Die Zeitungsredaktion hat nur wenig Platz zur Verfügung. Schreibe diesen Bericht in eine Nachricht um (Umfang: ca. 80 Wörter +/− 10 %)!

∗ **d** Versetze dich in die Lage eines Klassenkameraden und verfasse einen Leserbrief!

∗ **e** Welche Ursachen haben deiner Meinung nach die Verkehrsunfälle Jugendlicher?

∗ **f** Besorge dir Statistiken der örtlich zuständigen Polizeidienststelle über Verkehrsunfälle Jugendlicher am Schulort und informiere die Klasse in einem Kurzreferat!

# Reportage

Du erinnerst dich: Reportage nennt man einen Text, der die Schilderung persönlicher Eindrücke eines Autors vor Ort mit der allgemein gültigen Beschreibung von historischen, politischen, geographischen oder naturwissenschaftlichen Sachverhalten sowie Rückblicken in sich vereint.

## 1

**Beim Dienst abwechseln**

13 Uhr. Betriebsstörung durch Stromausfall auf der Einfahrtsstrecke zum Hauptbahnhof Berlin-Friedrichsfelde. Lokführerin Stephanie Kuhn wartet im Führerstand ihrer E-Lokomo-
5 tive auf weitere Informationen der Fahrdienstleitung. Zur Zeit steht die Lok noch im Bahnbetriebswerk. Um 13.34 Uhr soll der Einsatz beginnen: Zuerst wird die Lok in den Bahnhof eingefahren um den Zug anzukup-
10 peln, dann eine Bremsprobe. Um 14.28 Uhr soll der Zug als IC 709 nach Leipzig starten. Ob das noch klappt? Oder wird es Verspätung geben?
Laut Fahrplan soll Stephanie Kuhn um 17.19
15 Uhr in Leipzig ankommen. Nach einer Ruhepause heißt es um 18.39 Uhr dann wieder: Start in Richtung Berlin – Ankunft Berlin Hauptbahnhof 23.15 Uhr. Wenn Stephanie Kuhn nach Hause kommt, sind ihre beiden
20 kleinen Kinder schon lange im Bett. Ihr Mann hat für das Abendessen gesorgt. Schichtdienst im Berufsalltag einer Lokomotivführerin.
Stephanie Kuhn ist in einer Eisenbahnerfami-
25 lie groß geworden. Vater und Mutter waren in einem Stellwerk bei der Reichsbahn beschäftigt. Wenn Stephanie als Kind mit ihrer Mutter an einem Bahnübergang stand und eine Diesellok vorbeibrauste, dann sagte
30 sie: „So eine möchte ich auch mal fahren." Später hat sie diesen Beruf dann bei der Reichsbahn wirklich gelernt – nach einer Ausbildung zur Schlosserin.

„Meine Mutter hatte volles Verständnis", so
35 Stephanie Kuhn. „Bei meinem Vater, meinem Bruder und vielen Arbeitskollegen gab es am Anfang schon Zweifel. Ob ich das schaffen würde? Die älteren Kollegen hatten wohl zum Teil noch ihre Erfahrungen mit den
40 Dampflokomotiven im Hinterkopf – wo man als Heizer anfing um später einmal eine Lokomotive führen zu können: ein Knochenjob."
Der Einsatz moderner Diesel- und Elektrolo-
45 komotiven jedoch hat das gesamte Berufsbild verändert. Nicht mehr Körperkraft, sondern höchste Konzentration während der gesamten Fahrzeit ist gefordert. Die ausgeklügelten Streckenfahrpläne mit den festgelegten
50 Geschwindigkeiten müssen eingehalten, Signale beachtet werden. Als Lokomotivführerin trägt man volle Verantwortung für die Sicherheit der Fahrgäste und den gesamten Eisenbahnbetrieb.
55 „Ich wollte nie ins Büro. Ich habe keine Lust auf den Wettbewerb der schicksten Klamotten. Ich mag die offenen Gespräche und den direkten Ton im Kollegenkreis", berichtet Stephanie Kuhn. Die Arbeit im Schichtdienst

macht die Sache nicht immer einfach. „Da ist es wichtig, dass die Kollegen gegenseitig Rücksicht nehmen. Klar, dass ich auch mal einen Dienst tauschen muss, wenn plötzlich eines meiner Kinder krank wird." Auch der Dienstplan ihres Mannes – er arbeitet ebenfalls bei der Reichsbahn – muss mit ihren Diensten abgestimmt werden. Abends soll immer mindestens einer zu Hause sein um für die Kinder zu sorgen.

Stephanie wird durch den Sprechfunk unterbrochen: „Fahrstrom wieder eingeschaltet!" Die Sicherheitsprüfung an der E-Lok, die vor jeder Fahrt vorgeschrieben ist, hatte die Lokführerin bereits vor dem Stromausfall erledigt. Die Uhr rückt auf 13.20 Uhr. Ausfahrt frei in den Bahnhof. Es kann losgehen.

**Warum nicht?**

„Mein Beruf ist meine Sache, denn es geht um mein Leben", so denken die meisten Jugendlichen, „andere sollen mich beraten, aber letztlich entscheide ich." Wer technisch was drauf hat, wird sich auch nach entsprechenden Berufen umsehen. Das ist doch klar. Wer gerne mit Menschen umgeht und eine soziale Ader hat – warum sollte der nicht soziale Berufe ins Auge fassen?

Doch manchmal gehört schon eine Portion Mut und Selbstbewusstsein dazu, diesen selbstverständlichen Weg zu gehen. Das beginnt in der Schule: Wenn zum Beispiel alle Jungen in der Klasse Kfz-Mechaniker, Industrieelektroniker oder Chemikant werden wollen – und Andreas denkt als einziger an Krankenpfleger oder Erzieher. Oder die Eltern machen große Augen, wenn die Tochter ihnen sagt: „Ich werde Flugtriebwerkmechanikerin."

In einer solchen Situation kannst du dich mit der Berufsberaterin oder dem Berufsberater eingehend besprechen: Welche Berufe kommen bei meinen Interessen und Fähigkeiten in Frage? Sie können dir sagen, welche Chancen und Risiken mit deiner Berufswahl verbunden sind. Wenn das geklärt ist, fällt es leichter, eine eigene Entscheidung zu treffen und auch anderen gegenüber zu vertreten.

**a** Warum ist dieser Text eine Reportage? Begründe möglichst ausführlich!

**b** Der Text besteht aus vier Ebenen. Ordne zu und gib jeweils die Zeilen an:
  – konkrete persönliche Eindrücke des Verfassers,
  – allgemeine Beschreibungen des Berufsbilds „Lokführerin",
  – Aussagen und Hinweise im Hinblick auf die Berufsberatung,
  – direkt und indirekt wiedergegebene Aussagen von S. Kuhn, die auch vor oder nach der gemeinsamen Eisenbahnfahrt gemacht worden sein können!

**c** In welchem Zusammenhang könnte dieser Text erschienen sein und mit welcher Absicht?

**d** Wie hat dieser Text auf dich gewirkt? Könntest du dir vorstellen Konsequenzen daraus zu ziehen?

∗ **e** Entwirf selbst ein Berufsbild, indem du deinen Wunschberuf beschreibst oder indem du deine Eltern über deren Berufe befragst!

∗ **f** Besucht das Berufsinformationszentrum und verfasst eine Reportage!

# ✳ 2

# Im Liegesitz die Vielfalt
# des Kontinents erleben

### In den USA haben Leute mit Zeit und Geld die Eisenbahn wiederentdeckt
### Wie der „Pioneer" die Rockies nimmt

Die Durchquerung des nord-amerikanischen Kontinents mit der Eisenbahn ist nicht irgendeine Reise. Immer noch
5 schwingt ein Hauch von Weite und Abenteuer mit bei dem Gedanken an eine Schienenreise von den Wassern des Atlantiks zu denen des Pazi-
10 fiks.
Unser „Abenteuer nach Fahrplan" beginnt um 17.15 Uhr in Boston. Täglich um diese Zeit läuft vom dortigen Südbahn-
15 hof der *Lake Shore Limited* zu seiner 1000-Meilen-Reise längs der Großen Seen nach Chicago aus. Dort kann man sich dann am Mittag des fol-
20 genden Tages überlegen, ob man die restlichen zwei Drittel der USA im *Desert Wind* nach Los Angeles, im *California Zephyr* nach San Francisco
25 oder im *Pioneer* nach Seattle erleben möchte. Wir haben uns für den Letzteren entschieden, da er nach Strecke und Fahrzeit (2693 Meilen in
30 57 Stunden) einsamer Rekordhalter unter allen US-Personenzügen ist.
Doch einstweilen verflüchtigen sich alle Fernweh-Schwär-
35 mereien im Bostoner Berufsverkehr. Diesem ist der sich zwischen verrottenden Hafenkais und hypermodernen Wolkenkratzern duckende Bahn-
40 hof in keiner Weise gewach-

sen. Wer da glaubt, Amerikaner führen grundsätzlich nur mit dem Auto zur Arbeit, muss sich eines Besseren belehren
45 lassen. Unglaublich volle Pendlerzüge verlassen die South-Station in dichter Folge und produzieren ein solches Chaos, dass der Aufsichtsbe-
50 amte selbst unmittelbar vor Einfahrt des *Lake Shore Limited* noch nicht zu sagen vermag, auf welchem Bahnsteig der Zug erwartet werde.
55 Durch Mund-zu-Mund-Propaganda erfährt der Reisende schließlich, wo es langgeht. Alle vordergründigen Ärgernisse sind indes vergessen, als
60 die schwere, rot-weiß-blau gestreifte Amtrak-Diesellok sich mit dumpfem Grummeln in Bewegung setzt und die silbern glänzenden Pullmann-
65 Wagen scheinbar schwerelos gen Westen schweben lässt. Wir lehnen uns in die breiten Liegesitze zurück, während draußen die im hölzernen
70 Kolonialstil überdauernden Städtchen Neu-Englands vorbeigleiten. Im warmen Licht der untergehenden Sonne versinkt die allmählich einsamer
75 werdende Bilderbuchlandschaft aus Wiesen, Wäldern und Weilern langsam in der Nacht.
Die meisten Fahrgäste sind
80 schon eingeschlafen, als aus

dem leisen Klopfen der Räder plötzlich ein laut hallendes Rattern wird: Der Zug überquert auf einer offenen Eisen-
85 brücke den berühmten Hudson-River, in dessen nachtschwarzen Fluten sich das hell erleuchtete Kapitol von Albany am jenseitigen Ufer
90 spiegelt.
Stunden später schälen sich die Ufer des Erie-Sees aus dem Morgendunst. Seltsamerweise sind es nicht die kurzen
95 Stopps in den Großstädten Buffalo, Erie oder Cleveland, die im Gedächtnis bleiben, sondern jene schier endlose Abfolge kaum genutzten
100 Farm- und Brachlandes, das sich irgendwo am Horizont in einem meeresgleichen See verliert. Auch als die Landwirtschaft weiter im Westen, in
105 den Staaten Ohio und Indiana, intensiver betrieben wird, bleibt der Eindruck von Weite, die Platz fürs Atmen lässt.
Umso widersprüchlicher dann
110 Chicago. Meile um Meile schiebt sich der Zug durch riesige Vorstädte, eine nur noch von Schwarzen am Leben gehaltene Welt der Trostlosig-
115 keit und des Verfalls. Die gnadenlos deutliche Sicht vom Bahndamm lässt dem Reisenden keine Chance vor den Schattenseiten des reichsten
120 Landes der Welt die Augen zu

*SILBERSCHLANGE der Superliner: Im Mittleren Westen führt der Schienenstrang durch menschenleere Prärien.*

verschließen. Eine nachhaltige Erfahrung, die freilich gleich nach der Ankunft im aufpolierten Zentrum der Sieben-Millionen-Metropole relativiert wird. Die Union-Station, Chicagos prächtig restaurierter Hauptbahnhof, ist noch eine echte „Kathedrale des Fernwehs".

**Notbremse gezogen**

Die „National Railroad Passenger Corporation", meist Amtrak genannt, wurde 1971 als halbstaatliche Auffanggesellschaft für den bis dahin von verschiedenen privaten Eisenbahnlinien betriebenen Personenverkehr gegründet. Die Privatgesellschaften hatten seinerzeit nur noch Interesse am Güterverkehr, da die Zahl der Personenzüge von 20 000 täglich im Jahr 1929 wegen der geringen Nachfrage auf 450 pro Tag im Jahr 1970 gesunken war. Ein Luxuszug nach dem anderen wurde daher eingestellt; der legendäre *Twentieth Century Limited* beispielsweise schleppte sich im Jahr 1967 auf seiner letzten Fahrt mit nicht weniger als zehn Stunden Verspätung in den Bahnhof von Chicago.

Der Passagierverkehr der US-Eisenbahnen lag mithin in des Wortes doppelter Bedeutung „in den letzten Zügen", als die Politiker in Washington durch Gründung von Amtrak die Notbremse zogen. Die Überlegung, dass eine moderne Industrienation wohl doch nicht ohne funktionierendes Eisenbahnnetz auskommt, hat dabei ebenso eine Rolle gespielt wie der von zahllosen Eisenbahnliebhabern getragene Appell an den Patriotismus der Verantwortlichen. Amtrak ist es dann allen Widrigkeiten zum Trotz gelungen, den Personenzugverkehr zwischen fast allen großen Städten der USA bis heute aufrechtzuerhalten. Und in den letzten Jahren hat eine denkwürdige Entwicklung eingesetzt: Seitdem das Fliegen in den USA immer billiger (und unerfreulicher) wird, haben Leute mit Zeit und Geld die Eisenbahn wiederentdeckt. Amtrak nutzt diesen Trend aus und bietet heute auf den schönsten Routen mit den doppelstöckigen „Superlinern" ein Maximum an modernem Eisenbahnkomfort. Erstaunlicherweise macht der Superliner seinem Namen alle

Ehre. Pünktlich verlässt er Chicago und bald möchte man die Aussicht „von der ersten Etage" nicht mehr missen. Wer will, kann für den zweieinhalbfachen Fahrpreis sogar einen „de-luxe-Bedroom" mit viel Platz, bequemen Sofas, privater Dusche und Toilette mieten. Man braucht sich dann auch nicht mehr in den – übrigens recht guten – Speisewagen zu bemühen, da der Steward die Mahlzeiten gratis ins Abteil bringt. Er putzt auch die Schuhe und hält neben allerlei Snacks immer die neueste Tageszeitung bereit. Doch ehrlich gesagt ist dieser teuer bezahlte Schnickschnack eher überflüssig. Gerade in den Superlinern lässt es sich dank der komfortablen Liegesitze mit viel Beinfreiheit auch in der Coach-Class entspannt reisen.

Die Sonne beginnt schon das zweite Mal zu sinken, als der *Pioneer* bei Burlington den breit und blau zwischen grünen Ufern dahinfließenden Mississippi überquert. Tom Sawyer würde sich in dieser fast ursprünglich erhaltenen Landschaft gewiss auf Anhieb zurechtfinden. Auch in den folgenden Staaten in Iowa und Nebraska, im ganzen Mittleren Westen scheint die Zeit irgendwie stehen geblieben. Liegt es nur daran, dass die Schienen meist abseits aller Straßen durch grenzenlose Kornfelder und Weidesavannen führen? Eigentlich erinnern nur die wie überdimensionale Fruchtbarkeitssymbole in den Himmel ragenden Getreidesilos ans 20. Jahrhundert. Die Cowboys jedenfalls, die an den Viehverladestationen gewaltige Rinderherden in die Pferche treiben, sehen genauso aus wie die aus den Wildwestfilmen.

Landschaften und Menschen scheinen sich in den Weiten des Westens langsamer zu verändern als anderswo. Es ist ungeheuer entspannend, durch diese reizarme Welt zu gleiten, wohl wissend, dass es dergleichen im übervölkerten und zersiedelten Europa kaum mehr gibt. Die spektakulären Gesichter Amerikas sind nicht unbedingt die eindrucksvollsten.

**Es wird stockfinster …**

In der glitzernden Wolkenkratzer-Metropole Colorados wird am Morgen des dritten Reisetages eine zweite Diesellok vor den *Pioneer* gespannt. Mit deren Hilfe kriecht die Superliner-Silberschlange bald darauf durch enge Kehren auf alpine Höhen. Kaum jemanden der Fahrgäste hält es auf dem Sitz, als in glasklarer Morgenluft die imposante Gipfelkette der schneebedeckten Drei- und Viertausender in Sichtweite kommt.

Immer schmäler werden die Schluchten, immer schneller schießen die Bäche zu Tal, immer näher rücken die Felswände an die Gleise. Und auf einmal scheinen die Rockies den Zug verschluckt zu haben. Es wird stockfinster, und als es nach fünf Minuten schneller Fahrt immer noch nicht wieder hell wird, beginnt mancher Reisende nervös in seinen Unterlagen zu blättern. Zum Glück findet sich dort die beruhigende Auskunft, dass der Zug auf gut 3000 Meter Höhe im zehn Kilometer langen Moffat-Tunnel die kontinentale Wasserscheide durchquere. Tatsächlich scheint nach zehn Minuten wieder die Sonne.

Was dann folgt, ist der wohl faszinierendste Teil der ganzen Reise. Während das Klima immer heißer und trockener wird, schlängelt sich der *Pioneer* auf waghalsigen Gleiskonstruktionen durch den wilden Canyon des Colorado gen Südosten. Da die Schienen sich nur mühsam zwischen schroffen Felshängen und gewaltigen Geröllhalden festklammern können, geht es oft nur im Schritt-Tempo weiter, während hundert Meter unter uns die braun schäumenden Fluten des Colorado rauschen. Stunden später – in Utah schon – treten die Canyonwände zurück, weiten sich die Täler, rollen wir mit einem Mal durch jene erhabene Halbwüste aus roter Erde und erosionszerfressenen Tafelbergen, die man gemeinhin nur als Hintergrund von John Waynes Abenteuern kennt. Diese

bizarre Mondlandschaft ist so fantastisch, dass man sich zu fragen beginnt, ob das da draußen nicht doch eine gut gemachte Hollywood-Kulisse ist.

Vieles ließe sich noch über den Fortgang der Reise erzählen. Von Salt Lake City, der Mormonenstadt am – aus letztlich ungeklärten Gründen – überlaufenden Großen Salzsee, von der Fahrt entlang des Schlangenflusses im menschenleeren Idaho, vom plötzlichen Eintauchen in die regenverhangenen Tannenwälder Oregons, vor allem aber von der Begegnung mit dem unheimlichen Columbia-River. Man stelle sich einen tiefblauen Fluss in einem leeren, braunen Tal vor, durch das ständig ein solch heftiger Westwind pfeift, dass Vegetation nicht gedeihen kann und Menschen keine Siedlungen bauen wollen. Nur Wasserkraftwerke, Straßen und Eisenbahnen stemmen sich hier der Gewalt der Natur entgegen.

Als der *Pioneer* am späten Abend des vierten Tages in die King-Street-Station von Seattle einläuft, merken wir, dass der Regen erstmals seit Boston wieder nach Salzwasser schmeckt. Ein wenig länger braucht die Erkenntnis, dass in den riesigen USA nur die Eisenbahn dem Besucher eine reelle Chance bietet eine Ahnung von Dimension und Vielfalt des die Weltmeere trennenden Kontinents mit nach Hause zu nehmen.

*Albert Strick*

**a** Schlage unbekannte Begriffe im Lexikon nach oder versuche eine Begriffklärung aus dem Textzusammenhang heraus!

**b** Verfolge den Weg des „Lake Shore Limited" und des „Pioneer" auf einer Atlaskarte!

**c** Wo finden sich im Text persönliche Eindrücke, wo werden Sachverhalte beschrieben?

**d** Beschreibe den Text nach Aufbau und Inhalt!
Berücksichtige dabei auch Autor und Erscheinungsort sowie die zum Text gehörenden Bilder!

▶ S. 62, Texte beschreiben

**e** Gib dem Text eine zündendere Überschrift!

**f** Wie könnte eine Verfilmung dieses Textes aussehen? Welche zwei grundverschiedene Einstellungen müssten berücksichtigt werden?

**g** Gestaltet in Gruppenarbeit eine eigene Reportage von einer Studienfahrt, einem Wandertag …! Welche allgemeinen Beschreibungen wollt ihr aufnehmen?

▶ R S. 233 ff., Fremdwörter

# Kommentar

## 1 Bericht und Kommentar vergleichen

Der Bericht

# EU will Bonn zum Müll zwingen

### Umweltminister kämpft gegen neue Richtlinie – Gericht letzte Chance

**Bonn** (ap) – Für den Fall, dass die EU-Umweltminister in dieser Woche in Brüssel die europäische Verpackungsrichtlinie verabschieden, muss Deutschland ab 1994 wieder Müll produzieren. Der Staatssekretär vom Bundesumweltministerium sagte in Bonn, die belgische Präsidentschaft habe für diese Richtlinie einen „wirklich Besorgnis erregenden" Vorschlag vorgelegt. Danach solle den einzelnen Staaten vorgeschrieben werden künftig höchstens 40 Prozent der Verpackungen zu recyceln. Deutschland liege heute aber schon deutlich über dieser Quote.

„Es kann nicht richtig sein, dass wir über eine Deckelung nach oben gezwungen werden Müll zu produzieren", sagte er.

Der Bundesumweltminister wies darauf hin, dass derjenige weniger wiederverwerten könne, der erfolgreich Müll vermeide. Die deutschen Umweltexperten wollen heute und morgen in Brüssel deshalb verhindern, dass die Richtlinie überhaupt verabschiedet wird.

Dazu brauche die Bundesrepublik aber eine Sperrminorität und die habe sie wahrscheinlich nicht, weil nur die Dänen und die Niederländer sich ebenfalls gegen die Richtlinie zur Wehr setzen wollten. Deutschland will eine Regelung, die für die Verwertung jeder Stoffgruppe wie Altglas oder Altpapier ein anspruchsvolleres Ziel als die genannten 15 Prozent vorsieht und den einzelnen Staaten die Möglichkeit

gibt mehr zu leisten als vorgesehen. Die Verwertungsquoten in Deutschland liegen nach Angaben des Ministeriums derzeit für Altpapier bei 51 Prozent, für Altglas bei 48 Prozent, für Aluminium und Weißblech bei 45 Prozent und für Kunststoff sowie Verbundkartons jeweils um 20 Prozent.

Als letzte Anlaufstelle gilt der Europäische Gerichtshof: Einer Klage wegen Nichteinhaltung der EU-Verpackungsrichtlinie sieht man in Bonn gelassen entgegen. Bei einer eigenen Klage gegen die Kommission müssten die Richter die Grundsatzentscheidung treffen, ob die EU einen Staat zwingen kann einen erreichten Standard zu unterschreiten.

Der Kommentar

## Deutschland soll weniger Abfall wiederverwerten

# EU-Müllskandal

Aus Brüssel kommen Meldungen, bei denen man sich an den Kopf fasst. Die Belgier wollen über eine EU-Verpackungsrichtlinie die Deutschen zwingen wieder mehr Müll zu produzieren. Das ist beileibe
5 kein Scherz, sondern ein Beispiel für die Kurzsichtigkeit mancher europäischer Politiker, Bürokraten und Geschäftemacher.
Der Hintergrund: Deutschland hat sich in der Müllverwertung eine führende Rolle erobert. Das
10 erweckt in den Nachbarländern weniger Bewunderung, sondern Konkurrenzneid. Mit rigorosen Festsetzungen der Höchstwerte soll deshalb die Wiederverwertung von Abfall beschränkt werden. Damit würde die Entwicklung dieser Zukunftstech-
15 nologie gebremst. Nebenbei würden auch die Müllberge emporschießen.
Kurzfristig mag daraus für einige rückständige Wirtschaftszweige in Westeuropa der Konkurrenzdruck nachlassen. Auf lange Frist gesehen würden sich
20 aber andere Länder in diesem Bereich hervortun. Vielleicht Japan.
Natürlich muss sich der deutsche Umweltminister heute und morgen in Brüssel dem haarsträubenden Ansinnen der EU-Rückständler widersetzen. Falls
25 die Richtlinie gegen den Widerstand Deutschlands zustande kommt, gibt es nur eins: sie nicht anerkennen. Mögen die EU-Partner daraufhin vor dem Europäischen Gerichtshof klagen. Es wäre eine groteske Lage, wenn die dortigen Richter ein Mit-
30 gliedsland zwingen möchten die Umwelt zu verpesten. Dann würde sich die Frage nach der Zukunft der EU neu stellen.
Über den geistigen Zuschnitt etlicher Eurokraten gibt dieser neue Müllskandal jedenfalls heute schon
35 einen traurigen Aufschluss.

*Wilhelm Christbaum*

**a** Lies die beiden Texte durch!
Kläre dir unbekannte Begriffe mithilfe eines Wörterbuchs!
Was bedeutet die Abkürzung „EU" in der Überschrift?

**b** Worum geht es im Bericht? Fasse den Inhalt in drei Sätzen zusammen!

**c** Wie ist der Kommentar aufgebaut?

**d** Welche auffälligen Mittel verwendet der Verfasser des Kommentars?

**e** Wie steht er zu dem Sachverhalt? Welche Folgerungen zieht er?

### Aufbau eines Kommentars

Kommentieren: erläutern, auslegen, kritisch Stellung nehmen
- Zu Beginn wird das Ereignis, das Problem oder das Thema, das kommentiert werden soll, angesprochen und dargestellt. Je mehr der Leser schon darüber weiß, desto kürzer kann dies geschehen.
- Im Hauptteil bewertet der Kommentator das Problem. Er versucht seine Meinung überzeugend zu begründen.
- Der Kommentar kann mit Schlussfolgerungen enden.
- Häufig wird das Stilmittel der Ironie verwendet (durch scheinbares Lob etwas lächerlich machen).

**★ 2**

# Jedes fünfte Kind arbeitet regelmäßig
## Nicht als Skandal bewertet

**Münster. – Etwa jedes fünfte deutsche Kind im Alter zwischen 13 und 15 Jahren geht einer Studie der Universität Münster zufolge verbotener Kinderarbeit nach. Über 40 Prozent der Kinder dieses Alters** ⁵ **arbeiten regelmäßig.**

Problematisch sei, dass Kinderarbeit keineswegs als Skandal bewertet werde, obwohl sie bis auf die Mit- hilfe in der Landwirtschaft und das Austragen von Zeitungen gesetzlich verboten sei. Die rund 600 000 ¹⁰ arbeitenden Kinder in Deutschland erhalten beim Babysitten, Autowaschen und Zeitungen austragen sowie bei Arbeiten im Garten, an der Tankstelle und in der Landwirtschaft durchschnittlich sechs bis sieben Mark pro Stunde.

## *Geknechtete Kinder*

Wissenschaftler schlagen Alarm: Jedes fünfte Kind zwischen 13 und 15 Jahren geht verbotener Arbeit nach. Bilder von geknechteten Jungen und Mädchen, unter der Last der Arbeit gebückt, tau- ⁵ chen vor unserem inneren Auge auf. Dabei waren wir uns sicher, dass so etwas hierzulande nicht mehr passieren kann. Schließlich hat die Bundesrepublik weltweit eines der schärfsten Gesetze zum Schutze von Kindern. Die unerträglichen Verhältnisse in Ent- ¹⁰ wicklungsländern, wo Kinder für den Lebensunter- halt der ganzen Familie sorgen müssen und dafür mit ihrer Gesundheit und dem Verlust der Kindheit bezahlen, sollte demnach hierzulande der Vergan- genheit angehören. Und jetzt das! ¹⁵ Leider erfahren wir nichts über die Gründe, die Schüler zu Gesetzesbrechern werden lassen. Sind es die verschlechterten wirtschaftlichen Verhältnis- se der Eltern, die ein Dazuverdienen notwendig machen? Dann wäre es durchaus gerechtfertigt, ²⁰ dass Nordrhein-Westfalens Arbeitsminister von einem „Skandal" spricht, von dem kaum jemand Notiz nehme.

Wäre es aber nicht auch möglich, die Ursachen in einem immer ausgeprägteren Anspruchsdenken ²⁵ der „Kids" zu suchen? Kaum ein Schüler, der nicht großen Wert auf Turnschuhe mit Streifen oder auf die Jeans mit benzinähnlichem Namen legt. Dann reichen 50 Mark Taschengeld im Monat gerade für ein einziges T-Shirt aus Edel-Boutiquen. ³⁰ Wenn Eltern von ihren Sprösslingen verlangen: „Ver- dien' es dir erst einmal selber", ist wohl kaum ein Skandal zu wittern. Überarbeitete Kinder und ihre Eltern sollten vielleicht erst einmal über ihr Konsum- verhalten nachdenken.                                    *Sigrun Eibner*

**a** Lies die beiden Texte durch! Um welche Textsorten handelt es sich?

**b** Worum geht es im Bericht? Fasse den Inhalt in einem Satz zusammen! Erkundige dich, wie „Kinderarbeit" bei uns gesetzlich geregelt ist!

**c** Wie ist der Kommentar aufgebaut? Beschreibe den Inhalt der einzelnen Abschnitte, Z. 1–3; Z. 3–14; Z. 15–29; Z. 30–34!

**d** Wo wirkt der Kommentar ironisch?

**e** Wie steht die Verfasserin zu dem besprochenen Sachverhalt?

**f** Beschreibe den Kommentar zusammenhängend und nimm selbst Stellung zu der Thematik!

## Verfasserabsichten durchschauen

Jeder Text verfolgt eine bestimmte Absicht. Häufig besteht diese darin, zu informieren oder einfach nur zu unterhalten. In manchen Texten geht es aber auch darum, andere von einer Sache oder Idee zu überzeugen oder sie zu einer bestimmten Handlung zu überreden. Schwierig wird es, wenn in einem Text diese Absicht nicht offen ausgesprochen wird, sondern vom Leser erst erschlossen werden muss. Dann kommt es darauf an, sich den Text ganz genau anzusehen, auf die Wortwahl und die Zusammenhänge zu achten und zu überprüfen, ob der Text überhaupt ernst zu nehmen oder nur ironisch gemeint ist. Dabei hilft es einem manchmal weiter, wenn man sich vor Augen hält, wo dieser Text erschienen ist und wer ihn verfasst hat.

**1**

# Fünf Schritte, damit der Job nicht zum Flop wird
### Eine Hamburger Personalberaterin gibt Tipps für den richtigen Beruf

Wenn ein Job keinen Spaß macht, kann das viele Gründe haben: schlechte Bezahlung, mieses Betriebsklima, ständige Querelen mit Vorgesetzten. Aber manchmal, so stellen wir in der „Personal-Diagnostik" fest, liegt's auch an den Leuten selbst: Sie haben den falschen Beruf gewählt. Kein Wunder. Gymnasiasten, die ein Jahr vor dem Abitur stehen, wurden gefragt, wie viel Zeit sie schätzungsweise für die Vorbereitung eines dreiwöchigen Urlaubs aufwenden. Im Durchschnitt drei Tage. Und wie viel Tage haben sie sich intensiv über ihre berufliche Zukunft Gedanken gemacht? Auch nicht mehr, wie die meisten zugaben.

Wer eher zufallsbedingt oder nur auf den Rat anderer hin Lehrstelle oder Studienplatz auswählt, riskiert seines Arbeitslebens nicht froh zu werden. Das dauert immerhin 30 bis 40 Jahre. Und da sollte man intensiver als bei der Vorbereitung des Urlaubs einen Flop zu vermeiden versuchen.

Der erste Schritt zur richtigen Berufswahl: Neigungen und Fähigkeiten definieren. Gute Schulnoten sind nicht alles. Welche beruht auf Fleiß, welche auf echtem Interesse? Prüfe, welche Tätigkeiten dir viel Freude machen, welche weniger. Zweitens: Dokumentiere Stärken und Schwächen. Fast keiner ist in der Lage das spontan zu tun. Nimm dir Zeit und schreibe auf: links die Stärken, rechts die Schwächen. Als Ergebnis entsteht ein Leistungsprofil. Wichtig: Besprich mit Menschen deines Vertrauens, ob sie deine Selbsteinschätzung bestätigen.

Drittens: Notiere, was dir im Berufsleben wichtig ist. Geregelte Arbeitszeit oder die Chance zur Selbstständigkeit? Gute Aufstiegsmöglichkeiten, die Chance viel reisen zu können, Tätigkeiten im Ausland? Würdest du lieber in einem kleinen oder in einem großen Unternehmen arbeiten, allein oder im Team?

Auf dieser Basis lassen sich nun – etwa beim Arbeitsamt – Berufsfelder definieren, die Leistungsprofil und Wunschvorstellungen am ehesten gerecht werden.

Viertens: Nutze jeden Kontakt (über Lehrer, Verwandte, Freunde, Bekannte, Berufsberater) um dir Informationen über passende Berufe und Betriebe zu verschaffen. Investiere einige Ferienwochen um Praktika zu absolvieren. Der Kennenlerneffekt ist gegenseitig: Praktikanten, die einen guten Eindruck hinterlassen, haben den Ausbildungsvertrag schon fast in der Tasche. Für manche Ausbildungsstellen gilt dasselbe wie für attraktive Jobs: Wenn sie erst mal in der Zeitung stehen, sind sie schon vergeben.

Fünftens: Vergleiche deine Recherche-Ergebnisse mit deiner Wunschliste. Doch bedenke: Kein Beruf und kein Betrieb wird hundertprozentig allen theoretisch formulierten Ansprüchen genügen. 80 Prozent reichen.

**a** Fasse den Inhalt dieses Textes in einem Satz zusammen!

**b** Aus welchen drei Teilen besteht dieser Text?

**c** Welche Absicht verfolgt der Autor mit diesem Text?

* **d** Schreibe die Ergebnisse aus a bis c auf!

* **e** Wende die im Text genannten fünf Schritte auf dich selbst an! Schreibe auf!

## ★ 2

**Mit immer neuen Begründungen wird Tempo 100 auf Autobahnen gefordert. Das erste Argument – mehr Sicherheit – zog nicht. Die Autobahn ist die sicherste Straße. 92 Prozent aller tödlichen Unfälle passieren im Stadtverkehr oder auf Landstraßen. Auch beim Verbrauch lässt sich durch Tempo 100 wenig ausrichten. Der gesamte Ölverbrauch würde um weniger als ein halbes Prozent zurückgehen.**
5 **Jetzt argumentieren die Befürworter mit der Umwelt.**

Mit lautem Fiepen macht sich der Verkehrsfunk bemerkbar. „Auf den Autobahnen und Fernstraßen
10 fließt der Verkehr störungsfrei. Wir wünschen Ihnen weiter gute Fahrt …" Jürgen Jentschke (48) lehnt sich zufrieden zurück. Noch zwei Stunden bis Frankfurt.
15 Wenn's so weiter rollt, wird er noch Zeit für eine Tasse Kaffee haben.
Für seine Firma schult Jürgen Jentschke Verkäufer im ganzen Bundesgebiet. Eine interessante
20 Tätigkeit, die ohne Auto gar nicht zu packen wäre. „Intercity, schön und gut", meint Jentschke, „aber oft muss ich aufs platte Land und am selben Tag wieder
25 zurück."
Jürgen Jentschke legt den fünften Gang ein. Ist schnelles Fahren nicht zu anstrengend? „Überhaupt nicht", wehrt Jentschke ab. „Der
30 Wagen ist technisch so ausgereift, da gleitet man sanft dahin, als würde man zu Hause im Sofa sitzen. Ich bin nicht der Typ, der anderen mit der Lichthupe im Nacken sitzt.
35 Mit den Verkehrsregeln nehme ich es sehr ernst. Aber wenn die Straße frei ist, macht schnelles Fahren Spaß. Und Sinn."
Die Folgen von Tempo 100 hat der
40 Vielfahrer für sich so ausgerechnet: „Ich fahre pro Jahr rund 50 000 Kilometer, davon 35 000 auf der Autobahn.
Nur mal angenommen, meine
45 Durchschnittsgeschwindigkeit würde bei Tempo 100 um 30 Stundenkilometer abnehmen, dann müsste ich pro Jahr mindestens 80 Stunden mehr im Auto sitzen um
50 das gleiche Pensum zu schaffen. Das wären zehn volle Arbeitstage. Tempo 100 – nein, danke!"

# *Tempo 100 Nein, danke!*

**Tempolimit und Umwelt**
Wie die Geschwindigkeitsbegren-
55 zung in Ländern mit Tempolimit eingehalten wird, das hat der ADAC untersucht. Seine Verkehrsingenieure stellten sich mit Radarwagen an die Autobahnen
60 von acht Ländern. Ergebnis der Stichprobe: Je niedriger das Tempolimit, desto häufiger die Verstöße. In Frankreich zum Beispiel fuhr jeder Dritte schneller als die
65 erlaubten 130. In den Niederlanden aber, wo nur Tempo 100 gestattet ist, hielten sich 87 Prozent nicht an dieses Limit.
Würden sich in der Bundesrepu-
70 blik 50 Prozent daran halten, wäre der Nutzen für die Umwelt immer noch mehr als fraglich. Das Umweltbundesamt (UBA) rechnet vor, dass die Gesamtemission von
75 Stickoxiden in diesem Fall nur um 2,6 Prozent zurückgehen würde. Die Luft würde dadurch kaum besser. Denn rund die Hälfte aller

vom Menschen verursachten
80 Schadstoffe trägt der Wind aus dem Ausland in die Bundesrepublik. Und zudem müsste der minimale Stickoxid-Rückgang teuer erkauft werden. Denn bei sinken-
85 der Geschwindigkeit nimmt vor allem der Ausstoß von Kohlenmonoxid und Kohlenwasserstoffen zu.

**Tempolimit und Export**
Trotz höherer Produktionskosten
90 haben deutsche Autos auch in Ländern mit Tempolimit gute Absatzchancen. Denn sie verfügen über hohe Qualität und über Sicherheitsreserven, weil sie für
95 die Beanspruchung auf deutschen Autobahnen gebaut sind.
Würde in der Bundesrepublik ein Tempolimit eingeführt, ist zu befürchten, dass viele Käufer deut-
100 scher Autos auf weniger anspruchsvolle und damit billigere Fabrikate umsteigen. Die deutschen Hersteller müssten sich früher oder später diesem Trend anschließen – zu
105 Lasten des guten Rufs deutscher Autos. So sieht's auch der Innenminister: „Ich war nie ein Fan vom Tempolimit. Es hemmt den technischen Fortschritt und schafft
110 Gefahr für Arbeitsplätze."

*Gegen Tempo 100:*
*Vielfahrer Jürgen Jentschke*

*(aus: Auto Aktiv: Illustrierte zur 51. Internationalen Automobilausstellung 1985 in Frankfurt/Main)*

**a** Fasse den Inhalt in drei Sätzen zusammen!

**b** Wie steht der Verfasser zur Frage eines Tempolimits?
Woran kannst du dies erkennen? Es gibt dafür viele verschiedene Hinweise.
Stelle sie zusammen!

**c** Dieser Text wirkt wie eine Reportage. Begründe diese Behauptung und
überlege dir, warum es sich vielleicht doch nicht um eine „echte" Reportage
handelt!

**d** Beschreibe den Text stichwortartig nach Herkunft, Autor, Aufbau, Aufmachung, Inhalt, Verfasserabsicht und Wirkung!

▶ S. 62, Texte beschreiben

**e** Nenne je zwei weitere Argumente, die für bzw. gegen die Einführung eines
Tempolimits auf Autobahnen sprechen, und erörtere sie!

# Ergebnisse einer Textuntersuchung darstellen

Nur wer sich ernsthaft bemüht einen Text ausführlich zu beschreiben, wird dessen Inhalt und Aussage ganz verstehen. Wir wiederholen deshalb hier noch einmal die wichtigsten Gesichtspunkte, unter denen man einen Text untersucht und dann zusammenhängend beschreiben kann.

**1** Der Natur ein ganzes Stück näher sind die Angler in Deutschland. Was sie alles für die Umwelt und ihren Schutz leisten, lesen Sie hier.

# Supermarkt Natur

Wo Flüsse und Seen sind, da sind auch Fische – und Angler. Mit Rute und Rolle gehen sie ihrer Freizeitbeschäftigung nach,
5 holen so manch kapitalen Hecht, prächtigen Barsch oder schlanke Forelle aus dem nassen Element. Angler suchen die Ruhe und Beschaulichkeit und geraten den-
10 noch oft in den Verdacht die Natur durch ihre Leidenschaft zu schädigen. Gängiges Pauschalurteil: Angler entnehmen der Natur Massen von Fischen,
15 stampfen in Ruhezonen gefährdeter Tierarten umher und lassen ihren Müll einfach am Angelplatz zurück.
Das ist falsch. Viele Angler sind
20 engagierte Naturschützer, richten sich nach einem auf die Bedürfnisse der Natur abgestimmten Verhaltenskodex und tun viel für die Reinerhaltung be-
25 drohter Gewässer.
Die beiden großen deutschen Anglerverbände VDSF (Verband Deutscher Sportfischer) und DAV (Deutscher Angler-

30 verband) ziehen in Sachen Naturschutz an einem Strang. Ihre Mitglieder setzen sich in ihrer Freizeit intensiv für die Erhaltung und Wiederherstellung
35 natürlicher, d.h. sauberer und artenreicher Gewässer ein. Bestes Beispiel: 23 Anglervereine in und um Paderborn untersuchen die von ihnen bewirtschaf-
40 teten Fließgewässer regelmäßig. Sie entnehmen Gewässerproben, analysieren die chemischen und biologischen Messwerte. Die Auswertung der gesammelten
45 Daten erfolgt per Computer. So konnten die Paderborner Angler ein Frühwarnsystem entwickeln, das eine schleichende oder akute Verschmutzung sofort erkennen
50 lässt.
Weiteres Beispiel: In Ostholstein wurden in den Fluss Krempau Au tonnenweise Felssteine versenkt, um Voraussetzungen
55 zu schaffen für die Wiederansiedlung von Krebsen, Neunaugen, Meerforellen, Steinbeißern und Schmerlen. Sie sind

zugleich Lebensgrundlage für
60 den Eisvogel.
Der Bundesumweltminister erklärte in einem Interview eines großen deutschen Angelmagazins: „Für mich bilden die Ang-
65 lerverbände einen unverzichtbaren Bestandteil der Lobby im Bereich des Gewässerschutzes. Mit ihren Säuberungsaktionen leisten die Angler einen wichti-
70 gen Beitrag dafür."
Der Bundesumweltminister sieht aber auch mögliche Gefahren in der intensiven Nutzung der Gewässer durch die Angler. Allein
75 die hohe Zahl an Mitgliedern in den Anglerverbänden (etwa eine Million) zeige, dass das Angler-Hobby in einer durchaus schwer wiegenden Weise die
80 Natur stören könnte.
Durch das Aussetzen von Fischarten, die nur Angler interessieren, können zum Beispiel andere, heimische Arten verdrängt
85 werden. Die Folge: weniger Artenvielfalt und eine Störung des ökologischen Gleichgewichts

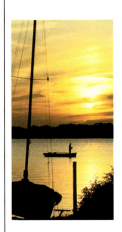

in dem betreffenden Gewässer. Ein Hinweis, der in den Anglerverbänden Wirkung zeigte. Seither wird besonders darauf geachtet, dass neben den attraktiven Fangfischen wie Hecht, Barsch und Forelle auch Rotfedern, Neunaugen, Grünlinge, Schleien und Plötzen wieder in ihren angestammten Gewässern heimisch werden.

Was für viele Angler, die am liebsten jedes Wochenende ihren Köder ins Wasser halten, selbstverständlich sein sollte, ist: dass, wenn Fische in Binnengewässern angefüttert werden, so wenig Futter wie möglich verwendet wird. Anderenfalls sinken die nicht gefressenen Reste auf den Gewässerboden, faulen dort und entziehen dem Wasser Sauerstoff. Fischsterben könnte die unmittelbare Folge sein. Beim Angeln vom Boot aus sollte ausreichend Abstand zu den Röhrichtbereichen gehalten werden. Auch müssen bestimmte Verordnungen beachtet werden. So verstößt beispielsweise das Angeln mit lebenden Köderfischen gegen das bundesweit geltende Tierschutzgesetz.

Petri dank! ∎

a Um welche Textsorte handelt es sich hier? Begründe!

b Man kann den Text in 9 Sinnabschnitte gliedern. Fasse jeden Abschnitt in einem Satz zusammen!

c Wie ist der Text insgesamt aufgebaut?

d Beschreibe den Text (Inhalt, Aufbau, Aufmachung, Zielsetzung)!

∗ e Erinnere dich an die einzelnen Schritte bei der Argumentation! Untersuche den Aufbau der Argumentation im 4. Abschnitt!

▶ S. 78, argumentieren

∗ f Schreibt gemeinsam einen Brief an das Bundesumweltministerium oder an das Bayerische Staatsministerium für Landesentwicklung und Umweltfragen und fordert dort weiteres Informationsmaterial zum Thema „Gewässerschutz" an!

**2**

Für einige Minuten könnte man glauben, man befände sich inmitten einer Elefantenherde. Erwachsene Menschen, die meisten älter als 40, stampfen mit den Beinen, geradeso, als sei man auf einer Solidaritätskundgebung für aussterbende Dickhäuter. Doch nicht deren Schicksal lässt die Leute toben, das Getrampel im Studio der Wiesbadener Taunus Film gilt vielmehr ein paar Sauriern der U-Musik. Connie Francis und Margot Eskens, „Karat" und Jimmy Makulis. „Die Silberne Schlagerparade" ist ein äußerst erfolgreicher und genauso sentimentaler Aufguss der Banalitäten aus den Frühzeiten des Schubidu. Zehn Mark legt jeder Besucher hin. Um das Publikum für die Aufzeichnung auf die richtige Temperatur zu bringen steht – fernsehshowüblich – erst einmal ein so genanntes „Warm-up" auf dem Programm. Regieassistentin Daniela Thannheiser gibt die Marschrichtung vor: „Die gute Laune, die Sie verbreiten, überträgt sich auf den Zuschauer vor dem Bildschirm." Und: „Der Künstler lebt nicht nur von der Gage, sondern von Ihrem Applaus." Derart in die Pflicht genommen, rühren sich die ersten Hände. Doch Klatschen will gelernt sein.

„Wir sind erst bei 15 Grad angelangt", mäkelt Frau Thannheiser. „Können wir mal 30 Grad haben?" Die Claqueure geben sich auf ein einfaches Handzeichen hin redliche Mühe und werden mit einem „Wunderbar" belohnt. Doch die nächste Lektion folgt sogleich. Nach doppelten Handzeichen dürfen alle, „die zu Hause nichts zu sagen haben", brüllen und pfeifen. Und das sind viele. „Hervorragend",

# KLATSCH-MARSCH
### Zuschauer in einer Show zu werden ist schwer, Zuschauer sein aber noch viel mehr – Körpereinsatz wird gefordert

findet der Regisseur, der sich per Mikrofon aus dem Off eingeschaltet hat. Und selbst seine Assistentin schlackert mit den Ohren. „Das war jetzt schon gut, die mittlere Reife ist bestanden." Doch zum Jubel-Abitur bedarf es auch des Einsetzens der Füße. Kaum hat die Menge das Signal – richtig: dreifaches Handzeichen – verarbeitet, ergeht an den durch das Sprunggelenk mit dem Unterschenkel verbundenen untersten Teil des Beines – Mann für Mann, Frau für Frau – der Befehl: los, Bewegung! Die Stimme aus dem Off bedankt sich umgehend für die motorische Anstrengung: „Sie haben das Abitur bestanden."

Danach dürstet die schwitzende Menge. Doch bei den Privaten wird offensichtlich mit spitzem Bleistift gerechnet. Die Flasche im edlen Champagnerkübel entpuppt sich als Pfirsich-Schaumwein. Wer die süße Plörre dennoch zu zügig in sich hineinkippt, wird von der Bedienung sanft ermahnt, man möge das Glas doch bitte voll lassen, denn es mache sich nicht gut, wenn die Studiogäste später bei der Sendung vor leeren Gläsern säßen. Nachschub gebe es nicht. „Pro Tisch nur eine Flasche!"

Eine halbe Stunde ist mittlerweile rum und die Optimisten rechnen in wenigen Sekunden mit dem Auftritt der Stars. Doch gemach! Jetzt wird erst einmal das Lachen geübt.

Der Regisseur ist Österreicher – was liegt da näher als einen ins Alpenländische verirrten Ostfriesen-Witz anzudienen. „Warum dürfen Österreicher nicht mehr auf den Frankfurter Fernsehturm?" Das Publikum passt erwartungsgemäß. Die Antwort schiebt die Regieassistentin nach: „Weil sie immer die Hubschrauber füttern." Hahaha.

Der Aufzeichnungsbeginn rückt näher. Hunderte von Händen, Mäulern und Füßen lauern auf ihre Bewährungsprobe. Frau Thannheiser gibt bereits Order, der Saal möge bei „Sechs" toben, da stoppt Deflorateur, pardon, Musikredakteur Wolfgang Teschner mit den Worten „So ein Jungfernhäutchen Zeit haben wir noch" den Countdown: Der Einsatz kam zu früh.

Dann passiert's endlich: Connie Francis wird mit Huldigungen bedacht. Aber schon bei „Karat", o weh! Die Regieassistentin fuchtelt mit den Armen, doch keiner sieht's, alle starren auf die Bühne. Der Applaus für „Über sieben Brücken musst du gehn" setzt viel zu spät ein. Auf ein Neues. Countdown läuft. Lächeln, klatschen, brüllen, trampeln. Es klappt! Dafür patzen die Moderatoren Peter Bond und Frederic Meisner. Selbst den banalsten Text garnieren sie mit Versprechern. Alles noch mal von vorn! Harte Arbeit fürs Publikum. Die Hände rot, die Stimmbänder gereizt, die Füße lahm. Drei Stunden dauert die Aufzeichnung für die – samt Werbung – später nur eine dreiviertel Stunde währende „Silberne Schlagerparade". Doch die meisten Studiogäste werden wiederkommen. Schon bei dieser Sitzung war über die Hälfte bereits zum zweiten Mal da.
*Michael Mosch*

**a** Beschreibe diesen Text anhand der Fragen im Tippkasten auf S. 76! Achte dabei insbesondere auch darauf, wie der Verfasser zu dieser Art von Veranstaltungen steht und wie er seine Meinung zum Ausdruck bringt!

**b** Nimm kritisch Stellung zu dieser Art von Veranstaltungen!
Gehe dabei auf die folgenden Fragen ein:
– Wie würdest du dich in einer solchen Veranstaltung fühlen?
– Wie empfindet ein Fernsehzuschauer eine solche Sendung, wenn er vorher diese Informationen bekommen hat?
– Warum gehen Leute zu solchen Veranstaltungen, manche sogar wiederholt?

Beziehe auch die Aussage der Karikatur mit ein!

✳ **c** Verfasst einen Paralleltext, z. B.: Ein musischer Abend an der Realschule!

## 3 Eine Textbeschreibung untersuchen

**„Tempo 100 – Nein, danke!"** (Text S. 55)

Der Text „Tempo 100 – Nein, danke" erschien in der Illustrierten „Autoaktiv" anlässlich der 51. Internationalen Automobilausstellung in Frankfurt. Ein Verfasser ist nicht genannt.

5 Der Artikel weist eine dreizeilige, fett gedruckte Überschrift auf, die jedoch nicht ganz oben steht, sondern in den Text eingerückt ist. Darüber findet sich ein einleitender, halbfett gedruckter Absatz. Der Artikel selbst ist dreispaltig und mit zwei farbigen Fotos er-
10 gänzt, die den Text verdeutlichen sollen: ein von der Redaktion selbst durchgestrichenes 100 km/h-Schild, das das Wunschdenken der deutschen Automobilbauer symbolisieren soll, und ein kleineres Foto, das einen energisch dreinblickenden Mann mittleren Alters am Steuer seines
15 PKW zeigt, den dynamischen, sportlichen „Vielfahrer" Jürgen Jentschke.
Es handelt sich hierbei scheinbar um eine Reportage. Im ersten Drittel des Textes beschreibt der Autor nur das ganz individuelle, für das Thema beispielhafte „Schick-
20 sal" des „Vielfahrers Jürgen Jentschke". Zum anderen wird weit gehend geschildert, was vor allem im ersten

Teil sehr deutlich wird (Vorstellung des J. Jentschke).
Dazu gehören auch die relativ häufig auftretenden wört-
lichen Reden, die die Wahrhaftigkeit des Beschriebenen
25 verdeutlichen sollen. Wie bei einer Reportage üblich
geht dem Text keine Zusammenfassung voraus; der einlei-
tende Abschnitt („Mit immer …" bis „… mit der Umwelt.")
führt nur zur Themenstellung hin.
Der Verfasser beschreibt, ausgehend von dem persönli-
30 chen Beispiel eines „Vielfahrers", die Folgen eines
Tempolimits 100 auf Autobahnen. Er stellt dar, dass abzu-
sehen sei, dass ein solches Limit kaum eingehalten und
dass es der Umwelt wenig bringen würde. Außerdem würden
die Absatzchancen für deutsche Autos im Ausland dadurch
35 geschmälert.
Der Text enthält eine Reihe von gebräuchlichen und allgemein verständlichen Fremdwörtern („Pensum", „Limit");
daneben tauchen auch einige Fachausdrücke auf, die in
der Diskussion um ein Tempolimit häufig vorkommen (z. B.
40 „Stickoxid"). Der Text zielt insgesamt mehr auf Wirkung
als auf sprachliche Korrektheit ab. Dies wird daran
deutlich, dass der Verfasser Satzgefüge zu Satzreihen
umbildet und deren Bestandteile sogar noch durch Punkte
voneinander abtrennt („Aber wenn die Straße frei ist,
45 macht schnelles Fahren Spaß. Und Sinn.")
Mit diesem Text will der Autor einen Appell gegen die
geforderte Einführung eines Tempolimits auf den deutschen Autobahnen richten. Er zeigt einerseits die Probleme auf, die dadurch auf „Vielfahrer" zukämen, und ver-
50 sucht andererseits die Argumente der Befürworter eines
Tempolimits zu entkräften. Offensichtlich handelt es
sich bei diesem Text um eine Auftragsarbeit für die
deutschen Autohersteller, die ja auch hinter der Frankfurter Automobilausstellung stehen, die diese Illus-
55 trierte herausgegeben hat.
Auf Anhänger der Devise „Freie Fahrt für freie Bürger"
wirkt dieser Text sicherlich verstärkend, er unterstützt
offensichtlich ihr Anliegen. Neutrale Leser lassen sich
nicht zuletzt vielleicht durch das persönliche Beispiel des
60 J. J., der einem nun wirklich Leid tun kann, im Sinne der
Auftraggeber beeinflussen. Für überzeugte Befürworter
einer Geschwindigkeitsbegrenzung dürfte dieser Text aber
wenig zu einer Änderung ihrer Überzeugung beitragen.

Da ich mich selbst – auch im Rahmen eines Kurzreferats
65 im Deutschunterricht – intensiv mit den Vor- und Nach-
teilen eines Tempolimits auseinander gesetzt habe, bringt
dieser Text für mich nichts Neues und kann mich deshalb
auch nicht von meiner Einstellung abbringen, dass eine
sinnvolle Begrenzung der zulässigen Höchstgeschwindig-
70 keit auf Autobahnen, etwa auf 160 km/h, sicherlich vieles für sich hätte. Ich finde es aber gar nicht gut,
wenn sich die Verfasser so einseitig mit einer wichtigen
Frage beschäftigen, wie dies hier der Fall ist.

**a** Vergleiche mit deinen Ergebnissen zur Aufgabe d auf S. 56!

**b**

### Gliederung bei Textbeschreibungen

A.   Herkunft des Textes, Verfasser

B.   Beschreibung des Textes
    I.   Aufmachung des Textes
        1. Überschriften
        2. Einteilung
        3. Abbildungen

    II.   Textsorte

    III. Inhalt des Textes

    IV.  Sprache des Textes
        1. Wortwahl
        2. Satzbau

    V.   Absicht des Textes

    VI.  Wirkung des Textes

C.   Eigene Stellungnahme zum Text

Überprüfe, inwieweit sich der Verfasser der Textbeschreibung „Tempo 100
Nein, danke!" an dieses Gliederungsschema gehalten hat! Versuche die einzelnen Gliederungspunkte im Aufsatz wiederzufinden!

# Sollen Schulkinder in den Ferien büffeln?

**Erholung so nötig wie bei Erwachsenen – Zum Ferienende leichtes Training**

* 4

Ein miserables Zeugnis hat der elfjährige Joachim mit nach Hause gebracht. Es hätte nicht viel gefehlt, dann wäre er sitzen geblieben. Der Vater ist außer sich: „In diesen Ferien ist es nichts mit Faulenzen! Jeden Tag wird für die Schule geübt!" Joachim macht ein langes Gesicht: „Aber Vati, ich wollte doch mit Michael und Jan am Bach eine Bude bauen und ein Schwimmbassin graben!" Diese Antwort verärgert den Vater erst recht: „Wenn du graben willst, kannst du dich im Garten betätigen. Du hast immer nur Spielen im Kopf. Das wird sich jetzt ändern!"

In vielen Familien, wo die Zeugnisse der Kinder nicht so ausgefallen sind, wie die Eltern es sich erhofft haben, geht es ähnlich zu. Und auch Eltern, deren Kinder in der Schule mitkommen, stehen vor der Frage: „Sollen unsere Kinder in den Ferien üben? Haben sie nach sechswöchiger Pause nicht alles vergessen?"
Pädagogen und Psychologen geben eine eindeutige Antwort: „In der Schule arbeiten Kinder genauso angestrengt wie Berufstätige. Sie haben Erholung daher ebenso dringend nötig wie Erwachsene. Bei Spiel, Spaß und Faulenzen bauen die Mächen und Jungen innere Spannungen ab und tanken neue Kräfte. Kinder, die sich nach Herzenslust ausgespielt haben, sind wieder fähig zu neuer Wissensaufnahme. Schlechte Schüler sollten allerdings in den letzten zwei Ferienwochen ein bisschen aufarbeiten. Dies führt jedoch nur zum Erfolg, wenn die Kinder den Sinn einsehen und zum Lernen wirklich bereit sind. Droht man ihnen mit Taschengeldentzug, Spiel- und Fernsehverbot, wächst innerer Widerstand. Mit allen Tricks versuchen sie dann dem Lernen, das ja schon mit einigen Misserfolgen verbunden war, auszuweichen.

Vernünftige Eltern geraten angesichts eines schlechten Zeugnisses nicht in Panik. Auch wenn das Kind frech wird oder so tut, als würden ihm die miesen Zensuren nichts ausmachen – in Wirklichkeit ist es traurig und mutlos. Es braucht jetzt nicht Kritik, sondern Aufmunterung und den Beweis, dass seine Eltern es trotzdem lieb haben: „So, jetzt wollen wir erst mal die Schule vergessen und uns in der Eisdiele vom Unterrichtsstress erholen. In der zweiten Ferienhälfte stellen wir dann zusammen einen Lernschlachtplan auf, damit du im neuen Schuljahr einen guten Start hast. Sieh mal, in Deutsch bist du so gut. In Mathe und Physik kriegen wir das bestimmt auch noch hin!"
Nachdem Ihr Kind sich ausreichend erholt hat, werden die Hefte durchgesehen. Die Klassenarbeiten geben deutliche Hinweise darauf, was noch nicht so recht verstanden wurde. Ihr Kind notiert diese Punkte auf ein Blatt und setzt sich dann selbst ein Ziel. Es sollte nicht stundenlang hintereinander arbeiten, sondern jeden Tag ein bisschen. Dabei braucht es in der Regel die Hilfe von Vater oder Mutter. Traut Ihr Kind sich zu allein zu üben, dann müssen Sie die Ergebnisse hinterher überprüfen. Es wäre zu ärgerlich, wenn Ihr Kind sich etwas Falsches beibrächte!
Übrigens gibt es viele Möglichkeiten, in den Ferien zu lernen, ohne dass es die Kinder belastet. Ihr Kind kann zum Beispiel ausrechnen, wie viel Geld das Mieten eines Tretbootes pro Stunde oder der Kinogang für die ganze Familie kostet. Es schreibt Ansichtskarten an die Verwandten und wird beauftragt anhand einer Wanderkarte eine Tour zusammenzustellen. Geben

Sie an, wie lang die Strecke sein soll und wie viel Zeit Sie unterwegs sein wollen. Bitten Sie Ihr Kind auch einmal, im Urlaubsort den Fremdenführer zu spielen. Es kann sich dazu Prospekte aus dem Fremdenverkehrsamt besorgen und lernt schon beim Lesen eine Menge in Geographie, Geschichte und Heimatkunde.

Auch viele Spiele sind lehrreich. Spaß haben Kinder an „Stadt, Land, Fluss", an komplizierten Puzzles oder an Zauberkästen. Kartenspiele fördern ganz erheblich die Konzentrationsfähigkeit. Man muss wie ein Luchs aufpassen, wenn man Sieger werden will. Es gibt viele Quartette, die auch Wissen vermitteln: Vokabelquartette, Erdkunde-, Biologie- und Rechenquartette.

Nutzen Sie die Ferien zu partnerschaftlichen Gesprächen mit Ihrem Kind. Erzählen Sie, dass bei Ihnen früher auch nicht alles immer glatt gelaufen ist. Vielleicht bekommt es dann Mut auch über seine Probleme zu reden. Misserfolg in der Schule kann viele Ursachen haben: Angst vor bestimmten Klassenkameraden, ein Banknachbar, der ständig mit Fragen stört, eine Lehrerin, die das Kind ablehnt. Sind den Eltern derartige Dinge erst einmal bekannt, können sie sich auch um Abhilfe bemühen. Wichtig ist, dass das Kind immer wieder spürt: Meine Eltern mögen mich so, wie ich bin! Dieses Gefühl schafft Selbstvertrauen – und das ist die Grundlage für erfolgreiches Lernen.

*Christa-Maria Brockmann*

**a** Beschreibe diesen Text und erläutere zwei weitere Argumente, die aus deiner Sicht für *oder* gegen das Lernen in den Ferien sprechen!

**b** *Der Text „Sollen Schulkinder in den Ferien büffeln?" erschien am 26./27. Juli 1991 im „Ammersee-Kurier" und wurde von Christa-Maria Brockmann geschrieben. Es geht in diesem Zeitungsartikel darum, wie man Kindern in den Ferien das Lernen erleichtern kann. Bei diesem Text handelt es sich um eine Sonderform des Berichtes, um eine Reportage. Das kann man am Wechsel in der Aktualität erkennen. Einmal wird vom letzten Zeugnis eines Elfjährigen erzählt, das schlecht ausgefallen ist, und dann gibt die Autorin Ratschläge für Lernmöglichkeiten in den Ferien. Die Verfasserin verwendet auch verschiedene Darstellungsmittel, wie zum Beispiel Erlebnisberichte und wörtliche Reden. Das ist ein weiteres Kennzeichen der Reportage. Am auffälligsten an diesem Bericht ist die große Überschrift, die auf den Text aufmerksam macht und den Leser neugierig werden lässt. Die zweite, kleinere Überschrift erläutert das Thema des Textes noch genauer. Der Artikel umfasst 1½ Seiten und ist zweispaltig geschrieben, wobei die Einleitung aber nur über eine Spalte geht. Die Reportage ist in zwei Hauptabschnitte eingeteilt, Einleitung und Hauptteil, der Hauptteil besteht aus sieben Absätzen. Der Zeitungsausschnitt lässt sich in acht inhaltliche Teile gliedern. Der erste Absatz beinhaltet die Hinführung zum Thema. Dann ist von den schlechten Zeugnissen für Kinder die Rede, im dritten Abschnitt geht es darum, dass bei Schülern die Erholung in den Ferien so nötig ist wie bei Erwachsenen und man mit Strafen nicht zum Lernen gezwungen werden soll. Als Nächstes erläutert die Autorin, wie wichtig die Aufmunterung vonseiten der Eltern ist, und danach wird erwähnt, dass sich die Kinder*

beim Lernen ihre eigenen Ziele setzen sollen und die Ergebnisse ihrer Arbeit überprüft werden müssten. Im fünften Absatz erfährt der Leser, wie die Schüler in den
Ferien in allen Lebenslagen ihre Kenntnisse unter Beweis stellen können, und der
25 sechste Abschnitt handelt von lehrreichen Spielen. Der letzte Abschnitt erläutert,
wie wichtig partnerschaftliche Gespräche zwischen Eltern und Kind sind. Der Artikel ist trotz einiger Ausdrücke aus der Schülersprache, zum Beispiel „Bude" oder
„büffeln", leicht verständlich. Viele Hauptsätze werden durch Nebensätze verlängert,
wie zum Beispiel: „…, damit du im neuen Schuljahr einen guten Start hast." Wahr-
30 scheinlich wurde dieser Text für ratlose Eltern geschrieben, da der Artikel sehr
genau auf die Lernmöglichkeiten in den Ferien eingeht. Die Autorin will den Lesern
und Leserinnen möglichst viele hilfreiche Anregungen für stressfreies Lernen ihrer
Sprösslinge in den Ferien geben. Die Verfasserin will mit ihrem Artikel informieren
und erreichen, dass man sich Gedanken darüber macht, ob die derzeitigen Lernmetho-
35 den des eigenen Kindes in der Erholungszeit wirklich optimal sind. Sie möchte aber
auch, dass die Eltern einsehen, dass die Ferien grundsätzlich zum Ausspannen da
sind. Christa-Maria Brockmann hat meiner Meinung nach recht überzeugend
argumentiert, sodass der gesamte Artikel leicht zu verstehen und nachzuvollziehen
ist. Vor allem kann ich mich gut in die Lage von Joachim im Fallbeispiel im ersten
40 Absatz hineinversetzen, weil mein Vater da sicherlich ähnlich handeln würde ohne
einen Gedanken daran zu verschwenden, wie ich mich dabei fühlen könnte zu wissen,
dass ich meine Eltern enttäuscht habe. Diese Einstellung von Vätern und Müttern
zu verändern ist der Autorin glänzend gelungen.
Etwas unpassend finde ich allerdings das Beispiel im vierten Absatz. „So, jetzt
45 wollen wir erst mal die Schule vergessen und uns in der Eisdiele vom Unterrichtsstress erholen." Ich kann mir nämlich schlecht vorstellen, dass Eltern nach dem
Anblick eines ziemlich schlechten Zeugnisses ihren Ärger so einfach wegstecken
könnten und ausgerechnet auf die Idee kämen in eine Eisdiele oder Ähnliches zu
gehen. Würde dem Kind da nicht ein falscher Eindruck der ernsten Situation vermit-
50 telt? Es wäre doch durchaus möglich, dass es sich dann denkt auch weiterhin nicht
viel mehr für die Schule tun zu müssen; es wird ja schließlich sogar für die schwachen
Leistungen belohnt. Es hätte doch genauso gereicht, in einem Beispiel zu erwähnen,
wie ein Kind ausschließlich durch Worte aufgemuntert wird.
Ansonsten wirkt der Text auf mich sehr überzeugend und glaubwürdig – vielleicht
55 auch wegen des hinzugezogenen Rates im dritten Abschnitt – sprich Zitat der
Pädagogen und Psychologen.

Überprüfe anhand des Tippkastens auf S. 76, ob diese Schülerarbeit vollständig ist! Überarbeite sie falls notwendig und übertrage den fertigen Text in
dein Heft!

# Zu Medientexten Stellung nehmen

Inhalt und Form von Texten fordern zur Stellungnahme heraus: Jede(r) von uns macht sich beim Lesen so seine Gedanken: Man stimmt dem Gelesenen zu, man lehnt es ab, manchmal kann man sich richtig darüber aufregen. Auch über die Form, wie etwas dargestellt wird, lässt sich oft streiten: Ist sie angemessen oder widersprechen sich Inhalt und Aufmachung? Passen die Bilder dazu oder führen sie gar in die Irre? Diese Überlegungen gehören mit zu einer sinnvollen Auseinandersetzung mit einem Text und damit auch in eine Texterörterung. Wenn du kritisch Stellung nimmst, beantwortest du dann diese Fragen aus deiner Sicht und äußerst darüber hinaus zu einzelnen Aussagen des Textes oder zum gesamten dargestellten Sachverhalt deine persönliche Meinung.

## Inhaltliche Aussagen bewerten

1

# Schüler werden immer aggressiver
### Exzessiver Videokonsum kann kaum neutralisiert werden

Von Ursula Peters

**München** – In die allgemeine Diskussion um Gewalttätigkeiten in der Schule und den Einfluss von visuellen Medien hat sich jetzt auch der Bayerische Lehrer- und Lehrerinnenverband eingeschaltet, der sozusagen „an der Front" kämpft. „Unsere Lehrerinnen und Lehrer sehen sich kaum noch in der Lage, die verheerenden Auswirkungen des exzessiven Fernseh- und Videokonsums bei Kindern und Jugendlichen aufzuarbeiten", stellte der Präsident fest. „Insbesondere aggressives Verhalten, seelische Deformation und vermindertes moralisches Urteilsvermögen als Folge brutaler Gewaltdarstellungen können in unseren Schulen nicht mehr nebenbei neutralisiert werden."

Angesichts der „beängstigenden Unkultur" von Fernsehen und Videos appellierte der Präsident eindringlich an die Eltern ihre Kinder nur ausgewählte Sendungen sehen zu lassen und vor allem die Zeit vor dem Bildschirm zu beschränken. Die Diskussion, ob Gewaltdarstellungen im Fernsehen negative Auswirkungen auf Verhalten und Vorstellungswelt der Kinder haben, nannte der Lehrerpräsident eine „akademische Phantomdiskussion", die in der pädagogischen Praxis nicht weiterhelfe. Nur weltfremde Pseudoexperten könnten behaupten, dass der Konsum billiger, gewaltdurchsetzter Programme keinerlei Folgen auf Vorstellungswelt und Verhalten von Kindern und Jugendlichen hätten.

Die Schulwirklichkeit spreche eine andere Sprache, so der Präsident: Konzentrationsschwäche, Herumzappeln, Desinteresse am Unterricht, Langeweile, Rücksichtslosigkeit und Gewalttätigkeit der Schüler könnten nicht wegdiskutiert werden. „Störendes Verhalten im Klassenzimmer, das auf die anderen Kinder übergreift und das Unterrichten zeitweise unmöglich macht, hat in den letzten fünf Jahren erschreckend zugenommen."

**a** Um welche Textsorte handelt es sich? Begründe!

**b** Was ist die Grundlage dieses Textes? Wie ist die Autorin wohl vorgegangen?

**c** Beschreibe den Inhalt des Textes!

**d** Was fordert der Lehrerverband? Erörtere diese Forderungen ausführlich: Was spricht dafür, was dagegen? Wie stehst du persönlich zu dieser Forderung?

**e** Welche Ursachen siehst *du* in der zunehmenden Aggressivität der Schüler?

## ✳ 2 Einen Leserbrief schreiben

**a** Schreibe einen Leserbrief zu diesem Text!

**b** Verfasst in Gruppenarbeit einen Aufruf zur Gewaltfreiheit an eurer Schule!

**c** Interviewt die Schulleiterin/den Schulleiter zum Thema „Gewalt an der Schule"!
Bereitet dazu Fragen vor! Eine Schülerin/ein Schüler könnte dann darüber ein Kurzreferat halten und die Klasse diskutiert anschließend das Thema.

# 3 MARCO DUE

**hat erlebt, wie sein bester Freund beim gemeinsamen S-Bahn-Surfen knapp dem Tod entkam. Trotzdem denkt er nicht ans Aufhören.**

## WARUM?

**Marco Due, 17, geht in die 10. Klasse der Realschule. In seiner Freizeit treibt er gemeinsam mit seiner Clique ein lebensgefährliches Spiel: das S-Bahn-Surfen. Bei einer Geschwindigkeit von 100 Stundenkilometern öffnen sie das Fenster, klettern hinaus und fahren am Fenster hängend oder auf dem Dach weiter. Abgesehen von möglichen strafrechtlichen Folgen (ertappte Surfer bekommen eine Anzeige wegen gefährlichen Eingriffs in den Schienenverkehr) riskiert Marco vor allem sein Leben: In München sind schon zwei Jugendliche beim leichtsinnigen Ritt auf der S-Bahn ums Leben gekommen.**

**Wie kommt man auf die Idee bei mehr als 100 Stundenkilometern aus dem Fenster der S-Bahn zu klettern?**

5 Ich bin an einem Freitagabend mit zwei Freunden mit der S-Bahn nach Hause gefahren. Plötzlich machte
10 mein Freund Carlos ein Fenster auf und kletterte, eh' ich begriff, was geschah, hinaus. Ich sah nur noch seine Hände und
15 Füße und hörte ihn schreien und jauchzen. Für ihn war es nicht das erste Mal. Als er kurz darauf wieder hereinkam, war er anders
20 drauf, völlig aufgedreht. Er quatschte los, war kribbelig, konnte nicht mehr ruhig sitzen. „Mensch Marco, es ist unglaublich, du
25 fühlst dich gesegnet, wenn du da draußen hängst. Versuch es mal!" Ich habe lange mit mir gekämpft, aber dann ging ich doch raus.
30 Seitdem komme ich vom Surfen nicht mehr los.
**Hattest du Angst als Feigling dazustehen, wenn du nicht rausgehst?**
35 Nein, die Clique zwingt niemanden. Es surfen zwar fast alle, aber niemand lästert,

wenn einer sich nicht traut. Von den Mädchen in der
40 Gruppe zum Beispiel surfen nur zwei, die anderen kommen einfach so mit. Hin und wieder sagen sie, wir seien alle verrückt, aber ich glau-
45 be, eigentlich finden sie es ziemlich cool. Ich war damals einfach eifersüchtig, weil die anderen etwas beherrschten, was ich nicht
50 konnte. Natürlich reizte mich auch der Nervenkitzel.
**Und für diesen Nervenkitzel gehst du das Risiko ein dein Leben an einem Be-**
55 **tonpfeiler zu beenden?**
Die Gefahr macht doch gerade den Reiz aus. Der Gedanke, dass mein Leben im nächsten Augenblick
60 vorbei sein kann, dass ein falscher Schritt, ein Griff daneben zum Verhängnis werden kann, gibt mir ein Gefühl der Freiheit. Ich
65 habe mein Leben in der Hand – das ist alles, woran ich denke, wenn ich am Fenster hänge. Eine Fünf in Mathe wird da draußen
70 völlig unbedeutend.
**Wenn du um dich selbst schon keine Angst hast, bangst du wenigstens um deine Freunde, mit denen**

75 **du zusammen auf Surftour gehst?**
Bei uns ist jeder für sich selbst verantwortlich. Jeder entscheidet selbst, ob er
80 weitermacht oder aufhört. Alle kennen die Gefahren. Signale, Masten, Schaltkästen oder auch einfach ein Busch an den Gleisen kön-
85 nen den Tod bedeuten. Wer Fehler macht, der „klatscht ab", wie wir das in der Surfersprache nennen. Das wissen wir, wenn
90 wir rausgehen, da muss nicht einer den anderen warnen.
**Glaubst du, du könntest noch ruhig schlafen, wenn**
95 **einer deiner Freunde vor deinen Augen „abklatscht"? In München und Hamburg hat es schon Tote gegeben.**
100 Mein bester Freund ist einmal zu spät reingeklettert und unglücklich mit dem Rücken an einem Pfeiler entlanggeschabt. Er konn-
105 te sich zum Glück noch festhalten. Als wir ihn reinzogen, war sein ganzer Rücken aufgeschürft. Es war grausam. Aus einer
110 anderen Gruppe ist vor ein paar Monaten einer abge-

klatscht, den ich flüchtig kannte. Er war dreizehn. Seine Freunde surfen seitdem nicht mehr. Irgendwie tut es mir schon Leid um ihn. Wir haben aus Trauer einen surffreien Tag eingelegt. Aber in der Regel verdränge ich solche Gedanken. Wenn ich mir darüber ständig den Kopf zerbrechen würde, könnte ich nicht mehr konzentriert surfen.

**Versuchen die anderen Fahrgäste in der S-Bahn euch vom Surfen abzuhalten?**

Wir suchen uns meistens ein leeres Abteil. An jeder Tür steht dann einer Schmiere, der laut pfeift, wenn jemand kommt. Draußen ist es wegen des Fahrtwinds allerdings sehr laut, da hört man das Pfeifen oft nicht. Aber selbst, wenn jemand kommt: Die meisten Erwachsenen schauen einfach weg. Dabei haben sie doch sonst immer etwas an uns auszusetzen. Für die sind wir asozial. Wenn wir im Hausflur oder auf den Spielplätzen rumhängen, regen sie sich auf, selbst an unseren Klamotten meckern sie herum. Manchmal schmeißen wir Schaufenster ein nur um zu zeigen, dass es uns gibt. Dann bekommen sie Panik. Als mein Freund einmal aus einem besetzten Abteil geklettert ist, hat keiner ein Wort gesagt. Einmal hing ich mindestens fünf Minuten draußen, während drinnen die Leute durchs Abteil spazierten. Die müssen mich einfach gesehen haben, das Fenster war ja offen. Ich glaube, denen ist es egal, wenn wir abklatschen.

**Was sagen deine Eltern zu deinem lebensgefährlichen Zeitvertreib?**

Seit der Scheidung meiner Eltern lebe ich mit meiner Mutter allein. Aber ich sehe sie kaum, denn sie arbeitet nachts und schläft tagsüber. Wenn wir uns mal kurz sehen, haben wir uns nicht viel zu sagen. Meine Familie ist jetzt die Clique.

**Machst du dir Gedanken über die Zukunft?**

Selten. Ich hoffe, dass ich irgendwie meinen Realschulabschluss schaffe. Vielleicht mache ich dann eine Banklehre, ich weiß es nicht. Heutzutage bist du ja nur etwas, wenn du Geld hast. Ein Auto und ein schönes Haus hätte ich später schon gern. Im Moment habe ich aber keine Ahnung, wie ich das anstellen soll.

**Wovor hast du Angst?**

Ganz ehrlich, ich habe keine Angst. In letzter Zeit surfe ich häufig auf der Seite, wo auch Gegenzüge kommen, vor allem nachts. Wenn ich die Scheinwerfer auf mich zukommen sehe, drücke ich mich fest an die Zugwand. Die Züge rasen mit einer ungeheuren Geschwindigkeit aneinander vorbei, der Sog ist verdammt stark. Bisher habe ich mich nicht getraut, auf dieser Seite Schweinebaumeln zu machen, also die Kniekehlen um die Scheibe zu klemmen und mich rücklings am Zug hinabhängen zu lassen. Aber einmal möchte ich das ausprobieren, ich habe ja nichts zu verlieren. *Nicol Ljubic*

**a** Zu welcher Textsorte gehört dieser Text?

**b** Warum begibt Marco sich in Gefahr? Suche möglichst viele Motive, auch solche, die nur indirekt herauszulesen sind!

**c** Beschreibe den Text nach Herkunft, Autor, Aufbau, Aufmachung, Inhalt, Verfasserabsicht und Wirkung!

**d** Hältst du es für richtig, in einer Jugendzeitung einen solchen Text zu veröffentlichen? Was könnten eventuelle Folgen sein?
Hätte der Verfasser selbst deutlicher Stellung beziehen sollen?
Schreibe deine Stellungnahme zu Marcos Verhalten auf!

**e** Schreibe die Ergebnisse aus a–d in einem zusammenhängenden Text auf! Überlege dir eine sinnvolle Reihenfolge der Antworten! Entwirf eine Gliederung!

▶ S. 76, Gliederung

## 4 Eine Stellungnahme überarbeiten

Melanie hat eine Reportage über eine Initiative von Rockgruppen gegen „Gewalt von rechts" beschrieben. Ihr Aufsatz endet folgendermaßen:

*[...] Der Verfasser hat vermutlich in erster Linie die Absicht jene Leser darüber zu informieren, die von diesen Aktionen und Konzerten noch nichts gehört haben. Dass er die Information in den Vordergrund stellt, ist auch daran zu erkennen, dass er seine eigene Meinung nicht in den Text einbringt und*
5 *sehr objektiv schreibt. Allerdings dürfte er ein Anhänger dieser Solidaritätsaktionen sein, ein Gegner hätte wohl kaum einen Text veröffentlicht, der sich so klar gegen Neonazis und andere Gewalttätige richtet.*
*Ich finde den Text insgesamt sehr gut gelungen. Schon mit der Überschrift „Mit Rock gegen Gewalt" ruft der Autor Erinnerungen an neonazistische*
10 *Gewalttaten wach. Auch ist es einmal interessant, die Meinung und die Kommentare von engagierten Musikern zu hören, die ja sicher durch ihre Auslandstourneen und ihre internationalen Kontakte mehr Erfahrungen mit Fremdenhass und Ausländerfeindlichkeit haben.*
*Mit den Abbildungen bekannter deutscher Rockstars wird schnell die Auf-*
15 *merksamkeit jugendlicher Leser geweckt, die dann im Verlaufe des Textes auch auf ihre Kosten kommen. Dass dabei auch regionale Arbeitsgemeinschaften angesprochen werden, finde ich besonders gut.*
*Insofern erfüllt der Text also voll und ganz seinen Zweck, auch wenn er ruhig etwas genauer sein könnte. Der Autor hätte die Interviews etwa viel ausführli-*
20 *cher wiedergeben können, was aber wahrscheinlich aus Platzgründen nicht möglich war. Es ist ihm aber trotzdem ein Kompliment zu machen, dass es ihm gelungen ist, so viele Fakten und Informationen in den Text zu packen und ihn doch lesbar zu gestalten.*
*Das Thema „Gewalt von rechts" ist eigentlich nach wie vor sehr aktuell, es*
25 *wird in den Medien – vor allem in denen, die sich an Jugendliche wenden – aber meiner Meinung nach nicht in ausreichendem Maße behandelt. In dieser Hinsicht ist es besonders erfreulich, dass dieser Text darauf eingeht. Es wäre noch zu bemerken, dass solche Reportagen unbedingt auch weiterhin abgedruckt werden müssen um auf solche oder ähnliche Initiativen aufmerksam zu*
30 *machen.*

**a** Welche Punkte aus dem Fragenkatalog auf S. 76 sind in diesem Ausschnitt aus Melanies Aufsatz behandelt?

**b** Wie ist die „kritische Stellungnahme" hier aufgebaut?
Wozu hat die Schülerin nicht Stellung genommen?

**c** Die Lehrerin hat unter anderem unter diesen Aufsatz geschrieben:

*... ist es erfreulich, dass du dich – in sprachlich hervorragender Weise – auch bemüht hast kritisch zum Text Stellung zu nehmen. Zur Kernaussage (Rockstars veranstalten Konzerte gegen die rechtsradikale Gewalt) hättest du sicher noch einiges zu sagen gehabt.*

Ergänze den fehlenden Teil der Stellungnahme, indem du deine Meinung zu dieser Kernaussage in drei oder vier Argumenten darstellst!

### Zu Texten Stellung nehmen

Man kann zu einzelnen Aussagen von Texten Stellung nehmen oder zum Text als Ganzem. Lies deshalb die Aufgabenstellung jeweils genau durch! Wenn die Aufgabe nur lautet: Nimm (kritisch) Stellung zu diesem Text, dann heißt das:
- sich zur Kernaussage äußern,
- evtl. zu einzelnen Aussagen im Text Stellung beziehen, die einen besonders berühren (sie für falsch, für übertrieben erklären oder ihnen vielleicht auch zustimmen),
- gegebenenfalls zur Aufmachung des Textes etwas sagen (passend/ unpassend, ansprechend/abweisend, verniedlichend/überzeichnend/ dramatisierend).

Stets müssen Stellungnahmen begründet werden!

# Werbeanzeigen

Größerformatige Werbeanzeigen in Zeitschriften/Zeitungen sind fast immer nach demselben Schema aufgebaut, wobei die einzelnen Bestandteile selbstverständlich immer wieder anders angeordnet sein können:

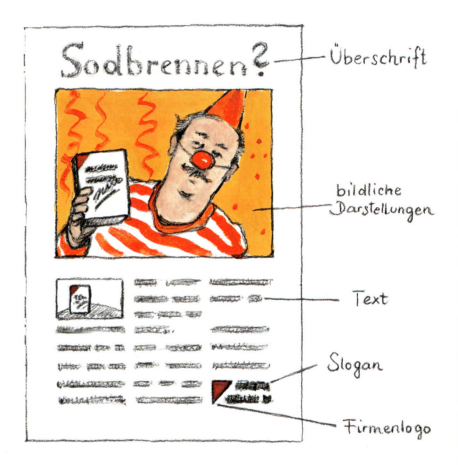

Werbung versucht stets zuerst einmal die Aufmerksamkeit des Lesers zu erregen, sodass er die Anzeige überhaupt bewusst wahrnimmt. Damit soll Interesse geweckt werden sowohl für den Inhalt der Anzeige wie auch für das Produkt. Daraus sollte sich ein Wunsch entwickeln, der schließlich zum Kauf führt.

**1**

NATÜRLICH MACHEN SIE DAS RENNEN.

**UND**

Mit PUNDA Schuhen.
Erleben Sie dieses unbeschreibliche

**PLÖTZLICH**

Gehvergnügen – natürlich, leicht
und bequem. Genießen Sie dieses

**LÄUFT**

Erlebnis von Natur und Freiheit.
Den perfekten Fußkomfort –

**ALLES**

wie barfuß in der Natur –
auch in der kälteren Jahreszeit.

**VIEL BESSER.**

COMFORT DAMEN MODELL 74 83 LEDERFUSSBETT

**a** Beschreibe diese Anzeige anhand des Schemas!

**b**

**Treue, Sparsamkeit und Schönheit gesucht?**

*Der richtige Partner fürs Bett.*

Wir können Ihnen auch nicht ersparen alleine auszugehen. Aber helfen, vielleicht nicht genauso wieder heimzukommen.

Welche Bereiche des menschlichen Zusammenlebens werden in diesen Werbeslogans angesprochen? Warum?

**c** Für welche Produkte könnte hier geworben werden?

**d** Von vielen wird eine solche „Werbestrategie" abgelehnt. Diskutiert darüber, warum man solche „sexistischen" Anspielungen verbieten oder zumindest unterlassen sollte!

Wer eine Waschmaschine kauft, bekommt einen Mann dazu.

✳ **2**      Beschreibe diese Anzeige und geh dabei auch auf die „Anspielungen" ein!
Nimm selbst Stellung dazu!

# Textgebundener Aufsatz

Um Sach- und Gebrauchstexte zu beschreiben musst du dir folgende Fragen stellen:

EINLEITUNG
1. Wo ist der Text erschienen?
2. Wer hat diesen Text geschrieben?
3. Wovon handelt dieser Text?

HAUPTTEIL
☞ 4. Um welche Textsorte handelt es sich?
5. Wie ist dieser Text optisch gestaltet (Absätze, Schriftbild, Grafik, Format usw.)?
☞ 6. Sind Bilder beim Text? Was stellen sie dar? Welche Funktion haben sie?
7. In welche inhaltlichen Abschnitte gliedert sich der Text?
☞ 8. Auf welchem Sprachniveau ist der Text verfasst?
   Kommen bestimmte Wortarten besonders häufig vor?
☞ 9. Welche Satztypen herrschen vor? Warum?
☞ 10. Gibt es Textstellen, die schwer zu verstehen sind?
☞ 11. An wen wendet sich der Text in erster Linie?
☞ 12. Was will der Verfasser wohl erreichen? Will er eher unterhalten oder informieren?
   Hat er noch andere Absichten?
☞ 13. Wie steht der Autor zu dem dargestellten Sachverhalt?
☞ 14. Sollen weitere Fragen zur Thematik des Textes erörtert werden?

SCHLUSS
☞ 15. Was hältst du von dem Text? Erfüllt er seinen Zweck? Begründe!
☞ 16. Bin ich mit Inhalt und Form des Textes einverstanden?

Nicht bei jedem Text kann zu allen Fragen etwas Sinnvolles ausgesagt werden!
☞ Bei diesen Fragen musst du deine Aussagen begründen!

Wenn von dir darüber hinaus ausdrücklich eine Stellungnahme zum Text als Ganzem oder zu einzelnen Aussagen gefordert wird, dann musst du folgendermaßen gliedern:

A. Herkunft, Verfasser/in, Thema des Textes

B. Textbeschreibung und Stellungnahme

    I. Beschreibung des Textes

        1. Aufmachung des Textes
          a) Umfang und Einteilung
          b) Überschriften und äußere Gestaltung
          c) Abbildungen

        2. Textsorte

        3. Aufbau und Inhalt des Textes

        4. Sprache des Textes
          a) Wortwahl
          b) Satzbau

        5. Absicht (bzw. Einstellung des Verfassers)

        6. Wirkung des Textes

    II. Stellungnahme zum Text (oder zu einzelnen Aussagen)

       oder: Erörterung des behandelten Themas

    …

C. Ausblick (oder persönliche Aussagen zum Thema)

# Erörtern

Ob du in der Pizzeria ein Gericht aussuchst oder an der Kasse im Supermarkt überlegst, in welcher Reihe du dich anstellst – täglich stehst du vor vielen Entscheidungen. Manche dieser Entscheidungen triffst du automatisch, oft aber musst du das Für und Wider genau abwägen. Werden Entscheidungen gemeinsam gefällt, versuchst du die anderen von deiner Meinung zu überzeugen. Dabei erklärst du die Gründe für deinen Standpunkt: Du argumentierst.

Da dir überlegtes und faires Argumentieren im privaten und beruflichen Leben weiterhilft, beschäftigst du dich in der Schule mit dem Erörtern. Beim Erörtern kommt es darauf an, ein Problem von verschiedenen Standpunkten aus – also nicht nur aus deiner Sicht – zu durchdenken. Die Erörterung ist eine Übungsform, bei der du Argumente sammelst und gliederst, Argumentationen aufbaust und verknüpfst.

# Argumentieren

Wenn du dir im Fernsehen eine Bundestagsdebatte ansiehst, eine Gerichtsverhandlung oder Podiumsdiskussion verfolgst, entsteht leicht der Eindruck, dass das Argumentieren eine „lockere Sache" ist. Du darfst dabei aber nicht vergessen, dass die Verhandlungs- beziehungsweise Diskussionsteilnehmer ihren Vortrag und die darin angeführten Argumente gründlich vorbereitet haben. Welche Arbeitsschritte dabei einzuhalten sind, zeigt dir das folgende Kapitel.

## Die eigene Meinung vertreten

Ob in der Familie oder der Schule, überall, wo Menschen zusammen leben und arbeiten, treffen verschiedene Standpunkte aufeinander. Wenn du mit deiner Meinung überzeugen willst, musst du sie im Gespräch verständlich ausdrücken und begründen können, denn wer die richtigen Argumente richtig vorträgt, hat meist die Nase vorn.

**1** Monika will Prospekte verteilen

## Prospektverteiler/innen gesucht

dreimal pro Woche nachmittags, gute Bezahlung, Tel. 1 23 45

MONIKA: Ihr habt hoffentlich nichts dagegen, wenn Ruth und ich uns auf die Annonce im Stadtanzeiger melden.

HERR SCHELER: Du hast doch nun wirklich mit der Schule genug am Hals …

MONIKA: Moment, Papa. Ruth hat doch schon angerufen – es sind nur tausend Prospekte pro Woche und das schaffen wir locker an zwei Nachmittagen.

TONI: Ich lach' mich tot – ihr Schnecken seid doch bis Mitternacht unterwegs!

FRAU SCHELER: Also das kommt ja überhaupt nicht in Frage. Es ist doch sonnenklar, dass du dann die Hausaufgaben und das Lernen vernachlässigst.

MONIKA: Ihr müsstet froh sein, wenn ich euch finanziell entlaste. Sollte ich tatsächlich
10        nach dem Abschluss auf die FOS gehen, dann liege ich euch noch drei Jahre
          auf der Tasche.

TONI: Was – drei Jahre! Und wann ist endlich Kohle für meinen PC da? Seit zwei
       Jahren …

HERR SCHELER: Monika hat nicht Unrecht: Den richtigen Umgang mit Geld lernt man
15             eigentlich erst, wenn man selbst erlebt hat, wie schwer es zu verdienen ist.

FRAU SCHELER: Das sehe ich anders. Hat Monika erst einmal mehr Geld zur Verfügung, will
                sie es auch ausgeben. Je mehr man hat, desto größer ist die Gefahr, dass man
                es verschwendet. Außerdem hat man dann immer neue und größere Wün-
                sche.

20 MONIKA: Darf ich vielleicht auch mal wieder etwas sagen? Wenn ich zwei Monate Pros-
          pekte austrage, kann ich meinen Tanzkurs selbst bezahlen.

HERR SCHELER: Den bekommst du doch eh von Oma. Was mir nicht gefällt, ist, dass du so
                von Haus zu Haus gehst. Die Gefahr angemacht zu werden ist doch da recht
                groß.

25 MONIKA: Aber ich mach' das doch mit Ruth zusammen! Sie die eine Straßenseite, ich
          die andere …

FRAU SCHELER: Dauernd jammerst du über den Schulstress. Und wann willst du dich davon
                erholen? Nach dem Verteilen bist du doch platt – und dann Hausaufgaben
                machen …

30 HERR SCHELER: Also ich glaub', hier und jetzt können wir das nicht entscheiden. Schlafen wir
                erst einmal drüber. Und du rufst morgen mal an und fragst, ob man nicht
                auch weniger Prospekte pro Woche übernehmen kann …

TONI: Dann will ich aber auch Prospekte austragen!

**a** Was hältst du von Monikas Idee? Begründe deine Meinung!

**b** Wie sehen Monikas Eltern den Wunsch der Tochter?

**c** Welche Argumente werden für und welche gegen einen Freizeitjob ange-
     führt?

**d** Welche weiteren Argumente findet ihr?

**∗ e** Ordne die Argumente:

| Für einen Freizeitjob | Gegen einen Freizeitjob |
|---|---|
| … | … |

**∗ f** Spielt die Szene ohne den Text abzulesen!

**∗ g** Klärt im Wirtschafts- und Rechtslehreunterricht, welche gesetzlichen Be-
     stimmungen gelten!

✳ **2** Verhaltensweisen im Gespräch

- behaupten
- Beispiele bringen
- Einsicht zeigen/nachgeben
- bestreiten
- ausweichen
- begründen

- Behauptungen einfach wiederholen
- nachfragen
- Vorwürfe und Gegenvorwürfe machen
- beleidigen
- Vorschläge machen

**a** Welche Verhaltensweisen werden beim Gespräch in Aufgabe 1 angewandt? Welche fördern die Diskussion, welche stören sie?

**b** Spielt das Gespräch zwischen Monika und ihren Eltern mit vorgegebenen Rollen (Beispiel: *Monika begründet ihre Behauptungen, Frau Scheler zeigt Einsicht und macht Vorschläge, Herr Scheler weicht der Diskussion aus, Toni hilft seiner Schwester oder …*)!

✳ **3** Tanzkurs – ja oder nein?

Sammelt und notiert Argumente, die für bzw. gegen einen Tanzkurs sprechen (Gruppenarbeit)!
Jede Gruppe kann wählen, in welcher Form sie ihre Ergebnisse vorträgt (Streitgespräch wie bei 1; Diskussion mit Diskussionsleiter; Vortrag …).

▶ S. 138, eine Diskussion leiten

✳ **4** Was hältst du davon?

(1) Realschüler brauchen noch kein Taschengeld.
(2) Hausaufgaben sind notwendig.
(3) Die Eintrittspreise für Rockkonzerte sind angemessen.
(4) Schullandheimaufenthalte sind meistens langweilig.
(5) Den PKW-Führerschein sollte man schon mit 16 Jahren machen können.
(6) Schüler/Schülerinnen haben ausreichend Möglichkeiten das Schulleben mitzugestalten.
(7) Mitglied in einem Verein zu sein hat viele Vorteile.
(8) Aus Gründen des Umweltschutzes sollte eine Schulklasse nicht ins Skilager fahren.
(9) In der Schülerzeitung mitzuarbeiten bringt nur Ärger.
(10) Die Diskothek ist der ideale Ort um einen Freund/eine Freundin zu finden.

Nimm zu jeder Aussage Stellung und begründe deine Meinung!

## Argumente zusammenstellen

Wenn du überzeugend argumentieren willst, musst du dir vorher gut überlegen, was du sagen oder schreiben möchtest. Dazu sammelst du passende Argumente und bringst sie in eine wirkungsvolle Reihenfolge.

**1** Schulskikurse – ja oder nein?

**a** Welche Argumente sollen durch die Grafiken verdeutlicht werden?

**b** Erstelle eine Übersicht, in der du die Pro-Argumente den Kontra-Argumenten gegenüberstellst! Entscheide, ob du die Argumente im Nominalstil (Beispiel: *Näheres Kennenlernen von Lehrern und Schülern*) oder im Verbalstil (Beispiel: *Lehrer und Schüler lernen sich näher kennen*) formulieren willst, und behalte die gewählte Variante bei!

**c** Suche weitere Argumente und ergänze die Liste!

✳ **d** Fasse die Pro- oder Kontra-Argumente in einem Text zusammen!

✳ **e** Begründe deine Meinung zu diesem Thema!

▶ G S. 186 ff., Verbalstil, Nominalstil

**2** Was spricht dafür, was dagegen, ein Haustier zu halten?

Die Klasse 9a diskutiert:

TIM: Ich finde es widerlich, wenn überall auf dem Gehweg die Hundehaufen rumliegen.

MANFRED: In der Wohnung sind Tiere doch auch eine Belästigung. Sie stinken und verschmutzen den Fußboden. Peters Hasen knabbern sogar die Tapeten an.

5  PETER: Das stimmt zwar, aber ihr vergesst, dass vielen Menschen das Haustier über die Einsamkeit hinweghilft. Stirbt bei einem älteren Paar ein Partner, so ist das Tier eine gute Ablenkung …

TINA: … und der andere hat das Gefühl, dass er noch gebraucht wird, denn er muss ja für das Tier sorgen. Das halte ich für einen wichtigen Punkt – das mit der
10  Verantwortung für ein Tier. So kann ein Kind schon früh lernen Verantwortung zu übernehmen, denn das Tier muss regelmäßig gefüttert und gereinigt werden.

GÜNTHER: Außerdem helfen Tiere die Freizeit sinnvoll zu gestalten.

ALEX: Richtig: Viele Tierhalter schließen sich zu Vereinen zusammen. Ich denke da
15  zum Beispiel an die Reitvereine.

MONIKA: Und wer soll das alles bezahlen? Habt ihr euch schon mal überlegt, was da so alles an Kosten anfällt? Neben den einmaligen Anschaffungskosten für Tier und Zubehör fallen ja auch die laufenden Kosten für Futter und Tierarzt an. Bei Hunden kommt die Hundesteuer dazu …

20  ANDREA: … und bei Pferden die Unterbringung. Für das Einstellen meines Pferdes zahlen meine Eltern 400 DM und da ist das Futter nicht dabei.

MONIKA: Dafür kümmert man sich im Stall um dein Pferd. Das kommt aber bei anderen Haustieren noch hinzu. Den Stall sauber machen und das Futter herrichten kosten nämlich Zeit und will man in Urlaub fahren, wird die Sache erst
25  kompliziert.

PETER: Was wir bisher überhaupt nicht berücksichtigt haben, ist der Nutzen der Haustiere. Ich denke an Polizei- oder Blindenhunde, an die Viehhaltung in der Landwirtschaft, an Reitschulen usw.

MONIKA: Bei einem Blindenhund ist das etwas anderes, den braucht man ja unbedingt. Aber alle Kleintiere sind für mich Krankheitsherde. Das reicht von harmlosen Flöhen bis hin zum gefährlichen Bandwurm. Und all die Allergien, die Tierhaare auslösen können …

30

**a** Schreibe die Argumente heraus, die für bzw. gegen die Haustierhaltung angeführt werden!

**b** Überlegt in Gruppenarbeit eine sinnvolle Reihenfolge der Argumente! Überprüft euer Ergebnis im Merkkasten auf Seite 91!

**c** Wähle ein Thema aus Aufgabe 4 (Seite 80) und stelle möglichst viele Argumente sinnvoll zusammen!

## Eine Argumentation aufbauen

„Der drischt doch nur Phrasen!" „Die schwätzt nur Unsinn." – Ein solcher Eindruck entsteht schnell, wenn jemand beim Sprechen oder Schreiben bloße Behauptungen aufstellt, die er/sie nicht beweisen oder erklären kann.
Wenn du deine stichpunktartig gesammelten Argumente zu Argumentationen ausformulieren willst, musst du die aufgestellten Behauptungen durch Erklärungen verdeutlichen. Dies kannst du in den folgenden Aufgaben üben.

**1** Noch einmal Schulskikurs

Jörg, Klaus und Steffi sind dafür, dass die 9d ins Skilager fährt.

*Die Gemeinschaft in einem Skilager ist einfach toll.*

*Genau meine Meinung, und wenn jetzt einige wieder nicht mitmachen, lasse ich mich nächstes Jahr in eine andere Klasse versetzen.*

*Klar, dass ein Skilager die Klassengemeinschaft verbessert. Beim Skifahren in der Gruppe muss man aufeinander Rücksicht nehmen. Und bei vier Leuten in einem Zimmer kann auch nicht jeder einfach machen, was er will. Um miteinander auszukommen muss man reden, und dabei lernt man sich besser kennen.*

**a** Welchen Vorteil eines Schülerskikurses sprechen Jörg, Klaus und Steffi an?

**b** Wessen Aussage wirkt am überzeugendsten? Warum?

## 2 Argumentation

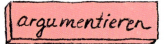 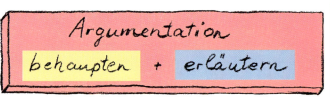

a Welche der Äußerungen in Aufgabe 1 entsprechen diesem Schema?

b Argumente für die Durchführung eines Schulskikurses

| Argumente (Behauptungen) | Erläuterungen |
|---|---|
| (1) Im Schulskikurs kann man besonders preisgünstig das Skifahren erlernen. | (a) Beim täglichen Kursbetrieb ergeben sich ständig Situationen, in denen man auf die Hilfe oder Rücksichtnahme anderer angewiesen ist. Jemand, der sich um seinen gestürzten Kameraden kümmert, hat das gute Gefühl helfen zu können. Gleichzeitig erleben Schüler und Schülerinnen, dass die gegenseitige Hilfe allen nützt, weil die Gruppe auf diese Weise schneller weiterfahren kann. |
| (2) Die Schulskikurswoche ist ein wichtiger Schritt in Richtung Selbstständigkeit. | (b) Während bei einem einwöchigen Skiurlaub erhebliche Kosten für die Unterkunft und den Skilehrer anfallen, werden größere Schülergruppen zu günstigen Pauschalpreisen untergebracht. Besonders schonend auf die Reisekasse wirkt sich aus, dass die Teilnehmer am Schulskikurs von den eigenen Lehrkräften kostenlos unterwiesen werden. |

| Argumente (Behauptungen) | Erläuterungen |
| --- | --- |
| (3) In der Gruppe üben alle gegenseitige Hilfsbereitschaft und Rücksichtnahme. | (c) Manche Schüler und Schülerinnen sind im Schullandheim oder Schulskikurs das erste Mal für mehrere Tage von zu Hause weg. Viele spüren dabei ein gewisses Heimweh, sie lernen aber auch, dass sie auch ohne elterliche Fürsorge – zumindest für eine gewisse Zeit – zurechtkommen. Dies ist eine gute Vorbereitung auf die spätere Ablösung vom Elternhaus. |
| (4) Eine Schulskikurswoche ist gut für die Gesundheit und eine Erholung vom Schulstress. | (d) Skifahren ist eine attraktive Sportart, bei der körperlicher Ausgleich mit einem beeindruckenden Naturerlebnis verbunden ist. Der Skisportler bleibt nicht passiver Konsument, wie beispielsweise der Dauerkunde in der Videothek, sondern er gestaltet aktiv seine Freizeit und hält sich dabei gesund. |
| (5) Im Schulskikurs wird man an eine sinnvolle Freizeitbeschäftigung herangeführt. | (e) Die sportliche Betätigung an der frischen Luft verbessert die Fitness. Dies ist gerade in der heutigen Zeit, in der Kinder unter Bewegungsmangel leiden, ein wichtiger Aspekt. Der gesundheitliche Nutzen wird dadurch verstärkt, dass die Schüler und Schülerinnen in der Skikurswoche sich vom Schulalltag erholen können. |

Welche Erläuterung gehört zu welcher Behauptung? Überlege dir eine wirkungsvolle Reihenfolge der Argumente! Übertrage das Ergebnis in dein Heft!

c Argumente gegen die Durchführung eines Schulskikurses

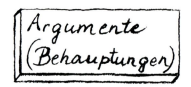

| Argumente (Behauptungen) | Erläuterungen |
|---|---|
| (1) Ein Skikurs verursacht für die Eltern erhebliche Kosten. | (Ausrüstung, Fahrt, Unterkunft, Taschengeld) |
| (2) Die Durchführung eines Schulskikurses erfordert einen hohen organisatorischen Aufwand. | (Vorbereitung, Unterrichtsausfall, Vertretung der Lehrer, die im Skikurs sind.) |
| (3) Für unsportliche Schüler ist der Skikurs mit einem erheblichen gesundheitlichen Risiko verbunden. | ? |
| (4) Skifahrer belasten die Umwelt. | ? |

Ergänze die Behauptungen 3 und 4 stichpunktartig mit Erläuterungen! Formuliere dann die gesamten Argumentationen aus (Behauptung + Erläuterung)!

# Argumentationen verknüpfen

> Deine Erörterung besteht zwar aus einzelnen Argumentationen, beim
> Lesen sollte dein Aufsatz jedoch wie „aus einem Guss" wirken. Du musst
> deshalb lernen Argumentationen zu verknüpfen – ohne dabei den Faden
> zu verlieren oder einen „Knoten" hineinzubekommen.

**1** Serin hat sich fünf Argumente gegen die Anschaffung eines Haustiers überlegt.

```
(1) Ein Haustier erschwert die Suche nach einer geeig-
    neten Wohnung
(2) Viele empfinden Tiere als Belästigung
(3) Die persönliche Freiheit wird durch ein Haustier
    eingeschränkt
(4) Ein Haustier kann Krankheiten auslösen
(5) Ein Haustier verursacht Kosten
```

Sie hat dann zu diesen Argumenten stichpunktartig Erläuterungen aufge-
schrieben und die Argumente und Erläuterungen zu Argumentationen ausgebaut:

```
Was spricht gegen die Anschaffung eines Haustiers?

   Oft wird übersehen, dass ein Haustier die Suche nach
   einer geeigneten Wohnung erschweren kann. Halter von Hun-
   den oder Katzen müssen nämlich bei der Wahl der Wohnung
 5 die Bedürfnisse ihres Tieres berücksichtigen. Für den Hund
   ist zumindest ein kleiner Garten erforderlich, eine
   Katze braucht eine Möglichkeit ins Freie zu gelangen.
   Gerade im großstädtischen Bereich sind Wohnungen mit
   solchen Vorzügen aber eher die Ausnahme. Häufig bevor-
10 zugen Vermieter bei der Vergabe einer Wohnung Bewerber
   ohne Haustier. In der Zeitung habe ich sogar schon Woh-
   nungsanzeigen entdeckt, in denen darauf hingewiesen wur-
   de, dass das Halten von Haustieren nicht geduldet wird.

   Solche Vermieter empfinden ein Haustier als Belästi-
15 gung, die sie nicht dulden wollen. Häufig ist es die
   Unvernunft mancher Hundehalter, die entsprechende Kon-
   frontationen auslöst: Hundegebell in der Nacht, Hunde-
   kot auf Kinderspielplätzen oder sonstigen öffentlichen
   Anlagen, frei laufende Hunde, die Passanten anspringen
20 oder gar angreifen.
```

Aber selbst das Halten von Kleintieren bedeutet eine deutliche Einschränkung der persönlichen Freiheit. Das Tier muss täglich gefüttert und gesäubert, der Stall oder Käfig gemistet und gereinigt werden. Besondere Probleme
25 ergeben sich, wenn der Tierhalter verreisen möchte. Die erschütternden Bilder von Haustieren in Abfallkörben an der Autobahn zeigen, welcher Weg nicht selten gewählt wird. Verantwortungsvolle Tierhalter versuchen freilich ihr Tier bei Freunden oder bei der Verwandtschaft
30 unterzubringen. Doch selbst wenn eine Unterbringung gefunden ist, bleibt die Sorge, ob sich das Tier dort auch wohl fühlt.

Gegner von Haustieren würden ein Tier auch aus hygienischen Gründen nicht in Pflege nehmen. Sie verweisen dar-
35 auf, dass Tiere Krankheiten wie Flöhe oder Bandwürmer direkt übertragen können. Bei entsprechender tierärztlicher Vorsorge sind vom Tier übertragene Krankheiten des Halters jedoch wohl eher die Ausnahme. Größere Probleme dagegen bereiten die immer häufiger auftretenden
40 Allergien gegen Tierhaare. Selbst Tierfreunden, die unter diesen Allergien leiden, ist es kaum möglich, ein Felltier zu halten, da die Tierhaare Hautreizungen mit großem Juckreiz, ja selbst Asthmaanfälle auslösen.

Das für mich als Schülerin ohne eigenen Verdienst wich-
45 tigste Argument gegen die Anschaffung eines Haustiers sind die Kosten, die ein Tier verursacht. Neben der einmaligen Ausgabe für die Anschaffung eines Tiers und des entsprechenden Zubehörs sind es vor allem die laufenden Kosten, die nicht unterschätzt werden dürfen. Neben den
50 Kosten für das tägliche Futter fällt ja auch noch das Tierarzthonorar für Impfungen und Behandlungen im Krankheitsfall an. Bei Hunden muss darüber hinaus auch noch die Hundesteuer entrichtet werden.

Vor allem aufgrund des letzten Arguments kommt für mich
55 derzeit die Anschaffung eines Haustiers nicht in Frage.

**a** Wie sind die Argumentationen miteinander verknüpft?

**b** Verbinde die in Aufgabe 2 auf Seite 82 angeführten Argumente für die Anschaffung eines Haustiers mithilfe der folgenden Tipps!

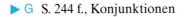 G  S. 244 f., Konjunktionen

# Ein Anliegen schriftlich vorbringen

„Da sind wir sauber abgeblitzt!" – „Das war ein totaler Reinfall!" Es ist ärgerlich, wenn du ein Anliegen oder eine Beschwerde vorbringst und deine Vorstellungen nicht berücksichtigt werden.
Um mehr Erfolg zu haben musst du richtig planen und geschickt argumentieren.

## 1 In einem Brief argumentieren

Offener Brief der SMV an den Schulleiter

Lieber Herr Rüger,

seit zwei Jahren versucht die SMV zu erreichen, dass der Hartplatz in den Pausen und am Nachmittag von Schülern unserer Schule auch außerhalb des Sportunterrichts benutzt werden darf. In der letzten SMV-Sitzung haben Sie mitgeteilt, dass Sie uns diesen Wunsch nicht
5 erfüllen können.
Wir hoffen aber, dass dies nicht Ihr letztes Wort ist. Deshalb nutzen wir diese Ausgabe des „Schülerdrucks" um Ihnen unser Anliegen genauer zu erläutern.
Wenn während der großen Pause interessierte Schüler auf dem Hart-
10 platz Basketball spielen könnten, so wäre das ein körperlicher Ausgleich zum Unterricht. Ein Blick auf unseren Stundenplan zeigt

nämlich, dass unseren 2 Stunden Sport 28 gegenüberstehen, in denen
der Kopf, aber nicht der Körper trainiert wird.
Sportliche Betätigung wäre aber nicht nur ein Beitrag zu unserer
15  körperlichen Fitness und Gesundheit, sondern die Sportpausen würden
auch das Klima während der großen Pause verbessern. Bisher reagieren viele Schüler ihren Bewegungsdrang in Rangeleien und Verfol-
gungsjagden ab. Die Lehrer müssen diese teils gefährlichen Aktivitäten unterbinden. Wird jemand während einer Pause mehrmals
20  dabei erwischt, gibt es meist eine Mitteilung oder einen Verweis,
was sich besonders negativ auf das Lehrer-Schüler-Verhältnis auswirkt. Auch den Lehrern würde es sicherlich mehr Spaß machen, eine
Sportgruppe auf dem Hartplatz zu beaufsichtigen als im Pausenhof
als Hilfssheriffs unterwegs zu sein.
25  Wenn wir den Hartplatz auch am Nachmittag nutzen könnten, so hätten wir auch die Möglichkeit uns auch außerhalb des Unterrichts
zu treffen um einer sinnvollen Freizeitbeschäftigung nachzugehen.
Neben dem sportlichen Aspekt hätte der Hartplatz auch eine soziale Funktion, da man sich auf den Bänken mit den Mitschülern unter-
30  halten kann, wobei sich auch Schüler verschiedener Klassen und
unterschiedlicher Jahrgangsstufen besser kennen lernen könnten.
Die Verbesserung der sportlichen Leistungen unserer Basketball-
Schulmannschaft sollten auch nicht unterschätzt werden. Außerhalb
des Sportunterrichts haben die Spieler nämlich kaum Gelegenheit
35  sich aufeinander einzuspielen. Wir sind sicher, dass sich so blama-
ble Ergebnisse wie der letzte Platz bei den letzten Schulmeister-
schaften vermeiden ließen, wenn ein Training außerhalb des Sportunterrichts möglich wäre.
Nun hoffen wir, dass dieser Brief die Diskussion noch einmal in
40  Gang bringt und dass möglichst bald doch noch eine schülerfreundli-
che Lösung gefunden wird.

Ihre SMV

**a** Was haltet ihr vom Anliegen der SMV? Gibt es an eurer Schule ähnliche
Probleme?

**b** Schreibe in einer Gliederung auf, welche Argumente die SMV anführt!
Beurteile die Reihenfolge der Argumente!

**c** Klärt den Begriff „offener Brief"!

**d**

„Über die Verwendung des Schulvermögens für schulfremde Zwecke entscheidet unter Wahrung der schulischen Belange der zuständige Aufwandträger im Benehmen mit dem Schulleiter."

§ 29 LDO (Dienstordnung für Lehrer an staatlichen Schulen in Bayern)

„Gerade angesichts der angespannten Haushaltssituation der öffentlichen Hand besteht Anlass darauf hinzuweisen, dass sich diese Ausgaben erst dann voll rechtfertigen, wenn die Sportstätten optimal ausgenutzt werden. Das Staatsministerium für Unterricht, Kultus, Wissenschaft und Kunst befürwortet deshalb die Mitbenutzung der Sportstätten der durch den Sportbetrieb organisierten außerschulischen Nutzer, insbesondere durch Sportgruppen der Vereine, Verbände (…) nachdrücklich."

Auszug aus der Bekanntmachung zur Mitbenutzung der Sportstätten bei Schulen durch außerschulische Nutzergruppen v. 4.9.1996

Überlegt, welche Lösung gefunden werden könnte! Berücksichtigt dabei die zitierten amtlichen Vorgaben!

**e** Bittet den Sachaufwandsträger schriftlich den Hartplatz am Nachmittag nutzen zu dürfen! Teilt mit, dass ihr zwar kein organisierter Verein seid, dass aber Lehrer der Schule die Nachmittagsaufsicht freiwillig übernehmen würden!

## 2 Einen Brief an den Elternbeirat schreiben

Eure Klasse plant im kommenden Schuljahr eine Studienfahrt nach Straßburg, wozu die Zustimmung des Elternbeirats erforderlich ist. Der amtierende Elternbeirat beurteilt Studienfahrten eher kritisch. Die Gegner führen als Argumente vor allem den Unterrichtsausfall und die hohen Kosten an.

Sammelt Argumente für die Durchführung der Studienfahrt! Fasst die Ergebnisse in einem Brief zusammen!

## ✱ 3 Einen Aufruf gegen Fremdenhass schreiben

Auf dem Schulball wurden einige ausländische Mitschüler grundlos „angemacht". Es kam zu einem hässlichen Wortwechsel mit Schlägerei. Mehrere Schüler/innen haben daraufhin den Schulball aus Protest verlassen.

Schreibt einen Aushang (eine DIN-A4-Seite), in dem sich die SMV von dem Vorfall distanziert und an das Zusammengehörigkeitsgefühl von deutschen und ausländischen Jugendlichen appelliert!

▶ G S. 245, Konjunktiv

---

### Tipps fürs Argumentieren

- Formuliere beim Sammeln und Zusammenstellen von Argumenten in einer Übersicht oder Gliederung entweder in ganzen Sätzen (Verbalstil) oder in Stichworten (Nominalstil)!
- Ordne die Argumente so, dass die wichtigsten am Schluss stehen!
- Stelle bei der Argumentation eine Behauptung auf! Erläutere durch Begründungen, Beispiele, Zahlenmaterial usw.!
- Verknüpfe die einzelnen Argumentationen inhaltlich miteinander!

# Erörterungen planen und entwerfen

Ein Haus wird nicht ohne Bauplan gebaut. – Ähnlich verhält es sich bei deinen ersten Erörterungen: Verschiedene Arbeitsschritte, die du in einer bestimmten Reihenfolge einhalten solltest, helfen dir über Anfangsschwierigkeiten hinweg. Später brauchst du als routinierter Schreiber diese Hilfen immer weniger – auf der Baustelle hält schließlich auch nicht jeder Arbeiter einen Bauplan in der Hand.

## Das Thema erschließen

Themaverfehlung – ein Schreckgespenst für jede/jeden, die/der einen Aufsatz schreibt!
Wenn du das Thema überhaupt nicht oder nur zum Teil erfasst, hast du dir umsonst Mühe gegeben – und obendrein gibt's eine schlechte Note! Die folgenden Übungen sollen dazu führen, dass Themaverfehlung für dich bald kein Thema mehr ist.

## 1 Themabegriff und Einschränkungen erkennen

Bevor Julia mit ihrer Erörterung beginnt, hat sie einige Schlüsselbegriffe gekennzeichnet:

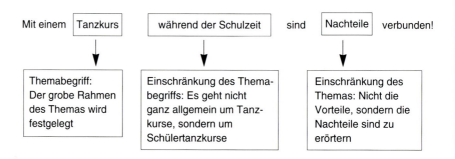

**a** Formuliere mit eigenen Worten, worüber Julia schreiben soll und worüber sie nicht schreiben darf!

**b** Julia hat folgende Argumente zusammengestellt:
- Zusätzliche Garderobe für Kursabende und Abschlussball muss angeschafft werden
- Singles können im Tanzkurs Gleichgesinnte und Freunde kennen lernen
- Da die Kurse meist am Abend stattfinden, bereitet der Nachhauseweg oft Probleme
- Die schulischen Leistungen können sich verschlechtern
- Nach einem harten Arbeitstag im Büro hat man oft keine Lust mehr das Tanzbein zu schwingen
- Für unmusikalische Jugendliche, denen die Abfolge der verschiedenen Tanzschritte Schwierigkeiten bereitet, kann der Tanzkurs zum Misserfolgserlebnis werden
- Ein Tanzkurs ist eine gute Gelegenheit einen Freund oder eine Freundin zu finden
- Will man mit dem Tanzpartner außerhalb der Kursstunden in Diskotheken oder Tanzlokalen üben, ist das Taschengeld schnell verbraucht
- Im Tanzkurs wird man auch mit Anstandsregeln vertraut gemacht, die einem bei Vorstellungsgesprächen und im täglichen Leben hilfreich sind
- Die Kursgebühren, die meist einige hundert Mark betragen, belasten die Eltern

Übertrage das Thema und die Argumente, die zum Thema passen, in dein Heft!

**c** Formuliere das Thema so um, dass alle von Julia genannten Argumente passen!

✶ **d** Formuliere das Thema in verschiedenen Varianten!

**2** (1) Wie kann der Sportunterricht an der Realschule noch interessanter gemacht werden?
(2) Warum ist Fahrradurlaub bei Jugendlichen sehr beliebt?
(3) Was spricht für, was gegen Ferienarbeit?
(4) Das Schwimmen in offenen Gewässern birgt Gefahren!
(5) Welche ökologischen Probleme ergeben sich in Wintersportgebieten?
(6) Die Mitarbeit in der SMV als Schülersprecher hilft bei der Persönlichkeitsentwicklung.
(7) Warum ist das Passivrauchen für Kinder und Jugendliche besonders gefährlich?
(8) Welche Vorteile hat ein Jugendlicher, der einem Sportverein beitritt?
(9) Wie kann ein/e Realschüler/in Müll vermeiden?

Sucht den jeweiligen Themabegriff und überlegt, durch welche weiteren Begriffe das Thema eingeschränkt wird!

**3**

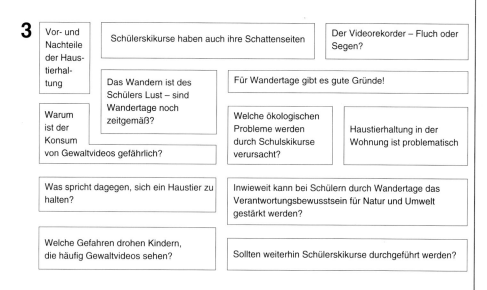

| | | |
|---|---|---|
| Vor- und Nachteile der Haustierhaltung | Schülerskikurse haben auch ihre Schattenseiten | Der Videorekorder – Fluch oder Segen? |
| Warum ist der Konsum von Gewaltvideos gefährlich? | Das Wandern ist des Schülers Lust – sind Wandertage noch zeitgemäß? | Für Wandertage gibt es gute Gründe! |
| | Welche ökologischen Probleme werden durch Schulskikurse verursacht? | Haustierhaltung in der Wohnung ist problematisch |
| Was spricht dagegen, sich ein Haustier zu halten? | Inwieweit kann bei Schülern durch Wandertage das Verantwortungsbewusstsein für Natur und Umwelt gestärkt werden? | |
| Welche Gefahren drohen Kindern, die häufig Gewaltvideos sehen? | Sollten weiterhin Schülerskikurse durchgeführt werden? | |

**a** Fasse jeweils drei inhaltlich zusammengehörige Themen zusammen und ordne sie nach dem Grad der Einschränkung!

**b** Formuliere die Themen, die nicht als Fragesätze gestellt sind, zu Fragen um!

## 4 Ein- und zweigliedrige Themen unterscheiden

Themen aus Abschlussprüfungen

1991:
(1) Worin sehen Sie die Gründe für den Personalnotstand in Altenheimen und Krankenhäusern und wie könnten Pflegeberufe Ihrer Meinung nach attraktiver gemacht werden?
(2) Was spricht dafür, was dagegen, nach Abschluss der Realschule zunächst ein Jahr im Ausland zu verbringen?
(3) Wie könnte an Ihrem Wohnort das Leben für junge Menschen attraktiver gestaltet werden und was könnten Sie selbst dazu beitragen?

1992:
(4) Was spricht für, was gegen ein freiwilliges soziales Jahr nach dem Abschluss der Realschule?
(5) Wie kann an der Schule zur Umwelterziehung beigetragen werden?
(6) Begründen Sie, warum Sie sich dazu entschieden haben, nach dem Realschulabschluss in eine berufliche Ausbildung einzutreten bzw. eine weiterführende Schule zu besuchen!

1993:

(7) Mit welchen Mitteln versucht die Werbung Jugendliche anzusprechen und wie können Sie als kritischer Verbraucher reagieren?

(8) Was veranlasst Jugendliche sich gewalttätig zu verhalten? Was ließe sich dagegen unternehmen?

1994:

(9) Wie können Sie zum friedlichen Zusammenleben zwischen Deutschen und Ausländern beitragen?

(10) Welche Vor- und Nachteile hat aus Ihrer Sicht das Leben in der Großstadt?

(11) Was könnte Mädchen dazu bewegen, einen so genannten Männerberuf zu ergreifen? Mit welchen möglichen Schwierigkeiten müssen sie rechnen?

**a** Übertrage die Tabelle in dein Heft und ordne die Abschlussprüfungsthemen zu!

| Eingliedriges Thema | Zweigliedriges Thema | |
| --- | --- | --- |
| Eine Themafrage ist zu beantworten | Die Vor- und Nachteile sind zu erörtern | Zwei verschiedene Themafragen sind zu beantworten |

**b** Untersuche auf gleiche Weise die Themen auf Seite 109!

---

### Tipps zum Erschließen des Themas

- Lies dir das Thema mehrmals in Ruhe durch!
- Kläre unbekannte Wörter oder Wendungen!
- Suche den Themabegriff!
- Markiere den Themabegriff und weitere Schlüsselbegriffe, die den Themabegriff oder das Thema einschränken!
- Formuliere Themen, die nicht als Fragen gestellt sind, in eine oder zwei (bei zweigliedrigen Themen) Frage(n) um!
- Überlege, was zum Thema gehört! Führe dabei auch die „Probe" durch und mache dir klar, worüber du *nicht* zu schreiben brauchst!

# Argumente sammeln, ordnen und gliedern

Du kennst die Situation, wenn es dir nicht gelingen will, mit dem Aufsatzschreiben zu beginnen: grübeln, kritzeln, Eltern fragen ... Wenn du aber systematisch nach festen Arbeitsschritten vorgehst, ist es nicht mehr schwer, passende Argumente zu deiner Erörterung zu finden und sie in eine sinnvolle Reihenfolge zu bringen.

## 1 Material für Argumente sammeln

**a** Welche dir bekannten Hilfen kannst du beim Argumentieren nutzen?

**b** In welchen Unterrichtsfächern werden Themenbereiche von Erörterungen angesprochen?

**c** Wo würdest du ein treffendes Zitat suchen?

**d** „Ausländische Mitbürger in der Bundesrepublik Deutschland"
„Schullaufbahnen in Bayern"
„Gewässerschutz in deiner Heimatregion"
„Umweltschutz in deiner Stadt/Gemeinde"
Wo und wie kannst du dir Material zu diesen Themenbereichen besorgen?

✶ **e** Sammle zu einem Themenbereich deiner Wahl 14 Tage lang Berichte und Informationen! Ordne das Material und trage deine Erkenntnisse in einem Kurzreferat vor!

▶ S. 118 ff., Kurzreferat

* **2**

### Anregungen für eine Materialsammlung

Am Ende der 10. Klasse wirst du die Abschlussprüfung auch im Fach Deutsch ablegen. Wenn du von jetzt an Stoff und Material sammelst, kann dich kein Erörterungsthema in Verlegenheit bringen. Wissenswerte Fakten erfährst du auch in anderen Fächern. In Sachbüchern und Nachschlagewerken sowie in Broschüren von Organisationen oder Behörden kannst du dich gezielt informieren. Ein besonders wichtiger „Stofflieferant" ist die Tageszeitung, die du am besten mit der Schere in der Hand liest.

Du kannst deine Materialsammlung nach folgenden Themenkreisen ordnen. Die kursiven Bereiche waren seit der ersten zentralen Abschlussprüfung 1952 am häufigsten mit entsprechenden Themen vertreten.

*Arbeitswelt,* Entwicklungsländer, Familie, *Rolle der Frau,* Freizeit, *Gesellschaft,* Gesundheit, Jugend, *Kultur, Lebensraum (Stadt, Land, Heimat), Medien,* Mitmensch, *Politik,* Randgruppen, Schule, Sport, Technik, Tier, Tourismus, *Umwelt,* Verkehr, Völkerverständigung/Europa, Wirtschaft

Ordne die Abschlussprüfungsthemen auf Seite 94 f. diesen Bereichen zu!

## 3 Argumente ordnen

**Was spricht dafür, statt eines Schulskikurses einen Schullandheimaufenthalt durchzuführen?**

**a** Argumente gegen einen Schulskikurs
- Der Zubringerverkehr in die Skigebiete führt zu Luftverschmutzung
- Die Grundausstattung (Ski, Bindung, Bekleidung) ist sehr teuer
- In den Wintersportgebieten sind die Kosten für die Unterbringung besonders hoch
- Die Skikursteilnehmer versäumen eine Woche Unterricht
- Die körperliche Beanspruchung ist beim Skifahren sehr einseitig
- Ein Schüler, der nicht teilnehmen kann oder will, gerät in eine Außenseiterrolle
- Unsportliche Schüler, die das Skifahren nur schwer erlernen, werden oft ausgelacht
- Lehrer, die am Skikurs teilnehmen, müssen vertreten werden
- Rücksichtslose Skifahrer stören die Wildbestände
- Die Klassengemeinschaft teilt sich im Vorfeld des Skikurses in Gegner und Befürworter
- Der Bau von Pisten und Liftanlagen zerstört das Landschaftsbild
- Allein die Liftkosten für eine Woche betragen meist über 100 DM
- Für untrainierte Schüler ist das alpine Skifahren eine Überanstrengung
- Die Erkältungsgefahr ist beim Skikursbetrieb besonders hoch
- Die Grasnarbe wird zerstört, wenn Skifahrer die markierte Piste verlassen oder bei geringer Schneedecke fahren
- Schüler, die nicht am Skikurs teilnehmen, müssen den Unterricht in einer anderen Klasse besuchen

Übertrage die Argumente in dein Heft und kennzeichne weitere zusammengehörige Argumente!
Ordne diese Argumente den folgenden Oberpunkten zu!
- Schulorganisatorische Probleme
- Finanzieller Aufwand
- Gesundheitliches Risiko
- Ökologische Nachteile
- Soziale Aspekte

**b** Argumente für einen Schullandheimaufenthalt
- Viele Schullandheime können mit öffentlichen Verkehrsmitteln erreicht werden
- Eine Ausrüstung ist nicht erforderlich

- Im Schullandheim ergänzen sich Unterricht und praktische Erfahrung
- Man lernt die nähere Heimat kennen und schätzen
- Sportliche Aktivitäten stärken Ausdauer und Gesundheit
- Die begleitenden Lehrerinnen und Lehrer benötigen keine Ausbildung als Skilehrer
- Schullandheime und Jugendherbergen bieten preisgünstige Angebote für Schülergruppen an
- Die vielseitigen Möglichkeiten der Freizeitgestaltung fördern neue Freundschaften
- Die Schülergruppen verteilen sich auf verschiedene Regionen (kein Ansturm auf die Alpen)
- Durch gemeinsame Unternehmungen verbessert sich das Zusammengehörigkeitsgefühl einer Klasse
- Beim Schullandheimaufenthalt erleben die Schüler praktischen Natur- und Umweltschutz
- Es ergeben sich keine gesundheitlichen Risiken (kein Reizklima, kaum Erkältungsgefahr im Sommer)

Ordne die Argumente und suche Oberpunkte! Du kannst dich an den in Aufgabe a benutzten Oberpunkten orientieren!


## 4 Gliedern


**Vor- und Nachteile eines Haustiers**

Gliederung

A. (Einleitung:) Geschichte des Haustiers

B. (Hauptteil:) Was spricht für, was gegen die Haltung eines Haustiers?

I. Argumente für die Haltung eines Haustiers
   1. ?
      a) Schmusetier zum Liebkosen
      b) Tier als „Ansprechpartner"
      c) Tier als Aufgabe
   2. ?
      a) Sportliche Aktivitäten mit dem Tier
      b) Anschluss an Vereine

3. ?
   a) Tier als Beschützer, Helfer
   b) Tier als Erwerbsquelle

II. Argumente gegen die Haltung eines Haustiers
   1. ?
      a) Übertragbare Krankheiten
      b) Allergien
      c) Parasiten
   2. ?
      a) Einmalige Kosten
      b) Laufende Kosten
   3. ?
      a) Einschränkung im Wohnen
      b) Einschränkung der persönlichen Freiheit
   4. ?
      a) Persönliche Belästigung
      b) Belästigung anderer Menschen

C. (Schluss:) Persönliche Entscheidung

Übertrage die Gliederung in dein Heft und finde passende Oberpunkte!

## 5 Gliederungen im Nominal- und Verbalstil vergleichen

**Was spricht für, was gegen einen Fahrradurlaub?**

| Nominalstil | Verbalstil |
|---|---|
| A. (Einleitung:) Geschichte des Fahrrads | A. (Einleitung:) Das Fahrrad hat eine längere Geschichte als das Auto |
| B. (Hauptteil:) | B. (Hauptteil:) |
| I. Argumente für einen Fahrradurlaub | I. Was spricht für einen Fahrradurlaub? |
| 1. Erhaltung der Gesundheit | 1. Ein Fahrradurlaub erhält die Gesundheit |
| a) Steigerung der Abwehrkräfte | a) Das Fahren bei Wind und Wetter steigert die Abwehrkräfte |
| b) Ausgleich zu beruflicher Tätigkeit | b) Radfahren schafft einen Ausgleich zu beruflicher Tätigkeit |
| c) Verbesserung der Kondition | c) Ein Fahrradurlauber verbessert seine Kondition |

2. Persönlicher Gewinn
a) Direktes Naturerlebnis
b) Gefühl der Freiheit und Unabhängigkeit
c) Gemeinschaftserlebnis in der Gruppe

3. Umweltschutz
a) ?
b) ?
c) ?

II. Argumente gegen einen Fahrradurlaub
1. Hoher organisatorischer Aufwand
a) Ausrüstung
b) Streckenplanung
c) Vorbestellung von Quartieren
2. Unannehmlichkeiten des Fahrradfahrens
a) Abhängigkeit von der Witterung
b) Lärm- und Geruchsbelästigung durch den Verkehr
c) Mangelnder Komfort
3. ?
a) ?
b) ?
c) ?

C. (Schluss:) Befürwortung eines Fahrradurlaubs

2. Ein Fahrradurlaub bringt persönlichen Gewinn
a) Die Natur wird direkt erlebt
b) Der Fahrradurlauber fühlt sich frei und unabhängig
c) Ein Fahrradurlaub in der Gruppe ist ein intensives Gemeinschaftserlebnis

3. Urlaub mit dem Rad schont die Umwelt
a) Luftverschmutzung und Energieverbrauch entfallen
b) Beim Radfahren wird kein Lärm verursacht
c) Fahrradurlaub wirkt dem Massentourismus entgegen

II. Was spricht gegen einen Fahrradurlaub?
1. ?
a) ?
b) ?
c) ?
2. ?
a) ?
b) ?
c) ?

3. Der Fahrradtourist gefährdet seine Gesundheit
a) Falscher Ehrgeiz führt zu Überanstrengung
b) Erschöpfung und Müdigkeit erhöhen das Unfallrisiko
c) Motorisierte Verkehrsteilnehmer gefährden Radfahrer

C. (Schluss:) Für mich persönlich überwiegen die Vorteile

**a** Übertrage die Gliederungen in dein Heft und ergänze die fehlenden Teile!

**b** Diskutiert über Vor- und Nachteile der verschiedenen Gliederungsformen! Welche wählst du für deine Erörterungen? Begründe deine Entscheidung!

## 6 Ordnungsgesichtspunkte kennen lernen

| Mögliche Ordnungsgesichtspunkte für die Erörterung |
|---|
| – der Einzelne – die Familie – die Gesellschaft |
| – körperlich – geistig – seelisch |
| – materiell (finanziell) – ideell |
| – Familie – Schule (oder Beruf) – Freizeit |
| – Politik – Wirtschaft – Wissenschaft |

**a** Bei welchen Themen auf den Seiten 93, Aufgabe 2, und 94 können diese Ordnungsgesichtspunkte angewandt werden?

**b** Ergänze die Liste mit Oberpunkten, die du schon kennst!

★ **7** *Maßnahmen der Polizei – Maßnahmen eines jeden Verkehrsteilnehmers –* noch höherer Sicherheitsstandard – Verstärkte Geschwindigkeits- und Alkoholkontrollen – Rücksichtnahme auf andere Verkehrsteilnehmer – konsequente Verkehrserziehung – andere Schwerpunktsetzung in der Werbung – *Maßnahmen der Gesetzgeber –* Schaffung verkehrsberuhigter Zonen – Tempolimit – *Maßnahmen der Autoindustrie –* Förderung des öffentlichen Nahverkehrs – Überprüfung der Fahrzeuge – Gefahrentraining als Teil der Ausbildung in der Fahrschule – defensiver Fahrstil – *Maßnahmen der Verkehrsplaner*

**a** Zu welchem Thema könnten diese Argumente gesammelt worden sein?

**b** Stellt die passenden *Ober-* und Unterpunkte zu einer Gliederung zusammen!

| Tipps zum Sammeln, Ordnen und Gliedern von Argumenten |
|---|
| • Erschließe zuerst das Thema! |
| • Notiere dann in Stichpunkten alle Argumente, die dir spontan zum Thema einfallen! Schreibe untereinander und lasse einen breiten Rand! |
| • Überprüfe, welche Argumente inhaltlich zusammengehören! Kennzeichne sie in der Randspalte durch Ziffern, Zeichen oder Farben! |
| • Formuliere die Argumente aus (Nominal- oder Verbalstil) und fasse Argumente, die vom Inhalt her einen Bereich abdecken, zusammen! |
| • Ordne die Argumente so, dass eine Steigerung erzielt wird (vom Besonderen zum Allgemeinen, von weniger wichtigen Argumenten zum Hauptargument usw.)! |

★ 8

### Vorschlag für ein Projekt
### „Podiumsdiskussion in der Schule"

Sich Standpunkte und Sachverhalte von Fachleuten erläutern zu lassen ist besonders interessant, da ihr so aktuelle Informationen „aus erster Hand" erhaltet.

- Wählt ein Thema, das euch besonders interessiert!
- Ladet mithilfe der Schulleitung eine Expertin/einen Experten zu diesem Thema ein! Es ist besonders reizvoll, wenn ihr Gäste einladet, die unterschiedliche Standpunkte vertreten. Gebt in der Einladung immer bekannt, welche Personen an der Veranstaltung teilnehmen werden!
- Klärt vorab, ob eure Gäste ein Honorar fordern!
- Bereitet mit der Deutschlehrerin/dem Deutschlehrer die Veranstaltung vor, indem ihr Gruppen bildet, die für verschiedene Aufgaben verantwortlich sind: Durchführungsort; Bereitstellung von Mikrofonen, Verstärker, Lautsprechern; teilnehmende Klassen; Zeitplan; Tagesordnung/Fragenkatalog; Diskussionsleitung; Sicherung der Diskussionsergebnisse (z. B. Protokoll); Zusammenarbeit mit der Schülerzeitung; Information der örtlichen Medien; Geschenke für die Gäste und so weiter!

## In ein Thema einführen und es abschließen

Man fällt nicht mit der Tür ins Haus – dies gilt auch für die Erörterung! Der Leser soll in der Einleitung auf deine Argumentation eingestimmt werden. Nach dem Hauptteil kannst du auch nicht einfach aufhören: Der Schluss soll deine Erörterung abrunden.

### 1 In ein Thema einführen

#### Warum schaffen sich viele Menschen ein Haustier an?

(1) Die Geschichte des Haustiers geht zurück bis in die Steinzeit, als die Menschen begonnen haben bei Wildtieren durch Züchtung und Auslese Veränderungen in Körperbau, Leistung und Verhalten hervorzurufen. Das älteste Haustier ist der Hund; in der Jungsteinzeit sind Rind, Schaf,
5 Schwein, Ziege und Esel hinzugekommen. Das Kaninchen gilt als jüngstes Haustier. Obwohl wir heute längst nicht mehr in dem Maße wie

früher auf die Produkte und die Leistung der Haustiere angewiesen sind, hat sich ihre Zahl nicht verringert, sondern ist im Gegenteil stetig angestiegen. Warum schaffen sich heute so viele Menschen ein Haustier an?

(2) Meine Familie wohnt in einem Mietshaus mit sechs Wohnungen. In diesem Haus leben elf Erwachsene und fünf Kinder und Jugendliche. Wir sind jedoch nicht die einzigen Lebewesen im Rosenweg 17: In jedem Haushalt wird noch mindestens ein Haustier gehalten. So kommen wir insgesamt auf drei Katzen, einen Hund, einen Wellensittich, einen Gold-
15 hamster, ein Zwergkaninchen und zwei Rennmäuse. Unser Haus ist jedoch kein Einzelfall, überall stehen Haustiere hoch im Kurs. Es scheint viele gute Gründe zu geben, sich ein Haustier anzuschaffen.

(3) „Der untrüglichste Gradmesser für die Herzensbildung eines Volkes und eines Menschen ist, wie sie die Tiere betrachten und behandeln."
20 Legt man Berthold Auerbachs Maßstab an die Bundesrepublik Deutschland an, so ergibt sich ein uneinheitliches Bild. Ausgesetzte Hunde an der Autobahn oder in Plastiksäcken erstickte Tiere zeichnen ein hässliches Bild deutscher Tierliebe. Gleichzeitig finden sich aber zahllose positive Beispiele für die Beziehung Mensch–Tier. Die Tiere in der Zoo-
25 handlung sehen also einer ungewissen Zukunft entgegen. Sicher ist nur, dass sie recht bald einen Besitzer haben werden. Seit Jahren nämlich melden Zoohandlungen und Züchter steigende Umsätze. Warum holen sich mehr und mehr Menschen ein Tier ins Haus?

**a** Historischer Rückblick, persönliche Erfahrung/eigenes Erlebnis, Zitat: Welche Variante findest du in welcher Einleitung?

**b** Was haben alle Einleitungen gemeinsam, worin unterscheiden sie sich?

**c** Schreibe eine weitere Einleitung! Verwende dazu Angaben aus der Statistik:

---

Zahl der Haustiere in der BRD: 19,9 Millionen Tiere (ohne Zierfische) leben in 10,5 Millionen Haushalten (= 30 % aller Haushalte).
Hunde: 4,7 Millionen      Ziervögel: 6,9 Millionen
Katzen: 5,2 Millionen      Kleintiere: 3,1 Millionen

---

Jährlicher Umsatz für Heimtierbedarf in der Bundesrepublik Deutschland: 3,5 Mill. DM. Anzahl der Tiere, die pro Jahr in deutschen Tierheimen aufgenommen werden: 360 000 Katzen, 180 000 Hunde.

## 2 Material für eine Einleitung auswerten

Aus Annes Materialsammlung:

**Tierversuche in Deutschland in 1 Jahr**

| Tierart | Anzahl der Versuche |
|---|---|
| Mäuse | 1 223 741 |
| Ratten | 611 530 |
| Fische | 246 387 |
| Meerschweinchen | 101 842 |
| Vögel | 87 621 |
| Kaninchen | 70 228 |
| Schweine | 12 158 |
| Amphibien | 6 568 |
| Hunde | 6 517 |
| Sonstige Tiere | 36 118 |
| Gesamtzahl der Tierversuche | 2 402 710 |

"Erst wenn
der letzte Baum gerodet
der letzte Fluss vergiftet
der letzte Fisch gefangen
werdet ihr feststellen
dass man Geld
nicht essen kann!"

**Weissagung der Cree**

**a** Formuliert Erörterungsthemen, für die das Material brauchbar wäre!

**b** Schreibe eine Einleitung zu einem dieser Themen!

★ **3** – Welche Aufgabe hat die Schule?
– Mit welchen Argumenten könnte eine Mitschülerin/ein Mitschüler bewegt werden in der Schülermitverantwortung (SMV) mitzuarbeiten?
– Rechte und Pflichten des Schülers
– Warum pflegen viele Schüler und Schülerinnen eine Brieffreundschaft?
– Durch welche Maßnahmen kann die Sicherheit auf dem Schulweg verbessert werden?

Schreibe zu einem Thema deiner Wahl zwei verschiedene Einleitungen!

### Tipps für die Einleitung

- Überlege dir, welche Einleitungsmöglichkeit du wählen möchtest: eigenes Erlebnis/persönliche Erfahrung, historischer Rückblick, aktuelles Ereignis, Erklärung des Themabegriffs, statistisches Zahlenmaterial, Zitat …!
- Führe zielstrebig zum Thema hin! Am Ende der Einleitung steht die Themafrage oder ein entsprechender Aussagesatz. (Faustregel für die Einleitung: $^1/_2$ DIN-A4-Seite ist die oberste Grenze.)
- Nimm in der Einleitung keine Argumente aus dem Hauptteil vorweg!
- Vereinbart mit eurem Lehrer/eurer Lehrerin, ob ihr die Einleitungsmöglichkeit oder den Kerngedanken in die Gliederung schreibt!

## 4 Ein Thema abschließen

**Warum schaffen sich viele Menschen ein Haustier an?**

(1) Im Gegensatz zu früher werden Haustiere heute kaum noch aus materiellen Gründen gehalten. Heute stehen ideelle Beweggründe im Vordergrund. Oft sucht der Halter bzw. die Halterin eines Haustiers beim Tier etwas, was er oder sie beim Menschen nicht gefunden hat: hundertpro-
5 zentige Verfügbarkeit, Treue oder bedingungslose Liebe. In diesen Fällen sehe ich die Gefahr, dass das Tier die Partnerschaft mit einem Menschen eher behindert, weil sich der Halter mit seinem Tier mehr und mehr in eine Scheinwelt zurückzieht.

(2) Die meisten Menschen, die sich ein Haustier anschaffen, sehen im Tier
10 wohl einen Partner, der den Alltag erträglicher macht. Die große Zahl der Halter, die in einem Verein organisiert sind, unterstreicht den Trend mit der Anschaffung eines Haustiers einen Weg aus der Einsamkeit zu suchen. Für weibliche Singles spielt die Beschützerfunktion eines Hundes sicherlich eine zunehmende Rolle. Insgesamt gesehen kann ich
15 Auerbachs Behauptung nur bestätigen. Die zahlreichen engagierten Tierliebhaber und -halter stellen unserem „Volk" ja ein recht gutes Zeugnis aus. Wenn es gleichzeitig Entgleisungen und Exzesse gibt, so ist dies nur ein Spiegelbild unserer Gesellschaft. Ich selbst hätte sehr gerne einen Hund, leider wird sich dieser Wunsch nicht erfüllen, weil ich in
20 einem Schülerheim lebe.

(3) Die Liebe zum Tier und der Wunsch einen Partner im täglichen Leben an der Seite zu haben, sind die Hauptgründe dafür, dass viele Menschen sich ein Tier in ihr Zuhause holen. Immer beliebter wird das Tier für die Freizeitgestaltung. Doch nicht alle Tierliebhaber können sich ihren
25 Wunsch erfüllen, die beengten Wohnraumverhältnisse in den Großstädten lassen oft keine Tierhaltung zu. Wir hatten mit unserem Vermieter, der selbst Hundehalter ist, großes Glück, deshalb konnte meine Familie vor drei Jahren einen Kater aus dem Tierheim holen. Und so freue ich mich täglich, wenn ich aus der Schule komme, auf meine Schmusestunde
30 mit Garfield.

**a** Worin stimmen die drei Schlüsse überein?

**b** Ordne jeder Einleitung von Aufgabe 1 (Seite 103 f.) einen entsprechenden Schluss zu! Woran hast du erkannt, was zusammengehört?

**c** Schreibe zu einem Thema der Aufgabe 2 (Seite 93) einen Schluss!

**d** Diskutiert folgende Behauptung:
„Einleitung und Schluss sollten erst geschrieben werden, wenn der Hauptteil (zumindest die Gliederung) abgeschlossen ist."

## Tipps für den Schluss

- Fasse die Argumente aus dem Hauptteil in einigen Sätzen zusammen ohne einzelne Argumentationen zu wiederholen!
- Nimm persönlich Stellung zum Thema oder greife einen Gedanken aus der Einleitung nochmals auf! Damit rundest du deine Erörterung ab.
- Achte darauf, dass der Hauptteil abgeschlossen ist! Führe also keine zusätzlichen Argumente mehr an!
- Notiere deinen Schlussgedanken in der Gliederung als Stichpunkt oder kurzen Satz (Beispiel: *C. Zusammenfassung und persönliche Stellungnahme*)!

# Eine vollständige Erörterung schreiben

Du hast alle wichtigen Arbeitsschritte kennen gelernt und bist nun in der Lage eine vollständige Erörterung zu schreiben. In der Schulaufgabe kannst du nur die Argumente zu einer Argumentation ausbauen, die dir selbst eingefallen sind. Bei Hausaufgaben oder Hausaufsätzen hast du die Möglichkeit dir Material zu besorgen und es auszuwerten.

**Was spricht dafür, die Bahn zu benutzen?**

**1** Barbara und Walter haben sich eine Broschüre über die Verkehrssysteme in Deutschland besorgt und geeignetes Material für ihre Deutschhausaufgabe gesammelt.

| Unfallrisiko in den Verkehrsmitteln | | | |
|---|---|---|---|
| | **Bahn** | *Sicherheit* | **Pkw** |
| **Bezugsjahr** | 1989 | | 1990 |
| **pro Mrd. Personenkilometer:** | | | |
| Getötete | 0,8 | | 7,8 |
| Verletzte | 15,0 | | 484 |
| Geschädigte zus. | 15,8 | | 492 |
| **relativ zur Bahn:** | | | |
| Getötete | 1 | | 9,75 |
| Verletzte | 1 | | 32,2 |
| Geschädigte zus. | 1 | | 31,1 |

## *Umweltverschmutzung*

Prozentualer Anteil des Verkehrs an den Gesamtemissionen (Stand 1990, alte Bundesländer):

| | | |
|---|---|---|
| Kohlenmonoxid | 72,4 | 2,9 |
| Kohlendioxid | 18,2 | 4,8 |
| Stickstoffoxide | 62,2 | 9,1 |
| Organische Verbindungen | 48,2 | 2,6 |
| Staub | 21,0 | 5,5 |
| | Straßen- verkehr | übriger Verkehr |

■ Alle 40 Millionen Pkw, hintereinander aufgestellt, ergäben eine Strecke von ca. 200 000 Kilometer, die etwa 5-mal um den Erdball reichen würde. ■

Kfz-Bestand in Deutschland auf Rekordhöhe: Das Kraftfahrtbundesamt (Flensburg) registrierte 1994 in Deutschland einen Anstieg der zugelassenen Kfz auf den Rekordstand von 51 Mio. (Pkw: 40 Mio.). Im Durchschnitt der Fahrten ist ein Pkw mit 1,5 Personen besetzt. Im Schnitt braucht ein Pkw 5 Meter zum Parken.

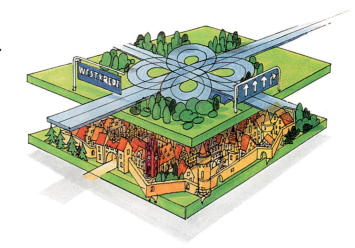

## Kosten- und Raumbedarf

■ Ein einziges Autobahnkreuz kann so viel Platz wie eine komplette Kleinstadt mit mehreren Tausend Einwohnern beanspruchen oder wie z. B. die historische Altstadt von Salzburg, die aus 4000 Wohnungen, 430 Gewerbebetrieben, 16 Kirchen, 13 Schulen und einer Universität besteht. ■

**a** Besorge dir zusätzliche Informationen und ergänze das vorliegende Material!

**b** Erstelle anhand dieser Hilfen eine Gliederung!

**c** Schreibe eine vollständige Erörterung!

**2**   (1) Warum sollte man sportlich aktiv sein?

(2) Was spricht für ein Leben auf dem Lande?

(3) Abschlussfahrt – Pro und Kontra

(4) Welche Probleme haben alte Menschen in unserer Gesellschaft?

(5) Was spricht für den Schulsport?

(6) Vor- und Nachteile von Schulwandertagen

(7) Fremdenverkehr – Fluch und Segen für die einheimische Bevölkerung

(8) Was kannst du persönlich gegen Ausländerfeindlichkeit unternehmen?

(9) Wie kann in der Schule zum Umweltschutz beigetragen werden?

(10) Was könnte gegen die hohe Zahl von Unfällen auf der Heimfahrt von Diskotheken unternommen werden?

(11) Welche Vorteile hat ein Schüleraustausch mit einer anderen europäischen Schule, welche Probleme können sich ergeben?

(12) Was spricht dafür, was dagegen, als Jugendlicher den Urlaub mit der Familie zu verbringen?

Wähle ein Thema aus und schreibe eine Erörterung!

# Erörtern

Halte folgende Arbeitsschritte in ihrer Reihenfolge ein:

- **Erschließe das Thema! Suche den Themabegriff!**
  Überlege, ob der Themabegriff oder das Thema durch weitere Schlüsselbegriffe einge-
  schränkt oder erweitert sind!
  Kläre unbekannte oder unklare Wörter (gegebenenfalls Wörterbuch benutzen)!
  Formuliere die Themafrage! Überlege auch, worüber du nicht zu schreiben brauchst!

- **Sammle Argumente!**
  Notiere dir in Stichpunkten alle Argumente, die dir spontan einfallen!
  Nutze weitere Informationsquellen (bei Schulaufgaben nicht möglich)!
  Suche weitere Argumente, indem du verschiedene „Raster" durchläufst
  (z. B.: Was kann der Einzelne/die Familie/Städte oder Gemeinden/der Staat tun um …)!

- **Ordne und gliedere deine Argumente!**
  Überprüfe zunächst, ob die gesammelten Argumente wirklich zum Thema gehören!
  Sind sie Antworten auf die Themafrage(n)?
  Kennzeichne inhaltlich zusammengehörige Argumente!
  Fasse Argumente, die vom Inhalt her einen Bereich abdecken, zusammen!
  Bilde – wo nötig – Ober- und Unterpunkte!
  Formuliere die Argumente in der Gliederung entweder im Nominal- oder Verbalstil!
  Gliedere so, dass eine Steigerung erreicht wird, und schreibe die Gliederung auf ein
  gesondertes Blatt!
  Erstelle die Gliederung zunächst nicht in Reinschrift, damit du spätere Änderungen noch
  einarbeiten kannst!

- **Formuliere deine Argumente zu Argumentationen aus!**
  Achte auf den „Zweierschritt" – jede Argumentation besteht aus einer *Behauptung* und
  einer *Erläuterung*!
  Verknüpfe die Einzelargumentationen miteinander! Beginne jede Argumentation mit
  einer neuen Zeile! Achte bei der Ausarbeitung auf die äußere Form!

- **Entwirf Einleitung und Schluss!**
  Schreibe eine Einleitungsmöglichkeit oder ihren Kerngedanken in die Gliederung!
  Führe bei der Ausarbeitung der Einleitung zielstrebig zum Thema hin und schließe mit der
  Themafrage oder einem entsprechenden Aussagesatz!
  Du kannst im Schluss die wesentlichen Argumente aus dem Hauptteil zusammenfassen
  und mit einer persönlichen Stellungnahme oder der Wiederaufnahme eines Gedankens aus
  der Einleitung abrunden. Schreibe auch den Schlussgedanken in die Gliederung!

- **Überarbeite deine Erörterung!**
  Lies die gesamte Erörterung nochmals durch und nimm inhaltliche, sprachliche und recht-
  schriftliche Korrekturen vor! Korrigiere sauber und übersichtlich auch mithilfe eines Line-
  als! Prüfe, ob die Reihenfolge der Argumente in Text und Gliederung übereinstimmt!

# Erörterungen üben und überarbeiten

Bei der Erörterung musst du viele Arbeitsschritte in der richtigen Reihenfolge ausführen. Selten gelingt dabei alles auf Anhieb. Das Überarbeiten ist daher beim Erörtern eine besonders wichtige Aufgabe.

## Eine Gliederung überarbeiten

Eine durchdachte Gliederung ist eine gute Startposition für eine gelungene Erörterung. Gehst du mit einer schwachen Gliederung ins Rennen, geht dir beim Schreiben schnell die Luft aus. Eine gute Gliederung jedoch ist die beste Ausrüstung, mit der du auch bei schwierigen Themen sicher ins Ziel kommst.

**1 Eine Schülergliederung überarbeiten**

**Was spricht für, was gegen einen Schullandheimaufenthalt?**

Gliederung:
A. Ich erinnere mich gerne an meinen Schullandheimaufenthalt in der 7. Klasse
B.
I. Was spricht für einen Schullandheimaufenthalt?
  1. Die Klassengemeinschaft wird verbessert
  2. Sportliche Aktivitäten im Schullandheim sind eine sinnvolle Freizeiterziehung
  3. Die Selbstständigkeit wird gefördert
  4. Während des Schullandheimaufenthaltes lernt man Menschen und Gegenden kennen
  5. Lehrer und Schüler lernen sich besser kennen
  6. Das Schullandheim ist ein idealer Lernort
    a) Unterricht und praktische Erfahrung ergänzen sich
    b) Natur- und Umweltschutz werden direkt erfahrbar
  7. Ein Schullandheimaufenthalt ist ein schönes Erlebnis, an das man nach der Schulzeit gerne zurückdenkt.

II. Was spricht gegen einen Schullandheimaufenthalt?
1. Es fällt Fachunterricht aus
2. Es entstehen Kosten für Reise und Unterkunft
3. Durch den Verlust einer Schulwoche häufen sich Schul- und Stegreifaufgaben
4. Es entstehen Kosten für Kleidung und Ausrüstungsgegenstände
5. Der Klassenleiter hat umfangreiche organisatorische Arbeiten zu leisten

C. Meiner Meinung nach überwiegen klar die Vorteile

In deiner Gliederung sind alle wichtigen Aspekte des Themas erfasst. Es können aber einige Punkte zusammengefasst werden (Ober- und Unterpunkte bilden). Eine Steigerung der Argumente ist nicht erkennbar. Außerdem kannst du die Gliederung übersichtlicher gestalten.

**a** Überarbeite Peters Gliederung!

✶ **b** Formuliere die überarbeitete Gliederung in Nominalstil um!

▶ G S.186 ff., Verbal- und Nominalstil

## Einleitung und Schluss verbessern

> Einleitung und Schluss sind wie Visitenkarten, denn hier zeigt sich auf einen Blick, ob du zielstrebig schreiben und prägnant zusammenfassen kannst. Die folgenden Übungen sollen dazu beitragen, dass du gute Karten hast.

## 1 Fehler bei der Einleitung erkennen und verbessern

(1) Bei mir ist es jetzt zwei Jahre her, dass ich mit meiner Klasse im Schullandheim war. Am Anfang waren die meisten enttäuscht, weil wir nur in die Waldmühle bei Memmingen fuhren. Aber die Erlebnisse dort ließen

die Kritiker schnell verstummen. Die beiden letzten Abende waren der
Höhepunkt. Am vorletzten Abend unternahm Frau Alt eine Nachtwan-
derung mit uns und am letzten Tag liefen die Vorbereitungen für einen
bunten Abend. Es war sagenhaft, was sich die Schüler alles haben einfallen lassen. Am meisten Applaus bekamen Miriam und Sarah, die die
Lehrer nachgemacht haben, wie sie in der Pause Brotzeit machen. In der
letzten Nacht haben einige Schüler überhaupt nicht geschlafen. Am wil-
desten trieben es natürlich Mark und Kevin, die versucht haben über
den Balkon bei den Mädchen einzusteigen. Dieses Jahr ist es der Klasse
meines Bruders freigestellt, ins Schullandheim zu fahren. Seit Wochen
diskutiert man daher in der 7a die Vor- und Nachteile eines solchen Auf-
enthalts.

(2) Wenn zu vorgerückter Stunde beim Klassentreffen von den Höhepunk-
ten der gemeinsamen Schulzeit gesprochen wird, so geht es meist weniger um den Unterricht, sondern mehr um Erlebnisse bei Wanderungen
und Fahrten. Besonders beliebt sind dabei Geschichten aus dem Skikurs.
Da taucht die Frage auf: „Was spricht für, was gegen einen Schullandheimaufenthalt?“

(3) So wie der Osterhase zu Ostern und der Christbaum zu Weihnachten
gehört, so würde einer Schulzeit ohne Wandertage und Fahrten etwas
fehlen. Gemeinsame Unternehmungen außerhalb des Unterrichts sind
bei Schülern sehr beliebt. Das Schullandheim ist eine besonders wertvolle Veranstaltung, weil sich Unterricht und praktische Erfahrung ergänzen. Die Lehrer sehen dem Schullandheimaufenthalt mit gemischten
Gefühlen entgegen: Auf der einen Seite freuen sie sich, dass das Zusammengehörigkeitsgefühl in der Klasse gestärkt wird, auf der anderen Seite
fürchten sie, dass einzelne Schüler disziplinäre Probleme verursachen.
Offensichtlich hat ein Schullandheimaufenthalt positive und negative
Seiten.

(4) Ein Schullandheimaufenthalt hat Vor- und Nachteile. Viele Schüler fahren gerne mit ihren Mitschülern und Lehrern für einige Tage weg. Was
spricht eigentlich für, was gegen einen Schullandheimaufenthalt?

a Beurteile die Einleitungen kritisch!
Welche Punkte aus dem Tippkasten (S. 105) wurden jeweils missachtet?

b Verbessere Einleitung (2)!

c Schreibe selbst eine Einleitung zum Thema „Was spricht für, was gegen
einen Schullandheimaufenthalt?“

## 2 Mögliche Fehler bei der Einleitung

Eine zweckmäßige Einleitung führt die gewählte Einleitungsmöglichkeit zielstrebig zur Themafrage/zu den Themenfragen hin.

Mögliche Fehlerquellen sind:
(1) Zwischen Einleitungsgedanken und Themafrage gibt es einen Bruch.
(2) Die Einleitung holt zu weit aus.
(3) Die Einleitung passt inhaltlich nicht zum Thema.
(4) Die Einleitung nimmt Argumente aus dem Hauptteil vorweg.
(5) Mehrere Einleitungsmöglichkeiten werden vermischt.
(6) Die Einleitung ist zu kurz und nichts sagend.

**a** Welche Fehler wurden bei den Einleitungen in Aufgabe 1 gemacht?

**b** Überlegt, wie ihr Fehler beziehungsweise das richtige Vorgehen bei der Einleitung grafisch darstellen könnt (zum Beispiel mit Pfeilen)! Hängt die besten Ergebnisse im Klassenzimmer aus!

**c** Bittet die Lehrerin/den Lehrer besonders gelungene Einleitungen aus eurer Klasse auszuteilen!

## 3 Einen Schluss verbessern

Gegen einen Schullandheimaufenthalt sprechen die Kosten, der Unterrichtsausfall und die umfangreichen organisatorischen Arbeiten für den Klassenleiter. Dafür sprechen die Verbesserung der Klassengemeinschaft, die zahlreichen sportlichen Möglichkeiten, die Förderung der Selbstständigkeit und die Tatsache, dass man im Schullandheim viel lernen kann. Ich bin für Schullandheimaufenthalte!

**a** Welche Hilfen aus dem Tippkasten (S. 107) wurden nicht berücksichtigt?

**b** Verbessere den Schluss! Deine überarbeitete Gliederung aus Aufgabe 1 hilft dir!

**c** Diskutiert mögliche Fehlerquellen bei der Ausarbeitung des Schlusses! Orientiert euch am Tippkasten auf S. 107!

## Argumentationen überarbeiten

Nachdem du deine Argumente zu Argumentationen ausgebaut hast, solltest du ihre Wirkung nochmals überprüfen. In der folgenden Übung müssen noch viele Argumentationen überarbeitet werden.

**1** Klaus hat in seinem Hauptteil geschrieben:

*Aber die verlorene Zeit muss, obwol es die Schüler nie wahhaben wollen, nachgeholt werden. Dies kann zu unnötigem Schulstress führen, denn die meisten Lehrer wollen die verlorenbe Zeit möglichst schnell wieder einholen.*

*Dies könnte vielleicht einer der wenigen akzeptablen Punkte, die gegen das Schullandheim sprechen, sein.*

*Die Gefahr der Krankheit in Schullandheimen ist, wie in allen Hotels, „Urlaubsorten“, Gaststätten, sehr groß. Ranziges Fett, alte Wurst, aufgewärmtes Essen und all jenen Dinge, die aus Bequemlichkeit nicht weggeworfen wurden, können zu Infekten führen. So sind bei einer meiner Schullandheimfahrten 12 von 27 Kindern erkrankt.*

*Doch dies ist nicht die einzige Gefahr, dann auf Deutschlands Autobahnen sterben jährlich hunderte von Menschen. Busunglücke häufen sich. Es ist immer möglich, dass einer unserer Busse in ein solches Unglück verwickelt wird. Ein „Umstieg“ auf Züge wäre eine Möglichkeit dieses Problem zu beseitigen.*

*Da wir jetzt die Schattenseiten des Landschulheims erörtert haben, wenden wir uns jetzt den guten Seiten des Landschulheimes zu.*

*Ein immer genanntes Argument ist, dass sich die Schüler besser kennen lernen. Spiele, Unterhaltungen, Ausflüge, ja sogar das Schlafen im selben Zimmer führen dazu.*

*Überleitungen herstellen*

*A*

*Jeder einzelne Schüler muss sich in der Gruppe zurechtfinden. Diese Eigenschaft des Schullandheims fördert die Persönlichkeit des Schülers ungemein. Er muss sich unterordnen, doch auch in den unterschiedlichsten Aufgaben bewähren. Auch das Selbstbewusstsein wird gefördert, denn das „Von-zu-Hause-Wegsein" erweckt im Schüler das Gefühl von Eigenständigkeit. Ich finde schon allein wegen dieses Punktes bin ich für das Schullandheim. Schullandheim ist allerdings auch sehr lehrreich. Denn man lernt andere Städte und Orte kennen. Man sieht andere Menschen, wie sie leben, arbeiten, wohnen. Das Kennenlernen anderer Städte und Orte ist sehr wichtig. Nun zu dem Punkt, der für uns, die Schüler, am wichtigsten ist: nämlich den Lehrer, außerhalb des grauen Schulalltags, kennen zu lernen. Seine Eigenheiten, lustigen sowie auch ernsten Seiten ohne den Schulzwang zu erfahren. Ich glaube das Schüler-Lehrer-Verhältnis ist ebenso wichtig, wie alle anderen Punkte und es kann durch eine Schullandfahrt richtig gebessert werden.*

*Sz* *A* *Stil* *A* *Warum?* *Sz Sz Sz* *L R* *Sz* *Sz* *A*

**a** Welche Gliederung liegt dem Ausschnitt zugrunde? Schreibe sie auf!

**b** Klärt in Gruppenarbeit, welche erörterungstechnischen Fehler Klaus gemacht hat!

**c** Überarbeite – von der in Aufgabe a angefertigten Gliederung ausgehend – Klaus' Erörterung!

# Vor Zuhörern sprechen

Du hast im Unterricht und in der Freizeit schon oft mit deinen Mitschülerinnen und Mitschülern, deinen Freundinnen und Freunden etwas besprochen oder diskutiert. Du hast sie informiert, ihnen etwas erzählt oder berichtet. Diese Gesprächs- und Diskussionsfähigkeit wird im folgenden Kapitel vertieft. Du sollst lernen, wie du deinen eigenen Standpunkt überzeugend vertrittst, aber auch, wie du dich mit den Gegenpositionen anderer auseinander setzt. Außerdem übst du einen Zuhörerkreis gezielt über einen Sachverhalt oder ein Problem zu informieren.

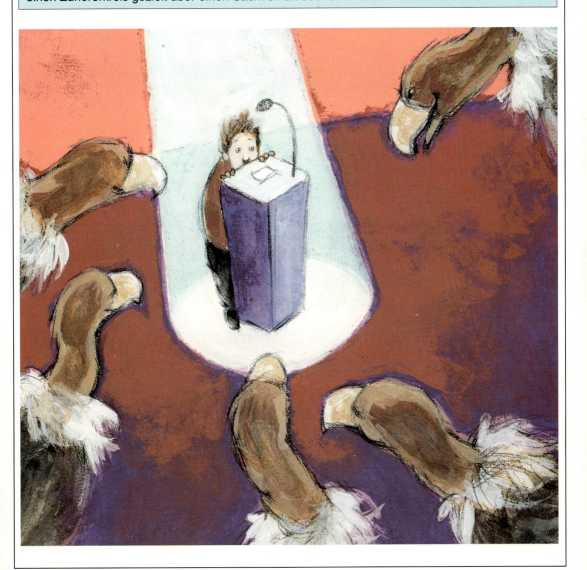

# Ein Kurzreferat planen

In der Schule oder später im Beruf ist es oft notwendig, Zuhörer/innen, zum Beispiel deine Klasse, über ein Thema zu informieren. Ein Kurzvortrag oder Kurzreferat dauert meist nicht länger als zehn Minuten und erfordert sorgfältiges Planen.

**Referat** (von lat. referat – „er/sie möge berichten"): mündlich vorgetragene, sorgfältig ausgearbeitete Abhandlung über ein bestimmtes Thema

## Die Aufgabe erschließen

Bei der Planung eines Referats musst du dir als Erstes über das Thema und die Vorkenntnisse der Zuhörerschaft klar werden.

**1** Begriffe und Sachverhalte klären

Umweltschutz im Haushalt – was jeder von uns tun kann

**Sanfter Tourismus – die neue Urlaubsart**

**Die Entstehung eines Zeitungsartikels**

Gefahren für die Lebensmittel

**Chemie in meinem Alltag**

**Wohin mit dem Giftmüll?**

Geologie und Klima unserer Heimat

**Soziale Einrichtungen unserer Stadt**

Ökologie im Garten

**a** In drei Wochen soll vor der Klasse zu einem Thema referiert werden. Wie würdet ihr vorgehen? Sammelt Vorschläge!

**b** Klärt den Begriff „Ökologie"!
Jede/r schreibt eine Erklärung dieses Begriffes auf (höchstens fünf Sätze).

**c** Mithilfe von Fragen kannst du dir ein Thema erschließen.
Beispiel zum Thema: Chemie in meinem Alltag
 – Was ist „Alltag"? → *Schule, Freizeit, Haushalt, …*
 – Was ist mit „Chemie im Alltag" gemeint? → *Erzeugnisse der chemischen Industrie oder Produkte, an deren Herstellung die Chemie maßgeblich beteiligt ist und die im Alltag verwendet werden.*
 – Wo wird in meinem Alltag Chemie eingesetzt? Wo begegnet mir Chemie? → *in der Schule: Filzstifte, Tintenkiller, Heftumschläge, …*
 – Warum wird Chemie eingesetzt? → *billig, pflegeleichte Materialien, hygienisch, vielseitig, …*

Welche weiteren Fragen könnt ihr zu diesem Thema stellen?

**d** Welche Hauptpunkte könnte das Referat beinhalten?


✶ **2** Sanfter Tourismus – die neue Urlaubsart


**a** Welche Begriffe müsst ihr klären?

**b** Mit welchen Fragen könnt ihr das Thema erschließen? Schreibt stichpunktartig Antworten zu den Fragen auf!

**c** Entwerft einen Vorschlag für eine einwöchige Urlaubsreise, die die Umwelt möglichst wenig belastet (Gruppenarbeit)!


## 3 Die Zuhörerschaft berücksichtigen


Du hast das Thema „Ökologie im Garten" gewählt und weißt:
(1) Viele der Zuhörer und Zuhörerinnen haben selbst einen Garten.
oder: (2) Es sind kaum Vorkenntnisse oder Erfahrungen zu erwarten.

**a** Was bedeutet die jeweilige Einschätzung für die Planung des Vortrags?

**b** Du arbeitest seit zwei Jahren im Wahlfach Biologie-Übungen im Schulgarten und möchtest in deiner Klasse über biologischen Anbau referieren. Du sollst dich auf zehn Minuten beschränken.

Was überlegst du dir für den Inhalt deines Kurzreferats?

# Material sammeln und auswerten

Material sammeln und auswerten kann sehr zeitaufwendig sein. Daher ist es wichtig, dass du frühzeitig diese Arbeit beginnst, damit du bei der Vorbereitung des Referats nicht unter Zeitdruck gerätst.

## 1 Material sammeln

### Tipps zum Beschaffen von Material

Pressestellen von Behörden und Ministerien stellen kostenlos umfangreiches Informationsmaterial zur Verfügung, du musst nur anfragen:
- Schreibe den Grund für deine Anfrage!
- Gib das Thema möglichst genau an!
- Die Bearbeitung deiner Bitte kann länger dauern, schreibe also rechtzeitig! Du kannst angeben, wann du spätestens das Material benötigst.
- Schreibe höflich!
- Bei der äußeren Gestaltung hilft dir die Lehrkraft in Textverarbeitung.
Ältere Zeitungen bekommt man im Archiv des Zeitungsverlags, in dem alle Ausgaben gesammelt werden.

**a** Entwerft einen Brief in der Klasse an die Pressestelle eines Ministeriums, in dem ihr um Informationsmaterial zu einem Thema bittet!

\* **b**

```
Klasse 9c                              25. November 19...
Staatliche Realschule


Umweltministerium München


Sehr geehrtes Ministerium!
Wir beschäftigen uns zur Zeit mit der Umwelt. Dazu
brauchen wir Material von Ihnen. Können Sie uns was
schicken?


Mit freundlichen Grüßen
Ihre Klasse 9c
Martina Schwarz, Klassensprecherin
```

Überarbeitet Martinas Brief!

**✱ 2**

| Text-Nr. | Titel | Quelle |
|---|---|---|
| 1 | Reisen auf die sanfte Tour | „Umwelt", Nov. 96, S. 1 |
| 2 | Umweltfreundliche Hotels | „Reisetipps", S. 2 |
| | | |

**a** Warum kann ein Inhaltsverzeichnis des gesichteten Materials die Vorbereitung des Referats erleichtern?

**b** Die Chronik meiner Heimatstadt – Der öffentliche Personennahverkehr in unserer Region/Stadt – Der Rhein-Main-Donau-Kanal – Friedrich der Große – Soziale Veränderungen durch die Industrialisierung

Informiere dich in einer Bibliothek über Bücher zu einem dieser Themen! Welche/s würdest du für ein Referat ausleihen?

**c** Wo könntet ihr Material zu folgenden Themen bekommen?
 – Mikroelektronik und Computer in vielen Bereichen
 – Neue Verkehrssysteme
 – Der ICE-Hochgeschwindigkeitszug

> ### Tipps für den Besuch in einer Bibliothek
>
> • Frage bei Unklarheiten die Aufsicht!
> • Im Titelregister kannst du den Titel nachschlagen.
> • Im Autorenregister findest du die Titel aller Werke eines Autors.
> • Im Schlagwortregister findest du zu einem Stichwort Literatur von verschiedenen Autoren.

## 3 Material auswerten

Thema: Was kann der Einzelne gegen die Klimaveränderung tun?

### Kohlendioxid-Verringerung

- Die meisten unserer <u>Gebäude</u> haben keinen Wärmeschutz, der dem heutigen Stand der Technik entspricht. Deswegen verbrauchen wir derzeit viel mehr Heizenergie als notwendig. Mit einem <u>verbesserten Wärmeschutz</u> können <u>40 bis 50 Prozent des Heizenergiebedarfs eingespart werden</u>.

- Ein erheblicher Teil unserer Heizungsanlagen ist veraltet. Veraltete Anlagen verbrauchen mehr Heizenergie und verursachen mehr Umweltbelastungen als notwendig. Deshalb müssen alle <u>alten Heizanlagen</u> baldmöglich <u>durch moderne Anlagen ersetzt</u> werden.

- Die von unseren <u>Autos</u> ausgehenden Kohlendioxid-Belastungen müssen durch unterschiedlich aufeinander abgestimmte Strategien drastisch gesenkt werden. Zum einen muss der durchschnittliche Benzinverbrauch künftiger Kraftfahrzeuge deutlich vermindert werden. Zum anderen müssen die durchschnittlich gefahrenen <u>Höchstgeschwindigkeiten</u> auf ein umweltverträgliches Maß <u>gesenkt</u> werden. Zum weiteren müssen <u>PKW-, LKW- und Flugverkehr</u> in erheblichem Umfang <u>auf Bundesbahn und andere öffentliche Verkehrsmittel verlagert</u> werden.

→ Hausbesitzer:
- Wärmeschutz verbessern
 → spart 40-50% Energie
- alle Heizungen modernisieren

→ Autofahrer:
- langsamer fahren
- umsteigen auf Bahn und andere Verkehrsmittel

**a** Lies nur die unterstrichenen Wörter! Welche Informationen erhältst du?

**b** Lies den ganzen Text! Warum wurden die Wörter unterstrichen?

**c** Ursprünglich war der Text zweispaltig gesetzt. Die Schülerin hat ihn kopiert, zerschnitten und neu aufgeklebt. Warum?

Welche Aufgabe haben die Randbemerkungen?

# ★ 4        Lebensmittel unter der Lupe

„Dann kann man ja gar nichts mehr essen", lautet manche Reaktion auf Meldungen
über schadstoffbelastete Lebensmittel. Doch gesunde Ernährung ist machbar.

Wem läuft beim Anblick frischer, roter
Erdbeeren nicht das Wasser im Munde
zusammen? Doch die leckeren Früchtchen
haben es in sich. In 60 von 958 untersuch-
5 ten Proben fand das Bundesgesundheits-
amt 1989 mehr Pflanzenschutzmittelrück-
stände, als zulässig sind. Eine Situation, an
der sich auch in diesem Jahr nicht viel
geändert haben dürfte. Weit gereist aus
10 ihren Erzeugerländern Spanien und Itali-
en und in der kühlen Jahreszeit auch dort
nicht eben von der Sonne verwöhnt, werden sie zu einer Belastung für die Gesundheit. Dabei könnte der Erdbeer-Ver-
15 zehr eigentlich ein Genuss ohne Reue sein:
Gewachsen und gereift ohne Massen an
Mineraldünger und ohne Pestizide, ge-
erntet in der Saison, wären sie eine wahre
Vitamin- und Mineralstoffbombe. Nur ein
20 Teil dieser Nährstoffe bleibt übrig bei manchen Hochglanzprodukten aus der industriellen Nahrungsmittelerzeugung, die es
möglich macht, dass wir alles zu jeder Zeit
im Überfluss und bei relativ geringem
25 Kostenaufwand verspeisen können.
Ein Großteil der Umweltschadstoffe, die
wir aufnehmen, gelangt durch Lebensmittel
in unseren Körper. Schwermetalle, chlorierte Kohlenwasserstoffe oder Nitrat be-
30 lasten Böden und Gewässer, werden von
Pflanzen und Tieren aufgenommen, reichern sich zum Teil in Nahrungsketten an
und finden sich letztendlich in den menschlichen Organen und Geweben wieder.
35 Extremwerte sind zwar die Ausnahme,
bilden aber andererseits die Spitze eines
Eisberges, der allein schon aus Mangel an
Kontrollmöglichkeiten kaum zu über-
blicken ist.
40 Erzeugnisse aus kontrolliertem biologi-
schem Anbau können vor einem Zuviel an
Nitrat schützen und enthalten „von Hause
aus" so gut wie keine Pestizidrückstände.
Gegen Schwermetalle und chlorierte Koh-
45 lenwasserstoffe aus der Luft und gegen
Altlasten in den Böden ist der ökologische
Landbau jedoch ebenso wenig gefeit wie
der Anbau im eigenen Garten.
Mithilfe toxikologischer Prüfverfahren hat

50 die Weltgesundheitsorganisation (WHO)
festgelegt, bis zu welcher Menge ein Schad-
stoff bei täglicher Aufnahme voraussicht-
lich noch keine negativen gesundheitlichen Folgen bewirkt. An dieser so ge-
55 nannten „duldbaren täglichen Aufnahme-
menge" (ADI = acceptable daily intake)
orientieren sich Höchstmengenverordnun-
gen der Bundesregierung, die für poly-
chlorierte Biphenyle (PCB) und Queck-
60 silber in Fischen und Meeresfrüchten
gelten.
Für andere Schadstoffe wie Cadmium,
Blei oder Nitrat gibt es lediglich Richtwerte, die gesetzlich nicht bindend sind und
65 als Empfehlung verstanden werden müssen. Liegt der Gehalt unterhalb dieser
Werte, garantiert das außerdem noch keine gesundheitliche Unbedenklichkeit. Zu
wenig weiß man oft über die Toxizität von
70 Schadstoffen im Körper und darüber, wie
sie zusammenwirken und sich eventuell in
andere Substanzen umwandeln. Auch
können die Richt- und Grenzwerte Risikogruppen nur bedingt berücksichtigen:
75 Kinder und alte Menschen, Schwangere
oder Allergiker sind gegenüber manchen
Stoffen empfindlicher als der fiktive
Durchschnittsverbraucher, auf den diese
Werte ausgelegt sind. Am besten schützt
80 sich, wer die Schadstoffgehalte bestimmter
Lebensmittel im Auge behält, stark belas-
tete Nahrung meidet und durch ausgewo-
gene Kost die Auswirkungen der Schadstoffe auf ein Minimum reduziert.
85 Die Schwermetalle Cadmium, Blei und
Quecksilber gehören zu den besonders
problematischen Umweltgiften. Die
Quecksilberkonzentration in Fischen und
Meeresfrüchten sind beispielsweise so
90 hoch, dass hierfür Höchstmengenverord-
nungen erlassen wurden. Als Faustregel
gilt: je niedriger der Fettgehalt, desto
unbedenklicher der Verzehr. Eine gute
Alternative zu den durchweg relativ hoch
95 belasteten Süßwasserfischen und den
meist ebenfalls belasteten Küstenfischen
sind Seelachs, Schellfisch, Seehecht und
Kabeljau.

**a** Du sollst über „Chemie im Alltag – Nutzen und Gefahren" referieren. Werte dazu den Text aus! Kläre vorher unverstandene Begriffe!

**b** Wichtige Inhalte kann man auch auf Karteikarten sammeln oder in einer Datenbank im Computer speichern.

---

Quelle 5

*Grenzwerte für Schadstoffe in der Nahrung:*

- *Höchstmengenvorschriften der Weltgesundheitsorganisation für PCB und Quecksilber, an denen sich auch die Bundesrepublik orientiert*
- *Richtwerte für Cadmium, Blei und Nitrat, die gesetzlich nicht bindend sind und als Empfehlung gelten*
- *Grenzwerte berücksichtigen Risikogruppen (z. B. Kinder) nur bedingt*

---

Welche Vorteile hat die Karteikarte, welche die Datenbank?

---

### Tipps zur Aufbereitung des Materials

- Nummeriere Textausschnitte und Bilder! Bei viel Material empfiehlt sich ein Inhaltsverzeichnis.
- Notiere die wichtigsten Punkte knapp und stichwortartig (= exzerpieren)! Hilfreich ist auch das Markieren wichtiger Textstellen.
- Am besten geschieht das Exzerpieren neben dem Text, wenn Platz vorhanden ist, ansonsten auf einem eigenen Blatt.

# Vortragen und Diskutieren

Ob du mit deinem Referat „ankommst", liegt nicht nur an der sorgfältigen Vorbereitung, sondern auch daran, wie du vor deiner Zuhörerschaft über ein Thema sprichst und wie du die Inhalte veranschaulichst. Du musst dich auch darauf einstellen, dass nach einem Vortrag Fragen gestellt werden oder dass es zu einer Diskussion kommt.

## Ein Kurzreferat vortragen

Für den Erfolg eines Vortrags ist nicht nur der Inhalt entscheidend, sondern vor allem auch, wie du auftrittst und wie anschaulich du vorträgst. Oft entscheidet schon die Einleitung darüber, ob du Interesse und Neugier wecken kannst.

## 1 Das Manuskript erstellen

Wo werden Computer überall eingesetzt?

| Gliederung | Inhalt | Medien |
|---|---|---|
| A Einleitung | – vor 5000 Jahren<br>– erste Rechenmaschinen<br>– 1946 USA : erster Computer<br>  5000 Additionen / sec.<br>– 60er Jahre : 3. Generation | Tafel : Abakus |
| Überleitung | Themaangabe und Absicht<br>... | |

**a** Wie ist das Manuskript aufgebaut? Warum?
   Was bedeutet das für den Vortrag?

**b** Wie kann man sich mit dem Manuskript vorbereiten?

\* **c** Kläre den Begriff Manuskript mithilfe eines Wörterbuchs!

\* **d** Informiere dich über den Abakus und berichte der Klasse!

## 2 Einen Vortrag beginnen

**a** Was haltet ihr von den Aussagen auf der Zeichnung?

**b** Rainer zeigt zu Beginn seines Referates das Bild und führt dazu aus:
„Gibt es bei uns in der Klasse auch aufgeblasene Computernarren? Manch-mal habe ich den Eindruck, dass unsere ‚Computerspezialisten‘ geringschät-zig auf die ‚Nichtfachleute‘ herabblicken. Muss man denn heute ein ‚Experte‘ sein, wenn man mit Computertechnik umgeht? Der Computer ist im Alltag für sehr viele doch schon selbstverständlich.
In meinem Referat möchte ich darstellen, wo wir im Alltag überall mit Com-putern zu tun haben und dabei die Frage beantworten: Ist das immer ein Vorteil oder gibt es dabei auch Probleme?
Ich habe mein Referat folgendermaßen gegliedert …“

Julia beginnt einen Vortrag so:
„Ich will euch heute über Chemie im Alltag erzählen. Da gibt es einmal die Spülmittel …“

Vergleicht und beurteilt die beiden Einleitungen zu den Kurzreferaten!

**c** Überlegt, wie Julia ihr Referat anders beginnen könnte!

**d** Thema: „Müllverbrennung – Vorteile und Nachteile“
Erarbeitet in Gruppen verschiedene Möglichkeiten der Einleitung!

**∗ e** Wählt euch ein Referatthema auf S. 118 aus! Jede/r überlegt eine Einlei-tung. Einige Möglichkeiten werden vorgetragen und in ihrer Wirkung ver-glichen.

## 3 Ein Referat beenden

Beispiel 1: „Ich komme zum Schluss. In meinem Referat wollte ich darstellen, wie häufig wir im Alltag mit Computertechnik umgehen ohne es zu bemerken. Ich glaube, dass viele ihrer Anwendungen uns großen Nutzen gebracht haben. Allerdings dürfen vor lauter Begeisterung die Probleme nicht übersehen werden. Und die ‚Computerfreaks‘ sollten bedenken, dass die Technik immer anwenderfreundlicher wird. Es gibt also keinen Grund, auf ‚Laien‘ herabzuschauen. *(Kurze Pause)*
Wenn noch Fragen offen sind, dann können wir jetzt darüber sprechen.“

Beispiel 2: „Das war's. Habt ihr noch Fragen?“

**a** Vergleicht und beurteilt die beiden Beispiele!

**b** Wie kann man ein Referat wirkungsvoll beginnen und schließen?

## 4 Verständlich vortragen

„Nach diesem kurzen geschichtlichen Überblick komme ich zum eigentlichen Thema, nämlich dem Einsatz der Mikroelektronik in den verschiedensten Bereichen.
Die neuen Technologien dringen in immer rascherem Tempo in alle Lebens-
5 bereiche vor und das Umsetzen wissenschaftlicher Erkenntnisse in die Anwendung erfolgt in immer kürzeren Abständen, sodass wir von der dritten technischen Revolution sprechen können, die von Elektronik, Miniaturisierung und digitalen Schaltungen gekennzeichnet ist.
Computer stehen heute in fast allen Büros, in Handwerksbetrieben, bei Frei-
10 beruflern, in Schulen und in Privathaushalten und verdrängen wohl bald ganz die Schreibmaschine, nicht nur, weil sich am Computer Tippfehler viel leichter korrigieren lassen, sondern weil sie eine starke Faszination ausüben und der Preis in den letzten Jahren rapide gesunken ist.“

**a** Der Text ist schwer zu lesen und zu verstehen. Untersucht Satzbau und Wortwahl!

**b** Beispiel für eine Überarbeitung:
*„Die neuen Technologien dringen in immer rascherem Tempo in alle Lebensbereiche vor. Denn wissenschaftliche Erkenntnisse werden in immer kürzeren Abständen umgesetzt und technisch verwertet. Wir sprechen deshalb von der dritten technischen Revolution.“*
Wie wurde der ursprüngliche Satz verändert?

▶ G S. 189 ff., Schwächen im Satzbau

**c** Verbessere den übrigen Text und überprüfe dann die Verständlichkeit!

✳ **5** „Das Kopieren von Computerprogrammen ist weit verbreitet und praktisch mit jedem Heimcomputer möglich und nicht selten wird das Kopieren zuallererst erlernt, obwohl das Herstellen von Raubkopien von Computerprogrammen, die geistiges Eigentum des Verfassers sind und grundsätzlich urhe-
5 berrechtlichen Schutz genießen, häufig verboten ist, was viele nicht wissen oder nicht wissen wollen und einfach ignorieren. Steht ein Computer auf der Wunschliste von Jugendlichen ganz oben, dann treffen den Erziehungsberechtigten, wenn er die Anschaffung tätigt, vor allem für noch Minderjährige Aufsichtspflichten, die, wenn sie verletzt werden, zu Schadensersatzan-
10 sprüchen der Urheber von Programmen führen können."

**a** Beurteile den Satzbau!

**b** Schreibe den Text neu, indem du übersichtlichere Sätze bildest! Vergleiche beide Fassungen, indem du sie laut vorträgst!

✳ **6 Füllsel und sprachliche Unsicherheiten vermeiden**

„Und dann möchte ich noch auf die Lärmschutzmaßnahmen beim Hausbau oder Umbau kommen. Also, da sind die Fenster, die man eigentlich mit Lärmschutzglas haben kann. Und dann kann man die Decken irgendwie mit Lärmdämmung bauen, dem Trittschallschutz, wie der Fachausdruck heißt.
5 Und dann muss man darauf achten, dass die Zwischenwände keine Schallbrücken haben, also das sind Metallstücke oder Ähnliches, die durch die Wand gehen oder so. Und dann …"

Eine gewandte Rednerin:
„Als Nächstes komme ich zu den Lärmschutzmaßnahmen beim Neubau oder
10 Umbau eines Hauses. Besonders wichtig dabei sind Fenster, die aufgrund ihrer Bauweise den Lärm zurückhalten. Für die Lärmdämmung innerhalb des Hauses ist die Konstruktion der Decken bzw. Böden entscheidend. Sie sollten einen so genannten Trittschallschutz besitzen. Der Bauherr muss auch darauf achten, dass die Zwischenwände keine Schallbrücken haben.
15 Von Schallbrücken spricht man, wenn in den Trennwänden durchgehende Metallteile, die den Schall leiten, verlegt sind, zum Beispiel Rohre oder Eisenträger. …"

**a** Wie wurde der Vortrag der zweiten Fassung verbessert? Welche Tipps könnt ihr dem ersten Redner geben?

**b** Aus einem Referat „Soziale Einrichtungen in unserer Stadt":

„Also, da gibt es einmal die Kindergärten, äh, und die Krabbelstuben, ne, die sind für die ganz Kleinen da, die noch nicht in die Kindergärten gehen, na ja also, die halt erst drei Jahre sind und wo die Mutter allein ist und so. Und dann sind da noch die Kinderhorte, wo die Kinder, äh, nach der Schule hin-
5 gehen, weil die Eltern in der Arbeit sind, und wo sie ihre Hausaufgaben machen können, äh, und beaufsichtigt werden und so. Und dann gibt's für die Jugendlichen das Jugendzentrum ‚Bleiweiß‘, wo auch viele von uns immer hingehen. …"

Schreibe die wichtigen Punkte stichpunktartig auf! Eine/r trägt anhand der Notizen vor, die anderen überprüfen, ob der Text verständlicher wird.

**c** Dialekt oder Hochdeutsch beim Kurzreferat? Diskutiert!

## 7 Anschaulich vortragen

**a** Warum zeigt die Schülerin die Gliederung, während sie referiert?

**b** So funktioniert der Drei-Wege-Kat:

Der Drei-Wege-Kat besteht aus einem Wabenkörper aus Metall oder Kera-mik. Auf der rauen Oberfläche der schmalen Kanäle sitzen die Edelmetalle Platin, Palladium oder Rhodium, von denen nur geringe Mengen – ein bis zwei Gramm – benötigt werden. Strömen nun die Abgase durch die Röhren,
5 werden sie angeregt durch die Edelmetalle entgiftet.
Der Kat wandelt die Schadstoffgruppen Kohlenmonoxid und Kohlenwasser-stoffe, die durch die unvollständige Verbrennung in einem Motor anfallen, sowie die Stickoxide in Wasser, Kohlendioxid und Stickstoff um.

Wesentliche Voraussetzung für sein Funktionieren ist die richtige Luftmenge
10  im Verhältnis zum Kraftstoff. Dafür sorgt die Lambda-Sonde.

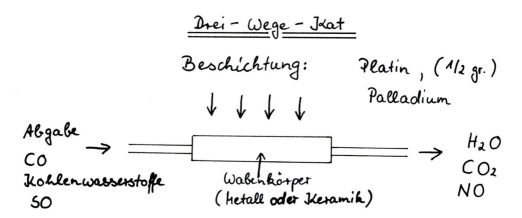

Was hat sich die Schülerin überlegt, als sie die Folie gezeichnet hat?

c  Aus einem Referat:

„Wahre ‚Cadmium-Bomben‘ sind die Wildpilze, ebenso wie die Innereien
von Wildtieren. Auch Nieren und Lebern von Schwein und Rind sind stark
belastet. Denn die Schwermetalle reichern sich in diesen Organen an.
Bereits eine 200-Gramm-Portion Nieren überschreitet die täglich duldbare
5  Menge um das Dreifache. Ein Erwachsener mit 70 kg Körpergewicht nimmt
pro Woche durchschnittlich 0,24 mg Cadmium auf. Er erreicht damit etwa
die Hälfte des von der Weltgesundheitsorganisation empfohlenen Wertes.“

Wie kannst du diesen Text veranschaulichen?

d  Stellt Tipps zusammen, wie Fakten und Zusammenhänge veranschaulicht
werden können!

### Tipps für einen wirkungsvollen Vortrag

- Lies den Text nicht ab!
- Sprich deutlich und nicht zu schnell! Bemühe dich um Hochsprache!
- Achte darauf, dass du auch in der letzten Bank verstanden wirst! Kurze
  Sprechpausen können das eben Gesagte betonen und festigen.
- Halte Blickkontakt zu Zuhörerinnen und Zuhörern!
- Schreibe schwierige Wörter an, ebenso wichtige Zahlen oder Fakten!
- Veranschauliche dein Referat mit Bildern, Skizzen, Tafelanschriften!
- Achte auf eine wirkungsvolle Einleitung und einen abrundenden Schluss!

# Mitschreiben

Wenn du bei einem Kurzreferat als Zuhörerin oder Zuhörer Wichtiges festhalten willst, musst du die Techniken des Mitschreibens weiter festigen und ausbauen. Du solltest dir im Laufe der Zeit dazu deine eigenen Techniken entwickeln.

**1** Zur Erinnerung:

## Tipps fürs Mitschreiben

- Verwende möglichst große Blätter (DIN-A4)!
- Schreibe Datum, Name des Referenten und Thema auf die erste Seite und nummeriere die Blätter!
- Lass links und rechts einen Rand!
- Beginne bei jedem neuen Gedanken eine neue Zeile!
- Beschrifte nicht die Rückseite!
- Schreibe Stichworte, keine Sätze!
- Verwende Symbole (Kreise, Pfeile …) um Zeit zu sparen und Zusammenhänge zu verdeutlichen!
- Lege mehrere Bleistifte bereit!

**a** Übungen für das Mitschreiben bei einem Kurzreferat

(1) Finde die Gliederungspunkte heraus und schreibe sie auf!
(2) Notiere zu jedem Punkt einige für dich wichtige Sachverhalte!
(3) Notiere aus Grafiken oder Skizzen dir wichtig erscheinende Inhalte!
(4) Notiere Stichpunkte zu Punkten des Vortrags, wo du Fragen hast! Kennzeichne diese Stichworte! Überlege dir die Fragen!

Beginne mit Übung (1)! Versuche immer mehr mitzuschreiben!

**b** Vergleicht eure Notizen und tauscht die Erfahrungen beim Mitschreiben aus! Welche Hinweise könnt ihr daraufhin der/dem Vortragenden geben?

**c** Schreibe in einer Unterrichtsstunde deiner Wahl das Wichtigste mit! Versuche in Kurzschrift mitzuschreiben!

## Weitere Tipps zum Mitschreiben

- Nur häufiges Üben festigt deine Fertigkeiten. Schreibe daher auch in anderen Unterrichtsfächern Wichtiges mit!
- Schreibe in Kurzschrift, wenn du viel notieren willst!

## 2 Wichtiges aus einem Kurzreferat wiedergeben

23.1. – Babsi M.

**Welche Veränderungen hat der Computer am Arbeitsplatz gebracht?**

1. Wegfall von Arbeitsplätzen
   - Transportieren (z.B. Autoteile → Fertigungsstätte)
   - Montieren, Installieren (Schweißroboter für die Autoherstellung)
   - Handel (Kassiererinnen wegen Scanner-Kassen)
   - im Büro: Schreibarbeiten, Rechnungen ausstellen

   am meisten gefährdet: Frauen (z.B. 98% d. Sekr. in GB = Frauen)!

2. Neue Arbeitsplätze
   - durch EDV (1990 : 100.000 in Rechenzentren)
   - Entwicklung, Herstellung von rechnergest. Maschinen
   - Vermarktung und Vertrieb
   - Reparieren und Wartung der Computeranlagen
   - höherwertige Arbeitsplätze → Umschulung (z.B. Werkzeugmacher muss jetzt Werkzeugmaschine programmieren und warten können …

**a** Gib anhand der Notizen das Wichtige mündlich wieder!

**b** Schreibe einen kurzen Text!

# Diskutieren

Das Wort Diskussion kommt aus dem Lateinischen und bedeutet Aussprache, Meinungsaustausch. Damit wird klar, was eine Diskussion will: Es geht um die gemeinsame Klärung von Meinungen, Standpunkten, Einsichten, Erkenntnissen oder Sachverhalten. Das heißt nicht, dass eine Meinung „gewinnt" oder eine andere „verliert". Das Ziel einer Diskussion ist erreicht, wenn jede/r etwas für die eigene Meinungsbildung gewinnt oder sich alle einem gemeinsamen Standpunkt annähern oder sogar darauf einigen.

Das gelingt nur, wenn auch bestimmte Diskussionsregeln eingehalten werden.

## 1 Eine Diskussion untersuchen

Was können wir gegen die Müllflut tun?

Thilo hat ein Kurzreferat gehalten. Am Ende stellt er sich den Fragen.

*eine Diskussion beginnen*

SEBASTIAN: Ist das dein Ernst, dass wir mit der Klasse im Stadtwald Müll wegräumen könnten?

THILO: Warum nicht? Für das übernächste Wochenende ist wieder eine solche Aktion geplant. Das Schiller-Gymnasium macht auch mit.

*seine Meinung vortragen und begründen*

5 SEBASTIAN: Ich bin dagegen, dass wir da mitmachen. Meiner Meinung nach ist die ganze Aktion sinnlos. Die Leute, die den Dreck in den Wald geworfen haben, werden das auch weiterhin tun. Sie können sich ja darauf verlassen, dass wir ihn für sie wieder herausholen. Ich sehe deshalb gar nicht ein, dass wir für andere die schmutzige Arbeit machen sollen.

*das Argument aufgreifen und weiterführen*

10 SYLVIA: Ich glaube auch, dass es wenig Sinn hat, wenn man nur immer hinter den anderen herräumt. Aber die Aktion soll ja nicht nur für einen sauberen Wald sorgen. Die Leute – vor allem die Gedankenlosen – sollen auch zum Nachdenken angeregt werden. Nimm doch nur einmal die vielen Wochenendausflügler! Wenn die am Montag in der Zeitung lesen, wie wir uns alle 15 geplagt haben, werden sie vielleicht selbst überlegen, was sie wieder alles im Wald hinterlassen haben. Ich glaube, eine solche Aktion hilft mit die Leute zu erziehen, und darum sollten wir uns an ihr beteiligen.

SEBASTIAN: Jetzt wissen wir ja endlich, warum wir da mitmachen sollen – unsere liebe Schule muss wieder mal in der Zeitung gelobt werden.

*?*

*?*

20 ERNST: Klasse! Ihr geht in den Wald Müll sammeln und ich bleib' daheim – ich schreib' den Bericht …

?

CHRISTIAN: Du spinnst wohl! Also, ich finde das mit dem Erziehen echt Spitze. Was glaubt ihr, über was alles die Hasen im Wald stolpern? Wenn ihr das erst mal wieder einsammeln müsst – so schnell schmeißt ihr keine Cola-Dose
25 mehr hinter den Busch.

?

BEATE: Das ist ja alles gut und schön mit dem Erziehen und so, aber muss das gerade am Samstag {…

?

MAREIKE: {Genau, wo man sich endlich mal von der Schule erholen kann.

?

30 BEATE: Jetzt lass mich doch mal ausreden! Also: Muss die Aktion gerade am Samstag sein? Erziehen gehört doch zur Schule! Wenn wir schon mitmachen, dann sollten wir dafür einen Tag schulfrei bekommen.

SYLVIA: Du Egoistin denkst auch bloß immer an deinen Vorteil!

?

*auf die Regeln hinweisen*

THILO: Sylvia, jetzt wirst du unsachlich.
35 SYLVIA: Aber es ist doch wahr! Muss man denn immer gleich für alles belohnt werden? Ich {…

?

THILO: {Sicher nicht, aber das gehört doch jetzt nicht hierher. Außerdem hattest du dich gar nicht zu Wort gemeldet. Die Nadine wartet schon lange darauf, etwas zu sagen, dann kommt die Sabine an die Reihe und dann
40 der Hannes.

?

NADINE: Ich finde eure Argumente ganz toll, aber als Tierschützerin bin ich der Meinung, dass die Aktion mehr Schaden als Nutzen bringt. Stellt euch doch einmal den Trubel im Wald vor, wenn ein paar hundert Schüler auf Mülljagd gehen! Da werden junge Tiere aus ihren Verstecken gescheucht,
45 Ameisenhaufen zerstochert und Nester zertrampelt. Vielleicht ist der Wald hinterher sauberer, aber wohnlicher für die Tiere ist er nicht.

?

SABINE: An die Tiere hab' ich noch gar nicht gedacht. Ich glaube, die Nadine hat Recht. Eigentlich wollte ich aber noch einmal auf das zurückkommen, was der Christian vorher gesagt hat. Wie ist denn das nun? Muss ich den
50 Dreck mit bloßen Händen anfassen? Und was ist, wenn ich mich irgendwo verletze? Ich hole mir doch keine Blutvergiftung! …

**a** Wo wird argumentiert, etwas unterstellt, behauptet, jemandem etwas vorgeworfen, eine Gegenposition bezogen, unsachlich argumentiert, beleidigt?

**b** Wie wird der Diskussionsablauf geregelt?
Stellt Diskussionsregeln zusammen und gestaltet sie für einen Aushang!

**c** Diskutiert das Problem weiter! Ihr könnt das Gespräch aufzeichnen und mithilfe der folgenden Fragen untersuchen:
– Wie gehen die einzelnen Gesprächspartner aufeinander ein?
– Wie begründen sie ihre Meinung? Welche Beispiele werden aufgeführt?
– Wo wird die Diskussion unsachlich?
– Wie lenkt der Diskussionsleiter das Gespräch?

## 2 Eine günstige Gesprächssituation schaffen

**a** Wie sitzt ihr bei Diskussionen? Welche Sitzordnung empfindet ihr bei Diskussionen als günstig?

**b** Es gibt Diskussionsbeiträge, die nicht mit Worten ausgedrückt werden. Zeigt an Beispielen, dass man auch mit Mimik und Gestik unmittelbar auf einen Gesprächspartner reagieren kann!

**c** Wie wirken Mimik und Gestik auf euch? Welche Zeichen empfindet ihr als positiv, welche als negativ? Wie reagiert ihr auf derartige Signale?

✳ **d** Diskussionsthemen
Tempo 100 auf den Autobahnen? – Alkohol im Jugendzentrum? – Tierversuche – ja oder nein? – Schülercafé an unserer Schule? – Eigener Getränkeverkauf durch die SMV? – Mehr Sportunterricht?

### 3 Eine Diskussion beginnen

**a** Mit welchen sprachlichen Wendungen könnte man noch in eine Diskussion einsteigen?

**b** Sammelt weitere Wendungen, mit denen man in einer Diskussion seine Zustimmung oder seine abweichende Meinung äußern kann!

### 4 Eine Diskussion leiten

Äußerungen eines Diskussionsleiters/einer Diskussionsleiterin:
(1) Wer möchte als Erste/r eine Frage stellen?
(2) Sven, du bist noch nicht an der Reihe. Vorher hat noch Claudia das Wort.
(3) Ich glaube, wir können jetzt über den Vorschlag abstimmen.
(4) Melanie, was meinst eigentlich du dazu?
(5) Das gehört nicht hierher. Bleib bitte beim Thema!
(6) Diese Äußerung war unsachlich und beleidigend.
(7) Wir haben nicht mehr viel Zeit. Ich kann nur noch höchstens drei Wortmeldungen zulassen.
(8) Heike, rede bitte nicht dauernd dazwischen!

(9)   So viel Zeit haben wir jetzt nicht! Fass dich kurz!
(10)  Wer möchte noch etwas zum letzten Punkt sagen?
(11)  Wenn sich niemand mehr zu Wort meldet, dann fasse ich noch einmal zusammen.

**a** Welche Äußerungen beziehen sich auf Organisation und Ablauf der Diskussion, welche beziehen sich auf den Inhalt?

**b** Wie würdest du jemand zur Ordnung rufen?

**c** Stellt Tipps für die Leitung einer Diskussion zusammen!

✶ **d** Eine Gruppe beobachtet bei einer Diskussion den Leiter/die Leiterin und notiert sich Beobachtungen, die nachher in der Klasse besprochen werden. Ihr könnt die Diskussion auch aufzeichnen und gemeinsam beobachten.

## ✶ 5 Diskussionen im Fernsehen

**a** Sammelt Beispiele für Fernsehdiskussionen!
Diskutiert eure Beobachtungen und Eindrücke! Einigt euch vorher auf einen Diskussionsleiter/eine Diskussionsleiterin!

**b** Warum gibt es solche Veranstaltungen im Fernsehen?
Wodurch unterscheiden sich diese Diskussionen von denen in eurer Klasse?

# Diskutieren

- **Wie verhalte ich mich als Teilnehmer/in?**

  Trage die eigene Meinung sachlich, aber überzeugend vor, das heißt, die Meinung durch Beispiele oder logisch geordnete Gedanken begründen oder erläutern!

  Mache deutlich, ob du die eigene Meinung oder die eines/r anderen darstellst!

  Gehe auf die Argumente anderer ein, indem du sie bekräftigst, weiterführst oder widerlegst, wenn du anderer Meinung bist!

  Halte dich an die Diskussionsvereinbarungen, vor allem:
  - sich zu Wort melden
  - den Vorredner/die Vorrednerin nicht unterbrechen
  - nicht unsachlich werden!

  Denke daran, dass du nicht nur mit Worten, sondern auch mit Körpersprache wirkst!

- **Wie leite ich eine Diskussion?**

  Führe kurz in das Thema ein!

  Rege die ersten Diskussionsbeiträge an, indem du jemandem Fragen stellst!

  Merke dir die Reihenfolge der Wortmeldungen (Notizzettel) und rufe in der Reihenfolge auf! Achte darauf, dass alle zu Wort kommen!

  Achte auf das Einhalten der Diskussionsregeln! Überlege dir vor der Diskussion, wie du reagieren könntest, wenn jemand ständig dazwischenredet oder unsachlich wird, jemanden beleidigt, ständig reden möchte usw.!

  Achte auf die zur Verfügung stehende Zeit!

  Fasse am Ende der Diskussion gemeinsame und/oder unterschiedliche Standpunkte kurz zusammen!

# Mit Medien umgehen

Täglich begegnen dir verschiedene Formen der Medien. Du liest Zeitungen oder Zeitschriften, hörst Radio, siehst fern oder schaust dir Filme an. Massenmedien (lat. medium = Mittel) richten sich an ein großes Publikum und umfassen zum Beispiel Bücher, Presseerzeugnisse, Film, Funk und Fernsehen.

# Zeitungen

Regionale und überregionale Tageszeitungen erscheinen täglich und bringen Nachrichten, Berichte, Reportagen und Meinungstexte. Zeitschriften erscheinen regelmäßig in größeren Zeitabständen, zum Beispiel als Wochenzeitungen, Illustrierte oder Fachzeitschriften mit verschiedenen Beiträgen, Artikeln usw. Im folgenden Kapitel befassen wir uns mit der Tageszeitung.

## Die Tageszeitung

### 1 Aufbau einer Tageszeitung

a Welche Tageszeitungen kennst du?

b Welchen Bereichen lassen sich die Schlagzeilen zuordnen?

c Untersucht die Schlagzeilen eurer Tageszeitung!
Warum sollte man den Aufbau seiner Tageszeitung kennen?

**\* d**

## Vorschlag für ein Projekt „Umfrage zum Leseverhalten"

Wer hat zu Hause eine Tageszeitung abonniert?

Wie oft lest ihr sie?

Wie lange lest ihr täglich Zeitung?

Welche Inhalte werden bevorzugt?

Wertet die Ergebnisse eurer Klasse aus und veröffentlicht sie in der Schülerzeitung!

**\* 2**

DIE SEITE DREI

**Mit dem Bus in die Grauzone**

Hamburg: „Drug Mobil" – ein umstrittener Weg im Kampf gegen Drogen. Die Gesundheitsministerin versucht mit einem neuen Konzept die Rauschgiftszene zu entschärfen.

LEITARTIKEL                    Seite 4

**Pressefreiheit in Handschellen**

FEUILLETON            Seite 13–14

**Nur ein Fall von Jugo-Nostalgie?**

Mira Markovic, die Frau des serbischen Präsidenten, hat ein Buch veröffentlicht.

MÜNCHNER KULTUR Seite 15

**Die Erfolgsstory eines Teppichhändlers**

Nach 25 Jahren ist Marcel Avram nun der erfolgreichste Konzertveranstalter der Welt.

SPORT                    Seite 18–20

**Ein Weltbürger, der notorisch Ärger hat**

Warum der kanadische 110-m-Hürden-Olympiasieger Mark Mc Koy Österreicher werden will.

WIRTSCHAFT          Seite 21–31

**Streit in der EU über Abgas**

Das Europa-Parlament in Straßburg will heute den Kompromiss über die Schadstoff-Höchstwerte kippen.

MÜNCHEN              Seite 33–38

**Warum es uns Frauen jetzt reicht**

Zehn Stellungnahmen zum heutigen „Frauenstreiktag".

BAYERN                Seite 38–40

**Die CSU lässt sich von „Erdbeben" nicht erschüttern**

Resultat der „Kleinen Kommunalwahlen" wird bei Regierung und Opposition unterschiedlich bewertet.

REISE UND ERHOLUNG

Die bunten Bilder des Brahman: In Nepal haben sich Buddhismus

und Hinduismus durchdrungen/ Serpentinen zum heiligen Gral: Entdeckungen im ehemaligen Königreich Aragón/Die Kleinen wollen nicht zahlen. Berliner Tourismus-Marketing muss verkleinert werden.                                    I-X

**Fernsehen und Hörfunk** ... 16–17
**Roman/Rätsel** .................. 14
**Das politische Buch** ........... 17
**Kino und Theater** ....... 20/34/36
**Familienanzeigen** ............. 26

Umfang dieser Ausgabe: 50 Seiten

**a** Vergleiche den Aufbau mit deiner Tageszeitung!

**b** Begriffe aus dem Pressewesen: Impressum, Herausgeber, Redakteur, Blatt, Kommentar, Illustrierte, Journal, Journalist, Interview, Korrespondent, Verleger, Annonce, Layouter, Glosse, Magazin, Feuilleton
Schlage unbekannte Begriffe in einem Lexikon nach und ordne sie nach folgenden Oberbegriffen!

| Personen | Druckerzeugnisse | Inhalt |
|----------|------------------|--------|
| ? | ? | ? |

**c** Sammelt Berichte zu einem aktuellen Geschehen aus verschiedenen Tageszeitungen und stellt sie in einer Wandzeitung zusammen!

**d** Im Sekretariat gibt es ein Pressearchiv mit Berichten über die Schule. Sucht die Zeitungsartikel des letzten Schuljahres zusammen und stellt sie in der Pausenhalle aus! Überlegt euch eine Ordnung!

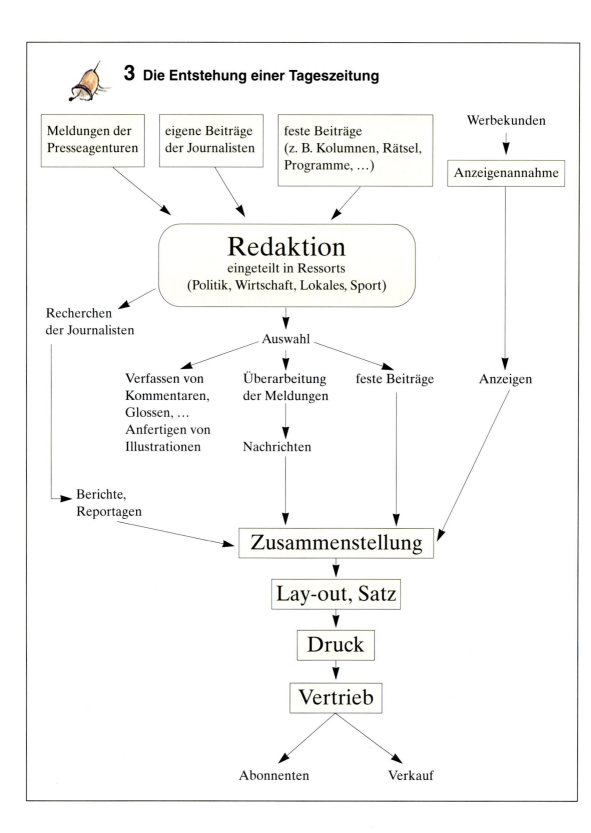

**3** Die Entstehung einer Tageszeitung

Meldungen der Presseagenturen

eigene Beiträge der Journalisten

feste Beiträge (z. B. Kolumnen, Rätsel, Programme, …)

Werbekunden

Anzeigenannahme

**Redaktion**
eingeteilt in Ressorts
(Politik, Wirtschaft, Lokales, Sport)

Recherchen der Journalisten

Auswahl

Verfassen von Kommentaren, Glossen, … Anfertigen von Illustrationen

Überarbeitung der Meldungen

feste Beiträge

Anzeigen

Nachrichten

Berichte, Reportagen

Zusammenstellung

Lay-out, Satz

Druck

Vertrieb

Abonnenten

Verkauf

**a** Kolumne, Ressort, Recherchen, Lay-out, Agentur …

**b** Was musst du noch klären?

✻ **c** Beschreibe, wie eine Tageszeitung entsteht!

Zeitungen, Rundfunk und Fernsehen bekommen einen großen Teil ihrer Informationen von Nachrichtenagenturen. Das sind Unternehmen, die Nachrichten aus aller Welt sammeln, sichten, sortieren, formulieren und gegen Bezahlung an feste Bezieher weitergeben (Zeitungsredaktionen, Rundfunkanstalten, Fernsehsender).
Die wichtigsten Presseagenturen sind:
**dpa** Deutsche Presseagentur; **ddp** Deutscher Depeschendienst; **Reuter** Presseagentur (Großbritannien); **AP** The Associated Press (USA); **AFP** Agence France-Presse (Frankreich); **UPI** United Press International (USA)

Welche Agentur wird in deiner Tageszeitung am häufigsten genannt?

Findet weitere Nachrichtenagenturen! Wer kann die meisten nennen?
Hinweis: Häufig findest du die Kürzel der Agenturen am Anfang der Meldungen.

## Die Boulevardzeitung

Boulevardzeitungen (franz. boulevard = breite Stadtstraße) werden von Straßenverkäufern oder am Kiosk verkauft. Breite Überschriften und zum Teil reißerische Fotos sollen die Neugier wecken.

**1** Aufbau einer Boulevardzeitung

# CHEF VERHAFTET – 1000 ARBEITER STEHEN AUF DER STRASSE

## Fürstin überfallen: Die Brillanten sind futsch! Seite 15

### Kärwa in Fürth – heute geht's los

O zapft is für die durstigen Seelen und zug'sperrt für alle Autofahrer: Heute nachmittag um 14 Uhr eröffnet Fürths Oberbürgermeister mit dem Bieranstich die große Michaelis-Kirchweih. Frankens schönste Kärwa (siehe rechts auf unserem Bild) – behauptet man jedenfalls in Fürth. Zwei Wochen lang können die Fürther, selbstverständlich auch Nürnberger, Cadolzburger, Langenzenner oder Roßtaler, bis in die Nacht durch die autofreien Straßen der Innenstadt flanieren. Der große Erntedank-Festzug findet am Sonntag, 9. Oktober, statt. Das Kirchweihprogramm für das lange Wochenende jetzt Seite 4

**a** Mit welchen Inhalten soll die Neugier geweckt werden?

**b** Vergleiche die Formulierungen der Hauptschlagzeilen und die Themen mit der ersten Seite deiner Tageszeitung!

**c** Ordne die Artikel auf der Titelseite einem Sachgebiet deiner Tageszeitung zu!

**d** In welchen Bereichen informiert die Boulevardzeitung umfangreich, wo lückenhaft?

**＊ e** Vergleiche den Zeitaufwand beim Lesen einer Boulevardzeitung und einer Tageszeitung!

 **2**

### Geburt im Lufthansa-Airbus
## Baby kam 11 000 Meter über Afrika

**Ein Baby aus den Wolken. Sigrun B. (29) aus Steinegg (Pforzheim) bekam eine Tochter – in 11 000 Meter Höhe über Afrika.**

5 Die Assistentin der deutschen Botschaft in Lagos (Nigeria) war schwanger, im 8. Monat. Sie wollte ihr Kind in Deutschland zur Welt bringen. Aber schon eine Stunde nach dem Start im Lufthansa-Airbus nach 10 Frankfurt (LH 567) platzte die Fruchtblase,

die Wehen setzten ein: 6 Wochen zu früh. „Kreißsaal" neben der Bordküche. Ein Arzt aus Kamerun, zufällig an Bord, und eine Stewardess halfen. 15 Plötzlich der erlösende Schrei: Baby Sandra war da, putzmunter, fast 6 Pfund schwer, 49 Zentimeter lang. Applaus im Jet, der Kapitän gratulierte. Sein Geschenk: Eine Flugkarte + Geburtsurkunde. Geburtsort: 20 der Himmel über der Wüste Algeriens.

### Geburt im Flugzeug

(abc) Eine 29-jährige Angehörige der deutschen Botschaft in Lagos (Nigeria) schenkte am Wochenende auf dem Flug von Lagos (Nigeria) nach Frankfurt 5 einem gesunden Mädchen das Leben. Ein Arzt aus Kamerun und die Stewardess leisteten Geburtshilfe. Nach Angaben der Eltern kam das Baby einige Wochen zu früh.

**a** Vergleicht beide Nachrichten hinsichtlich Inhalt und Sprache anhand folgender Fragen und Aspekte:
   – Welche Inhalte bringt die Boulevardzeitung, welche die Tageszeitung?
   – Welche Wörter und Ausdrücke sprechen offensichtlich Gefühle an?
   – Untersucht den Satzbau und achtet auf Details zu Ort und Ablauf des Geschehens!

**＊ b** Fasst eure Ergebnisse schriftlich zusammen!

**✳ 3**

# Hausfrau von 4 Wespen totgestochen

Karlsruhe –
**Vier Wespen haben einen Menschen getötet.**
Hausfrau Anne R. (51) entrümpelt abends den Dachboden ihres Einfamilienhauses.
5 Sie schleppt einen alten Teppich auf die Terrasse. Plötzlich ein lautes Schwirren. Sie rollt den Teppich aus, sieht ein Wespennest. Zu spät, die Insekten greifen die 10 Frau an, stechen sie viermal in Hals und Gesicht. Sie taumelt, bricht bewusstlos zusammen. Ihr Ehemann ruft den Notarzt, aber Anne R. stirbt. Diagnose: Wespenallergie, das Gift löst Atemnot aus. 15 Ein Imker warnt: „Vorsicht, Wespen sind jetzt besonders aggressiv! Die Königinnen legen ihre Drohnen-Eier für neue Völker im nächsten Jahr."

**a** Schreibe den Text für eine Tageszeitung um!

**b** *Wer:* Gerhard N., 35 Jahre, verheiratet, 2 Kinder, Beruf: z. Zt. arbeitslos
*Was:* Lottogewinn: 1,2 Millionen DM
*Wann:* 24. 10. 19…
*Wo:* Bockenem, 30 km südlich von Hildesheim
*Wie:* Sein ältester Sohn, Martin N., füllte im Spiel einen Lottoschein aus, den Gerhard N. mit seinem Namen versah und ausnahmsweise zur Annahmestelle brachte.
*Warum:* Gerhard N. gab dem Drängen seines Sohnes nach „auch einmal Lotto zu spielen", er spielte sonst nie Lotto.

Schreibe mit diesen Angaben einen Text, wie ihn eine Boulevardzeitung und wie ihn eine Tageszeitung bringen könnte!

**c** Gestaltet in Gruppenarbeit aus dem Lokalteil eurer Heimatzeitung eine Seite, wie sie eine Boulevardzeitung bringen würde!

**d** Fasse deine Erkenntnisse zur Boulevardzeitung in einem Kurzreferat zusammen!

▶ S. 118 ff., Kurzreferat

# Als Redakteur/in arbeiten

Ein/e Redakteur/in muss Wort- und Bildmaterial sammeln, auswählen und so bearbeiten, dass es veröffentlicht werden kann. Diese Arbeit geschieht oft unter Zeitdruck, wenn wichtige Nachrichten noch berücksichtigt werden müssen.

## 1 Zeitungsberichte schreiben

Bonn (Reuter)

Das Bundesverkehrsministerium hat zusammen mit dem Deutschen Verkehrssicherheitsrat eine Kampagne zugunsten der schwächeren Verkehrsteilnehmer gestartet. Der Pressesprecher erläuterte, die Aktion solle motorisierte Verkehrsteilnehmer zu mehr Rücksicht gegenüber Senioren, Kindern, Behinderten, Fußgängern und Radfahrern bewegen. Plakate mit Aufrufen wie „Alle Achtung für Senioren" und „Bremsen tut gut" würden nun überall im Bundesgebiet aufgeklebt. Die sinkenden Zahlen von Unfällen und Verkehrstoten seien kein Grund zur Entwarnung. „Jeder Unfall ist einer zu viel." Von den tödlich verunglückten Fußgängern seien mehr als die Hälfte Kinder und Senioren gewesen. Insgesamt waren 48 000 Fußgänger und 78 000 Radfahrer im vergangenen Jahr in Unfälle verwickelt. Zudem soll die Verkehrssicherheit in Städten durch den Bau von Umgehungsstraßen und Radwegen erhöht werden.

**a** Du hast als Redakteur/in nur Platz für 50 Wörter (± 10 %) für diese Nachricht. Kürze den Inhalt und finde eine Überschrift! Wer hat als Erste/r den Artikel geschrieben?

**b** Wie wird ein/e Redakteur/in vorgehen, wenn über ein Schulfest berichtet werden soll?

✳ **c** Berichtet über den Schulalltag und gestaltet mit euren Ergebnissen eine Zeitungsseite!
Themen:
Pausenregelung, Schulordnung, Hausaufgaben, Schulaufgaben, Noten und Zeugnisse, Verhältnis Lehrer-Schüler, Schulweg, Nachhilfeunterricht, Wahlunterricht, Berufs- und Ausbildungswege …

✳ **d** Sammelt in den nächsten zwei Wochen Berichte über folgende Themen: Menschenrechte, Drogen, Doping, Müllprobleme …! Gestaltet in Gruppenarbeit Wandzeitungen zu den einzelnen Themen!

Zur Erinnerung:

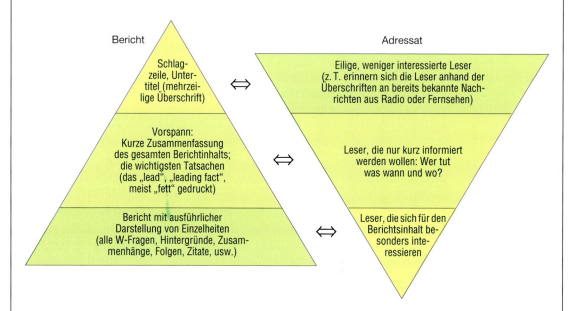

✳ **e** Ihr könnt die Artikel für Erörterungen und Kurzreferate auswerten!

## ✳ 2 Vorschlag für ein Projekt „Eine Zeitungsredaktion besuchen"

Zur Vorbereitung gehört es, das Impressum der Zeitung zu studieren:

Chefredation:
D. Schröder, Dr. G. Sittner

Außenpolitik: Dr. J. Joffe; Innenpolitik: Dr. J. Busche, Dr. H. Prantl; Leitende politische Redakteure: W. Saekel, K. Podak, W. Koydl; Nachrichten: P. Blechschmidt; Seite 3: S. Hännl; Kultur: Dr. J. Willms, K. von Harbou; Wirtschaft: H. Maier-Mannhart, V. Wörl, weit. leit. Wirtschaftsredakteur: Dr. O. Schwarzer; Neustadt und Neustädter Anzeiger: F. Freisleder, W. J. Schindler; Region: O. Walser, D. Appel; Bayern: D. Baur; Sport: M. Gernandt, L. Schulze

Leitende Redakteure:
Prof. Dr. M. Kaiser, H. Riehl-Heyse
Dr. A. Roeseler, P. Sartorius

Wirtschaftspolitik: Dr. F. Thoma

Anschrift der Redaktion: Am Torbogen 3, 98765 Neustadt; Telefon (5876) 1234-0; Nachtruf der Redaktion: 1234-21; Telefon der Nachrichtenaufnahme: 1234-10; Telefax 1234-11.

Bonner Redaktion: M. E. Süskind, U. Bergdoll, G. Hennemann (Wirtschaft), 53113 Bonn, Dahlstraße 11, Telefon 21411; Berliner Redaktion: A. Hinze, M. Heuwagen, Französische Straße 1, 10117 Berlin, Telefon 23990; Redaktion Rhein-Ruhr: W. Jaspert, Friedrichstraße 11, 40217 Düsseldorf, Telefon 3 6717; Frankfurter Redaktion: Dr. O. Schwarzer, Kurzer Kirschgraben 8, 60311 Frankfurt, Telefon 81072/73; Norddeutsche Redaktion: M. Thiede, Geckenstraße 20, 20249 Hamburg, Telefon 48078; Redaktion Sachsen/Thüringen: R. Husemann, Hausstraße 21, 01097 Dresden, Telefon 1003/562-290; Stuttgarter Redaktion: F. Spies, Eberstraße 61, 70173 Stuttgart, Telefon 47593/94; Redaktion Karlsruhe: Dr. H. Kerscher, Postfach 5447, 76135 Karlsruhe, Telefon 4428; Nürnberger Redaktion: P. Schmitt, Karolinstraße 55/III, 90402 Nürnberg, Telefon 4479; Augsburger Redaktion: A. Roß, Karolinenstraße 21/III, 86150 Augsburg, Telefon 1725.

Geschäftsführer:
Dr. R. M. Gohlke, B. M. Baldzuhn, Dr. G. Braun
Verlagsleitung: U. Gehrhardt; Region: F. Payer
Anzeige: H. J. Großmann (verantw. f. Inhalt). S. Saal
Z. Z. ist Anzeigenpreisliste Nr. 56 vom 15. September gültig. Aufnahmetag ohne Verbindlichkeit.
Vertrieb: D. Oster, Abonnementspreis monatl. 31,20 DM inkl. 2,04 DM MwSt. Postgirokonto Neustadt 5541803.
Bei Nichterscheinen durch höhere Gewalt kein Entschädigungsanspruch.

Verlag und Druckerei:
Herz Verlag GmbH, Sender Straße 8, 98765 Neustadt; Großkundenadresse: Herz Verlag GmbH, 98765 Neustadt, Telefon (5876) 1234-0, Telex: 52326.

Anzeigen: Telex 52828. Telefax: 1234-41.
Telefonische Anzeigenaufnahme (089) 236080.
Vertrieb: Telefon 1234-50. Telex: 52285.
Pförtner: 1234-41

Jeder Freitagsausgabe – bei Feiertagen abweichend – liegt das Magazin bei.

**a** Welche Informationen über die Zeitung bekommst du?

**b** Schreibt Fragen auf, die ihr beim Besuch in der Redaktion stellen wollt! Ihr könnt fragen nach:
– Gliederung des Verlags
– Aufgaben der Redaktion
– Zusammensetzung und Aufgaben der einzelnen Ressorts
– Finanzierung der Zeitung
– Bedeutung des Anzeigenteils
– Technik der Zeitungsherstellung
– Vertrieb der Zeitung
– Möglichkeiten für das Betriebspraktikum

**c** Sprecht ab, wer fragt, wer notiert und wer fotografiert!

**d** Schreibt ein Protokoll über den Besuch bei der Zeitung! Nutzt die Möglichkeiten der Textverarbeitung!

**e** Gestaltet eine Ausstellung über eure Exkursion!

# Fernsehen

Es gibt öffentlich-rechtliche und private Fernsehsender. Die öffentlich-rechtlichen Sendeanstalten haben einen gesetzlichen Auftrag zu erfüllen. Sie sollen mit ihren Programmen der Information, der Bildung und der Unterhaltung aller Bürger dienen und werden vorwiegend über Gebühren finanziert. Beim Privatfernsehen bestimmen die Gesellschafter das Programm, welches ausschließlich über Werbeeinnahmen finanziert wird.

## Das Angebot des Fernsehens

1

  **a** Welche Programme und Sendungen schaut ihr an? Warum?

\* **b** Vergleiche die Programmangebote in einer Zeitschrift!
Welche Unterschiede zwischen den öffentlich-rechtlichen und privaten Sendern könnt ihr feststellen?
Hinweis: Untersucht die Zahl und die Dauer von Nachrichtensendungen, politischen Magazinen, Spielfilmen, Shows ...!

## 2 Nachrichten im Fernsehen

Nachrichten zählen zu den beliebtesten Fernsehsendungen überhaupt, und das seit Jahrzehnten. An jedem Abend zwischen 19 und 20 Uhr schalten etwa 60 Prozent der bundesdeutschen Fernsehhaushalte die Abendnachrichten ein.

*Das waren die erfolgreichsten Nachrichtensendungen im Mai 93[1]*

| | | |
|---|---|---|
| 1. „Tagesschau" (ARD) | 16 % | 5,57 Mio. |
| 2. „heute" (ZDF) | 15 % | 4,73 Mio. |
| 3. „heute journal" (ZDF) | 11 % | 3,88 Mio. |
| 4. „Tagesthemen" (ARD) | 8 % | 2,52 Mio. |
| 5. „RTL aktuell" (RTL) | 5 % | 1,80 Mio. |

[1] Zuschauer ab 6 Jahre.
Quelle: GfK-Fernsehforschung.

a Welche Nachrichtensendungen werden in eurer Klasse gesehen? Warum?

b Welche Erwartungen hast du an eine Nachrichtensendung? Schreibe auf!

## ✳ 3 Den Aufbau einer Nachrichtensendung untersuchen

a Seht euch gemeinsam eine Nachrichtensendung an! Welche verschiedenen Themen werden angesprochen?

b Vergleicht eure Antworten! Versucht die Unterschiede zu erklären!

c In einer 9. Klasse gab es bei der Untersuchung einer Nachrichtensendung folgendes Ergebnis:

| 1 | 2 | 3 | 4 | 5 | 6 | 7 | 8 | 9 | 10 | 11 | 12 | 13 | 14 | 15 | 16 |
|---|---|---|---|---|---|---|---|---|----|----|----|----|----|----|----|
| 3 | | | | 4 | 6 | 4 | 2 | 1 | | 1 | 1 | | | 3 | 5 |

obere Reihe: Reihenfolge der Nachrichtenbeiträge
untere Reihe: Anzahl der Schülerinnen und Schüler, die sich an den jeweiligen Beitrag erinnerten
Was sagt dieses Ergebnis aus? Welche Gründe könnte es dafür geben?

# Aus dem Medienangebot auswählen

## **1** Fernsehen und/oder Zeitung?

Ein Fernsehbericht

*Ladenschlussgesetz (Sprechermeldung):*
Die Diskussion um eine Aufhebung der Ladenschlusszeiten hält an. Der Bundeswirtschaftsminister und der CDU-Generalsekretär bekräftigten heute ihren Wunsch nach Änderung des Ladenschlussgesetzes. Dagegen betonte der SPD-Fraktionsvorsitzende trotz anderer Stimmen aus seiner Partei: Die Sozialdemokraten seien mit den gegenwärtigen Ladenschlusszeiten zufrieden.

*Musterprozess (Sprechermeldung):*
In einem Musterprozess entschied heute das Bundesverwaltungsgericht in Berlin über den Verkauf von Reisebedarf an Tankstellen außerhalb der gesetzlichen Ladenöffnungszeiten.

*Bild: Richter nehmen Plätze ein*
Auf diesen Spruch des Bundesverwaltungsgerichts hat das Tankstellengewerbe mit Spannung gewartet. Der Verkauf von Reisebedarf, so die Richter, verstoße nicht gegen das Ladenschlussgesetz. Die Branche könne zwar damit leben, die hohen Erwartungen wurden aber nicht erfüllt.

*Statement von Wolfgang Penka, Verband des Tankstellengewerbes:*
Die Kunden werden sich teilweise umgewöhnen müssen, denn wenn es nun so praktisch ist, dass man an der Tankstelle hält, tankt, Kofferraum öffnet und die Sachen so günstig und so schnell mitnimmt wie an keiner anderen Verbrauchsstelle, dann wird man zukünftig darauf achten müssen, dass das nicht in jedem Umfang und für jede Ware möglich ist.

*Schwenk: Innenraum Tankstelle*
Sprecher: Was nun dem ureigensten Begriff des Reisebedarfs entspricht, darüber wird demnächst noch weiter debattiert werden. Zigaretten, Süßwaren, nichtalkoholische Getränke stufen die Richter als zutreffend ein, bei Spirituosen und Bier zum Beispiel scheiden sich schon die Geister. Ob demnächst also großflächig umgebaut werden muss oder nur bestimmte Waren aus dem Tankstellenangebot verschwinden, wird sich in der Praxis zeigen. Ist die Flasche Sekt vielleicht nicht auch als Präsent zu werten, wenn schon nicht anerkannt als Reisebedarf? So fragen Tankstellenbesitzer und manche Kunden, die nach Ladenschluss noch einkaufen müssen. Auch wenn das Urteil zu organisatorischen Veränderungen zwinge, ein generelles Aus für das Zusatzgeschäft an Tankstellen sieht man hier nicht. Im Gegenteil: Experten erwarten sogar positive Auswirkungen auf die aktuelle politische Debatte zum Ladenschlussgesetz.

Ein Zeitungsbericht

# Begrenzter Verkauf nach Ladenschluss
## Berliner Grundsatzurteil für die Tankstellen

**BERLIN. An Tankstellen darf nach Ladenschluss neben Sprit und Kfz-Zubehör auch Reisebedarf an Autofahrer verkauft werden. Das hat das Bundesverwaltungsgericht in Berlin in einem Musterprozess entschieden.**

Zum Reisebedarf zählten die Richter „nichtalkoholische Getränke, Süßwaren sowie Zeitungen und anderes". Tankstellen können damit aber nicht die gesamte Warenpalette wie im Einzelhandel nach Ladenschluss verkaufen (Aktenzeichen: 1 C 17.91).

Mit der höchstrichterlichen Entscheidung wurde ein drei Jahre altes Urteil des Oberverwaltungsgerichts Münster aufgehoben. Die Richter hatten damals zugunsten der Stadt Krefeld entschieden, die einem Tankstellenbesitzer untersagt hatte während allgemeiner Ladenschlusszeiten neben Benzin und Kfz-Zubehör auch Zeitungen, Getränke und Zigaretten zu verkaufen. Der Druck auf den Einzelhandel, die Geschäfte wochentags mindestens bis Mitternacht zu öffnen, nimmt zu. Wirtschaftsminister und CDU-Generalsekretär seien sich bei einem Gespräch über die Ladenschlussgesetzgebung einig gewesen, dass deren Lockerung noch in dieser Wahlperiode „auf die Schiene" gebracht werden soll, verlautete aus CDU-Kreisen. Während die FDP die Ladenschlussregelung insgesamt abschaffen will, erwägt die CDU immerhin noch eine Schließung der Geschäfte von 0.00 Uhr bis 6.00 Uhr. Für die SPD hat der Fraktionschef klargestellt, dass seine Partei an den geltenden Ladenschlusszeiten festhalten wolle.

**a** Das Ladenschlussgesetz soll geändert werden. Wer profitiert davon, wer zahlt drauf?

**b** Vergleicht die Informationen in den beiden Medien!

**c** Welche Vor- und Nachteile haben Form und Inhalt der Zeitungs- bzw. Fernsehnachricht? Stellt sie stichpunktartig gegenüber!

∗ **d** Beobachtet, was nach Ladenschluss in Tankstellen alles gekauft wird!

∗ **e** Vergleicht weitere Nachrichten im Fernsehen und in Tageszeitungen!

∗ **f** Schreibt eine Erörterung: Die Vorteile des Fernsehens und die Vorteile der Tageszeitung!

✳ **2 Vorschlag für ein Projekt:**
**„Das eigene Fernsehverhalten untersuchen"**

Ihr könnt euer Fernsehverhalten mit einem Fragebogen über einen bestimmten Zeitraum selbst testen.
Folgende Bedingungen sollten eingehalten werden:

● Jede Sendung, die länger als fünf Minuten gesehen wurde, wird protokolliert, nicht das Springen im Programm („zapping") per Fernbedienung.
● Videoaufnahmen von Fernsehsendungen zählen nur, wenn sie wirklich gesehen werden.
● Gestaltet einen eigenen Fragebogen nach folgendem Muster!

| 1 | 2 | 3 | 4 | 5 | 6 | 7 |
|---|---|---|---|---|---|---|
| Wochentag | Sendung (Abkürzung) | Sparte U/I/BK | Sender | Gesehen von – bis | Dauer = Minuten | Bewertung + O – |
|  |  |  |  |  |  |  |
|  |  |  |  |  |  |  |

**Fragebogen**
Bitte trage **keinen** Namen ein! Die Auswertung erfolgt **anonym**. Niemand wird wissen, was du persönlich geantwortet hast. Es kommt trotzdem darauf an, dass du möglichst ehrliche und genaue Angaben machst. Lege den Bogen an deinen gewohnten Fernsehplatz und mache nach jeder gesehenen Sendung deine Eintragungen, und zwar etwa eine Woche lang.
In Spalte 7 kannst du Abkürzungen benutzen, die folgende Bedeutung haben: + = gut; O = mittel; – = schlecht.
In Spalte 3 bedeuten die Buchstaben:
I = Information; U = Unterhaltung;
BK = Bildung oder Kultur

Fragen und Tipps zur Auswertung:
(1) Wie viel Zeit verbringt ein Schüler/eine Schülerin eurer Klasse durchschnittlich vor dem Fernseher?
(2) Wie groß ist der Anteil der drei Hauptsparten Unterhaltung, Bildung und Information an der Zeit, die ihr im Durchschnitt vor dem Fernsehgerät verbringt?
(3) Welche Sender werden angeschaut?
(4) Wann wird während des Tages am meisten ferngesehen?
(5) Welches sind die Extremwerte? Vergleiche dein eigenes Fernsehverhalten mit dem Durchschnitt!
(6) Ihr könnt die Ergebnisse in Diagrammen festhalten. Arbeitet mit dem Computer! Eine Lehrkraft für Informatik/Textverarbeitung hilft euch dabei.
(7) Wie sieht deiner Meinung nach bewusster Umgang mit dem Fernsehen aus? Schreibe deine Meinung zu den gefundenen Ergebnissen auf!
(8) Gestaltet eine Wandzeitung zum Thema „Fernsehverhalten der Klasse…"!

## ✱ **3** Zapper kennen keine Gnade

Eben noch schleppte Clint Eastwood seinen berühmten Sarg hinter sich her („Django"), da wird mir eine „gute Suppe" vorgeknallt. Zapp! Erich Böhme macht ein zerknautschtes Gesicht, dreht die Brille – es antwortet Gertrud Höhler. Zapp! verabschiedet sich Wickert, „und jetzt das Wetter", und schon
5 rast – Zapp! – ein Formel-1-Pilot um die Nordkurve. Zapp! Aha, Kojak rasiert sich den Schädel […] Was wäre ein Abend ohne Fernbedienung? Tödlich langweilig! Man stelle sich das vor, wie das früher war: Aufstehen, zum Gerät laufen, den richtigen Knopf finden (im Dunkeln), umschalten, gucken, unzufrieden sein, wieder aufstehen …
10 Heute geht das vom Sofa aus. Werbung wird gnadenlos abgeknallt. Wer zu viel redet, fliegt raus, ein Bild, das sich länger als 30 Sekunden nicht bewegt, kann kein guter Film sein: action ist gefragt.
Zapping ist große Mode. Jeder Zweite schaltet abends ein- bis viermal hin und her. Zapperfreaks hält es im Durchschnitt nicht länger als drei bis vier
15 Minuten bei einer Sendung. Aus Nachrichtensendungen werden Infotainment-Blöcke: Schnitt, jede Minute ein neues Bild. Serien müssen mehr action bringen, sonst rentieren sie sich nicht mehr als Werbeumfeld. Und eine Sexklamotte, in der nicht spätestens nach einer Minute ein nackter Busen wippt, wird weggezappt.
20 Pantoffelkino? – Das war einmal. Heute gehen die Leute ins Kino, wenn sie einen Film noch ohne Werbeunterbrechung sehen wollen. Heute ist TV-Konsum für jeden Dritten nur noch Nebensache. „Im gleichen Maße, wie die Einschaltquoten steigen, sinkt die Bedeutung des Fernsehens", sagen Freizeitforscher.
25 Zapp! Kids in Holland haben sich eine Zeit lang einen Spaß daraus gemacht. Sie besorgten sich Fernbedienungen mit leistungsfähigen Batterien und schalteten von draußen den nichts ahnenden Zuschauern im Vorbeigehen die Programme um. Zapp! Vielleicht gibt es demnächst eine Fernbedienung mit Zappautomatik und Spielfilme, die man sich wie CDs immer anders
30 zusammengesetzt ansehen kann.

**a** Warum wird ständig mit der Fernbedienung umgeschaltet?

**b** Welche Reaktionen können durch „Zapping" in einer Familie ausgelöst werden?

**c** „In gleichem Maße, wie die Einschaltquoten steigen, sinkt die Bedeutung des Fernsehens", sagen Freizeitforscher. Schreibe dazu eine Erklärung!

# ✳ 4 „Dumme werden dümmer"

Ein Experte hat die Auswirkung des Fernsehkonsums auf die Entwicklung von Vorschulkindern untersucht.

FRAGE: Seit Jahren warnen Sie vor den „verheerenden Wirkungen" des Fernsehens auf Kinder. Es gingen „Begabungsreserven verloren", TV führe zu „neuen Analphabeten" und „schädige" die Demokratie.

5 EXPERTE: Ich gehe sogar noch weiter und bezeichne Fernsehen als eine Form der seelischen Vergewaltigung von kleinen Kindern. Es gibt drei Entwicklungsstadien der kindlichen Intelligenz, die der Schweizer Psychologe Jean Piaget empirisch erforscht und definiert hat.

10 Zuerst, bis zum Alter von etwa drei Jahren, entwickelt das Kind eine senso-motorische Intelligenz, in der es greifen und sich bewegen lernt. Danach, bis etwa zum Schulalter, lernt es anschauliches Denken, die so genannte symbolische Intelligenz. Schließlich, ab acht

15 oder neun Jahren, lernt es begriffliches Denken. Alle diese Entwicklungsabschnitte können nur aus der eigenen Wahrnehmung und aus der eigenen Erfahrung im dreidimensionalen Raum und zusammen mit anderen Menschen geleistet werden, nicht zuletzt im Spiel.

20 Nichts davon kann die flache Mattscheibe leisten, vor der die Kinder obendrein bewegungslos verharren. Wenn ein Kleinkind einen Bleistift vom Boden aufhebt, lernt es mehr als durch eine Stunde Fernsehen.

FRAGE: Gilt das auch fürs oft liebevolle Kinderpro-

25 gramm?

EXPERTE: Für die Vorschulkinder sind alle Fernsehsendungen oder Videos schädlich, auch die gut gemeinten, weil diese Kinder in einem Entwicklungsstadium sind, in dem sie dem Medium nicht gewachsen sind. Nicht ohne

30 Grund schicken wir die Kinder erst mit sechs Jahren in die Schule und nicht schon mit zwei. So sollten die Kinder frühestens im Alter von sechs bis sieben Jahren fernsehen. Dann können sie ja die Kindersendungen sehen. Diese Kindersendungen haben allerdings in der Regel

35 eine „Pilot-Funktion": Sie ziehen die Kinder ins Erwachsenenprogramm. Schon jetzt sehen die meisten Kinder nicht das Kinderprogramm.

FRAGE: Können die Kinder nicht doch etwas lernen?

EXPERTE: Fernsehen bildet nicht Wirklichkeit ab, son-

40 dern den Schein der Wirklichkeit. Winzige Leuchtpünktchen flimmern 25-mal pro Sekunde auf und täu-

schen ein Bild vor. Die Augen können dieses Scheinbild nicht richtig fokussieren. Der häufige Bild- und Schnittwechsel überwältigt die Kinder, die nicht genug Zeit

45 haben das Gesehene zu verarbeiten. Die Kinder geraten in eine Art Trance, deshalb sitzen sie ruhig vor dem Bildschirm. Eltern und Lehrer dürfen den daraus resultierenden Aggressivitäts- und Bewegungsstau dann ausbaden.

50 FRAGE: Wieso gehen „Begabungsreserven" verloren?

EXPERTE: Fernsehen ist ein passiver und isolierter Vorgang. Auch das Sprechen, Vorstufe zum Schreiben, lernt das Kind nur in Interaktion mit Erwachsenen und mit anderen Kindern. Sprechen aber ist mit dem Denken

55 von einem bestimmten Entwicklungsstand an gekoppelt. In der Schule werden Fernsehkinder schlechtere Leistungen bringen, weil sie sich nicht konzentrieren können. Nach einer Untersuchung in der Bundesrepublik sind 38 Prozent der Unterschichtkinder, aber nur 12

60 Prozent der Oberschichtkinder gewohnheitsmäßige Fernseher. Also gerade in Familien, in denen wenig geredet wird, in denen die Kinder wenig Anregung erfahren, wird viel ferngesehen. Es ist die verhängnisvolle Wirkung des Mediums, dass es Mängel verstärkt.

65 Gute Schüler nutzen eher die alten Medien wie Buch und Zeitung, das ist nachgewiesen. Schlechte bevorzugen die neuen Medien. So lässt sich sagen: Mit Fernsehen werden die Klugen klüger und die Dummen dümmer, Fernsehen zementiert soziale Ungleichheit.

70 FRAGE: Also werden die Deutschen ein Volk von Analphabeten?

EXPERTE: In den USA ist die Analphabetenrate schon jetzt erschreckend hoch. Daran trägt natürlich auch die mangelnde Erziehung und Versorgung in den Farbigen-

75 und Einwanderungsgettos Schuld. Aber es ist doch immerhin erstaunlich, dass auch bei uns, wo das Schulsystem viel straffer organisiert ist, die Analphabetenrate wächst. Bereits jetzt sollen mehr als 2 Millionen Bundesbürger nicht mehr fähig sein zusammenhängende Texte

80 aufzunehmen. Da muss man doch fragen, was das für unsere Demokratie bedeutet, denn diese Bürger haben dasselbe Stimmrecht wie die anderen.

**a** Worin sieht der Experte die verhängnisvolle Wirkung von Kindersendungen?

**b** Erkläre den Satz „Wenn ein Kleinkind einen Bleistift vom Boden aufhebt, lernt es mehr als durch eine Stunde Fernsehen"!

**c** Was hältst du von einem TV-Verbot für Kinder? Begründe!

**d** Welche positiven Auswirkungen des Fernsehens auf Kinder könntest du dem Experten entgegenhalten?

✳ **e** Du kannst die Ergebnisse aus a und d in einer Erörterung darstellen oder einen Leserbrief schreiben.

# Einen Ausbildungsplatz suchen

Vielleicht hast du dir schon Gedanken gemacht, welchen Ausbildungsplatz du nach der Abschlussprüfung anstreben willst. Die Schule unterstützt dich bei der Berufsfindung, denn sie hat auch den Auftrag dich auf Arbeitswelt und Beruf vorzubereiten. Dazu tragen besonders das Fach Wirtschafts- und Rechtslehre und die Beratungslehrerin oder der Beratungslehrer bei. Im Deutschunterricht lernst du eine Bewerbung richtig und formgerecht zu schreiben und frei und gewandt zu sprechen. Dadurch verbesserst du deine Chancen.

# Sich beruflich orientieren

Es gibt sehr viele Berufe, für die du mit dem Realschulabschluss eine wichtige Voraussetzung erwirbst; Berufe, die du vielleicht noch gar nicht kennst oder über die du nicht viel weißt. Es ist daher wichtig, dass du dich eingehend orientierst. Das solltest du rechtzeitig tun, denn viele Ausbildungsplätze werden schon ein Jahr vor dem Realschulabschluss vergeben.

## 1 Berufsvorstellungen diskutieren

FRAU BÄUMER: Thorsten, stell jetzt endlich den Kasten ab! Du hast immer noch nicht die Unterlagen der Berufsberatung angeschaut.

THORSTEN: Ach, hör endlich auf damit!

FRAU BÄUMER: Interessierst du dich denn wirklich so wenig dafür, was du nach dem Schulab-
5    schluss machen willst?

THORSTEN: Ist doch ganz einfach. Ich suche einen Ausbildungsplatz als Kommunika-
tionselektroniker.

ROSWITHA: Du wolltest doch bisher Bankkaufmann werden. Hast du dich schon wieder anders entschieden?

10  THORSTEN: Entschieden, entschieden! Ich hab' doch kaum eine Ahnung, weder von dem einen, noch von dem andern!

FRAU BÄUMER: Herr Prengl meint, du solltest bei ihm im Betrieb anfangen.

THORSTEN: Und als was, wenn ich fragen darf?

FRAU BÄUMER: Du nimmst am besten den Ausbildungsplatz, der dir dort angeboten wird.
15    Denn heutzutage …

**a** Was würdest du der Mutter antworten?

**b** Hast du schon Vorstellungen über deinen künftigen Beruf?

**c** Stelle deinen Berufswunsch vor und begründe deine Wahl!

## ★ 2    Arbeit ist erst schön in der Freizeit.

So jemand nicht will arbeiten, der soll auch nicht essen.

Ein Tag, der mit Arbeit beginnt, kann nicht gut ausgehen.

Arbeit und Fleiß, das sind die Flügel, sie führen über Strom und Hügel.

Die Arbeit hat der Teufel erfunden.

Arbeit erzieht, Arbeit bildet.

Was suchst du nach Ruhe, da du zur Arbeit geboren bist!

**a** Welche Einstellungen stecken hinter den einzelnen Sätzen? Welchen stimmst du zu, welchen nicht?

**b** Früher war der Lebensweg des Menschen festgelegt. Heute steht dir alles offen. Schreibe deine Meinung dazu!

∗ **c** Erörtere eine dieser Aussagen in einem Aufsatz!

## 3 Ein Schaubild auswerten

### Das wollen junge Leute vom Beruf
Von je 100 Jugendlichen über ihre Berufswahl:
Das Wichtigste bei meinem künftigen Beruf ist …

**35** …dass ich aufsteigen kann

**32** …dass ich Menschen helfen kann

**46** … Sicherheit des Arbeitsplatzes

**26** … mit interessanten Menschen zu tun haben

**57** …dass ich einen Ausbildungs- platz bekomme

**25** …keine Schmutzarbeit

**75** …Eignung

**17** …Hobbys verwirklichen

**16** …guter Verdienst

**90** …Spaß am Beruf

**14** …Ansehen

© Globus 5660

Wer Schüler bei der Berufswahl beeinflusst[1]

78 % verlassen sich bei der Wahl ihres Berufs auf die Eltern; was sie vorschlagen oder wünschen, wird gemacht.
29 % nehmen sich ihre Geschwister, Verwandten oder Freunde zum Vorbild, wenn es um den Beruf geht.

21 % erfahren in der Schule so viel über Ausbildung/Jobs, dass ihre Entscheidung für einen Beruf feststeht.
17 % kommen erst durch die Tipps und Informationen von Berufsberatern/innen auf ihren Traumjob.

---
[1] Mehrfachnennungen waren möglich.

**a** Vergleicht die Ergebnisse mit euren Erfahrungen und Berufsvorstellungen!

∗ **b** Erörtert eure Berufsvorstellungen in einem zusammenhängenden Text! Ordnet die Argumente in einer sinnvollen Reihenfolge!

▶ S. 77 ff., erörtern

**4** **Stellenangebote auswerten und erste Kontakte herstellen**

---

## Wohin des Wegs?

Stellen Sie sich einen Arbeitsplatz vor, der abwechslungsreiche Aufgaben bietet, dabei selbstständiges Handeln und Verantwortungsbewusstsein verlangt? Und der Ihrer Kontaktfreudigkeit entspricht?

Dann liegen Sie mit einer Ausbildung zum

### Kaufmann für Bürokommunikation

oder zur

### Kauffrau für Bürokommunikation
**(Abschluss: Realschule)**

in unserer Verwaltung genau richtig. Denn diese Berufe haben viele Perspektiven. Auch nach der Abschlussprüfung bieten sich Ihnen noch Entwicklungsmöglichkeiten. Gründe jedenfalls gibt es genug, sich einmal mit diesen Berufen intensiv auseinander zu setzen. Wenn Sie möchten, informiert Sie unser Herr Maier gerne über weitere attraktive Details. Rufen Sie an!

### Kalteg AG + CO.

Verwaltung Neudorf, Herr Maier, Rennweg 2, 91234 Neudorf, Tel.: 0 91 23 45/12 24 48

---

**a** Welche der Fragen kannst du mit der Stellenanzeige beantworten?
  (1) Was wird von dem Bewerber/der Bewerberin erwartet?
  (2) Welche Voraussetzungen muss er/sie mitbringen?
  (3) Was wird über künftige Aufgaben und die Arbeitsbedingungen gesagt?
  (4) Wie muss man sich bewerben?
  (5) Was bietet der Betrieb?
  (6) Wie stellt sich der Betrieb selbst dar?
  (7) Was kann man aus der Anzeige nur erschließen?

✳ **b** Spielt das Telefongespräch, mit dem jemand einen ersten Kontakt aufnimmt! Dazu muss er/sie sich eingehend über den Beruf informieren. Tipps gibt der/die Beratungslehrer/in. Noch besser ist es, wenn zum Beispiel ein Vater oder eine Mutter mit diesem Beruf mitspielt.

---

### Tipps zur telefonischen Kontaktaufnahme

Lächeln und Freundlichkeit kann man am Telefon „hören"!
• Setze dich mit dem Telefon vor den Spiegel!
• Sprich mit freundlicher Stimme und mache eine gute Miene!
• Nimm das Gespräch mit dem Kassettenrekorder auf und vergleiche es mit einer Aufnahme, die du mit mürrischem Gesicht gesprochen hast!

---

* **c** Sammelt in den Tageszeitungen Ausbildungsplatzangebote! Erstellt eine Collage aus den Annoncen!

* **d** Ihr könnt eine Lehrstellenbörse einrichten, wenn ihr im Laufe des Jahres alle Stellenangebote, die euch interessant erscheinen, in der Klasse oder in der Schule aushängt.

## 5 Sich richtig einschätzen

*Fähigkeiten:*

räumliches
Vorstellen

Sprach-
beherrschung

rechnerisches
Denken

körperliche
Belastbarkeit

Hand- und
Fingergeschick

Ideenreichtum

Kontaktsicherheit

*Erwartungen:*

im Freien arbeiten – mit Pflanzen oder Tieren umgehen – mit Menschen zu tun haben – körperlich tätig sein – gestalterisch arbeiten – handwerklich arbeiten – auf technischem Gebiet arbeiten – im Büro arbeiten – anderen helfen – verkaufen, kaufen – saubere Arbeit – Maschinen zusammenbauen, reparieren – Produktionsanlagen überwachen – mit Metall umgehen – mit Elektrizität, Elektronik zu tun haben – mit Baumaterialien umgehen – im Labor arbeiten

**a** Schreibe zu jeder Fähigkeit stichpunktartig auf, was du dir darunter vorstellst! Sucht Beispiele für die Erwartungen!

**b** Schreibe einen Text: Was erwarte ich von meinem künftigen Beruf?

## ✳ 6 Schlüsselqualifikationen beschreiben

Eine Ausbildungsleiterin:

„Wir wollen junge Leute, die mitdenken und im Beruf selbstständig handeln können. Und selbstständiges Handeln können sie lernen, wenn sie Gelegenheit dazu bekommen. Wenn in der Ausbildung alles nur nach Anweisung
5 abläuft, gewöhnt man sich eben daran, nur so zu arbeiten. Schwimmen lernt man im Wasser und selbstständiges Handeln, indem man Aufgaben selbst anpackt. Dazu braucht man gründliche Fachkenntnisse und noch einiges mehr: Man muss Verantwortung übernehmen, sich auf neue Situationen einstellen können, im Team mit anderen zusammenarbeiten, Probleme erken-
10 nen und lösen, mit Kritik umgehen können."

**a** Welches Ausbildungsziel strebt die Ausbildungsleiterin an?

**b** Die Ausbilderin zählt eine Reihe von so genannten Schlüsselqualifikationen auf. Welche werden genannt?
Diskutiert, was man sich darunter jeweils vorstellen kann!

**c** Klärt den Begriff Schlüsselqualifikation! Hinweis: Zerlegt das zusammengesetzte Wort in Grund- und Bestimmungswort!
Jede/r schreibt auf, was sie/er unter Schlüsselqualifikation versteht!

**d** Was findest du bei deinem Wunschberuf besonders wichtig? Entscheide dich für drei Antworten!

(1) Eigeninitiative entwickeln
(2) Planen und organisieren
(3) Sich auf neue Situationen einstellen
(4) Logisch denken
(5) Mit anderen im Team zusammenarbeiten
(6) Mit Kritik umgehen können
(7) Entscheidungen treffen

(8) Verantwortung übernehmen
(9) Sich besprechen, andere informieren, überzeugend auftreten
(10) Ergebnisse beurteilen
(11) Probleme erkennen Lösungen finden
(12) Zielgerichtet handeln
(13) Selbstständig arbeiten

**e** Arbeite deine Erkenntnisse aus Aufgabe 6 in deinen Text zu Aufgabe 5 b ein!

## ✳ 7 Zum Betriebspraktikum schreiben

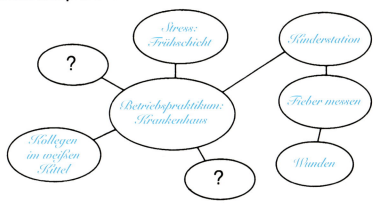

Simone hat aus ihrem Cluster[1] einen Text erstellt:

*Ich mache mein Praktikum im Krankenhaus auf der Kinderstation. Es wird mir bestimmt schwer fallen, wenn ich offene Wunden sehe. Meine Arbeitszeit ist von morgens 06.00 bis 13.30 Uhr und die Spätschicht ist von 14.00 bis 20.30 Uhr. Ich glaube, das wechselt immer. Wenn ich am ersten Tag dort anfange, werden sie mir bestimmt erst einmal die Station zeigen. Man wird ...*

**a** Erstelle ebenfalls einen Cluster und schreibe dazu einen Text!

**b** Erwartungen an das Betriebspraktikum:
   – Ich erwarte, dass sich meine Kollegen und Kolleginnen um mich kümmern.
   – Ich hoffe, dass wir nicht nur zu Hilfstätigkeiten eingesetzt werden.
   ...
   Formuliere deine eigenen Erwartungen, Hoffnungen, Ängste!

**c** Ihr könnt Schüler/innen aus der Jahrgangsstufe 10 bitten in eurer Klasse über ihre Erfahrungen zu berichten.

**d** Die Schüler/innen, die schon ein Betriebspraktikum absolviert haben, schreiben darüber einen Bericht. Die Texte könnt ihr mit weiterem Material ergänzen und zu einer Informationsmappe für die Klasse zusammenstellen.

**e** Vor- und Nachteile des Betriebspraktikums. Erörtere!

▶ S. 77 ff., erörtern

---

[1] Cluster (engl.): Büschel, Traube; to cluster: büschelweise wachsen. Ein Cluster ist eine Hilfe, die dir den Anfang des Schreibens erleichtert. In die Mitte wird als erstes Wort das Thema gesetzt, zu dem du schreiben willst. Anschließend schreibst du Begriffe auf, die dir zum Thema einfallen. Zusammengehörige Gedanken werden durch Striche verbunden. Die Zeit zum „Clustern" wird auf höchstens 10 Minuten begrenzt. Mit den gefundenen Begriffen kannst du dann einen zusammenhängenden Text schreiben.

# Sich bewerben

Bei der Bewerbung musst du einige Hürden überwinden. Zunächst musst du dich schriftlich bewerben. Meist findet auch ein Vorstellungsgespräch statt. Manchmal müssen die Bewerber/die Bewerberinnen noch eine Auswahlprüfung bestehen. Du kannst deine Chance erhöhen, wenn du bei der Bewerbung weißt, was auf dich zukommt, und wenn du dich rechtzeitig und richtig darauf einstellst.

## Bewerbungsunterlagen

### 1 Ein Bewerbungsschreiben verfassen

Thomas Eder
Golfstraße 5
80123 München

München, 15. 06. 19...

Maschinenfabrik
Zahn und Söhne
Eisenstr. 10
80234 München

Bewerbung um einen Ausbildungsplatz als Industriekaufmann

Sehr geehrte Damen und Herren,

in der PZ vom Samstag, 10. 06., habe ich Ihre Annonce gelesen.
Ich möchte mich bei Ihnen um den Ausbildungsplatz als Industriekaufmann bewerben.

Zur Zeit besuche ich die neunte Klasse der Realschule im wirtschaftswissenschaftlichen Zweig. In den letzten Monaten habe ich durch den Berufsberater, unsere Beratungslehrerin und im BIZ viel über den Beruf des Industriekaufmanns erfahren. Auch ein Betriebspraktikum in der Firma meines Vaters hat mir gut gefallen.

Ich glaube, dass mir dieser Beruf Spaß macht, denn in der Schule sind Rechnungswesen und Wirtschafts- und Rechtslehre meine Lieblingsfächer.

Über eine Einladung zu einem Vorstellungsgespräch würde ich mich sehr freuen.

Mit freundlichen Grüßen

*Thomas Eder*

Anlagen: Schulzeugnis in Kopie, Passfoto, Lebenslauf

a  Wie ist das Bewerbungsschreiben inhaltlich aufgebaut?

b  Wie ist es äußerlich gestaltet? Informiert euch über die genauen Formvorschriften bei einer Lehrkraft für Textverarbeitung!

c  Du sollst als Verantwortliche/r anhand eines Bewerbungsschreibens erste Aussagen über einen Bewerber oder eine Bewerberin treffen. Worauf achtest du?

✶ d  Ein weiteres Bewerbungsschreiben

> Uwe Heinzel
> Alte Heerstraße
> 81234 Altstadt
> Tel. 1 23 45
>
> An die Maschinenfabrik Zahn
>
> Ich will mich auf Ihre Stelle bewerben. Sie suchen
> ja einen Industriekaufmann. Das wäre was für mich,
> denn ich bin in Rechnungswesen und WRL ganz gut.
> Außerdem kenn ich mich in dem Beruf schon ganz gut
> aus, weil mein Vater ist auch einer. Und im Biz habe
> ich mir alle Filme dazu angeschaut.
> Ich könnte im nächsten Jahr bei Ihnen anfangen, wenn
> ich den Realschulabschluss geschafft habe, hoffent-
> lich.
> Wenn Sie mich nehmen wollen, habe ich oben meine
> Telefonnummer hingeschrieben, das sie mich anrufen
> können.
>
> Bis demnächst und viele Grüße,
> ihr
> *Uwe Heinzel*

Beurteile das Bewerbungsschreiben und überarbeite es anschließend!

e  Entwirf und gestalte dein Bewerbungsschreiben!

## Tipps für das Bewerbungsschreiben

- Schreibe fehlerfrei, sauber und ohne sichtbare Korrekturen!
- Formuliere kurze Sätze, vermeide „geschraubte" Redensarten!
- Beginne nach jedem wichtigen Gedanken eine neue Zeile!
- Begründe, warum du dich gerade für diesen Beruf bewirbst!
- Stelle deine Fähigkeiten positiv dar, aber ohne zu übertreiben!
- Richte dich bei der Gestaltung nach den DIN-Regeln, die für ein solches Schreiben gelten! Informationen dazu bekommst du in Textverarbeitung.

∗ f Überlegt, ob die folgenden Punkte für ein Bewerbungsschreiben verwendet werden können! Formuliert sie anschließend aus!

(1) abgelegtes Betriebspraktikum (2) Klassleiter sagt, ich sei geeignet (3) gute Noten in Englisch und Deutsch (4) keine Freude an Mathematik (5) Freunde bewundern mein Bastelgeschick (6) bin „Computerspezialist" (7) bin sehr sportlich (8) fahre im Urlaub mit Freunden immer zum Zelten an die Nordsee (9) gute Schreibmaschinenkenntnisse (10) mein Bruder hat den gleichen Beruf, hat mir viel erzählt.

## 2 Einen Lebenslauf schreiben

**Lebenslauf**

| | |
|---|---|
| Name, Vorname: | Borchert, Petra |
| Geburtsdatum: | 02. 04. 1980 |
| Geburtsort: | Aue (Sachsen) |
| Anschrift: | Lange Zeile 15<br>91235 Neustadt |
| Staatsangehörigkeit: | deutsch |
| Vater: | Ernst Borchert |
| Mutter: | Ursula Borchert, geb. Welters |
| Geschwister: | ein Bruder |
| Schulbildung: | 1986–1990 Albrecht-Dürer-Schule Aue<br>1990–1992 Pestalozzi-Hauptschule Neustadt<br>seit September 1992 Tucher-Realschule Neustadt<br>Realschulabschluss voraussichtlich Juli 1996 |
| Lieblingsfächer: | Englisch, Französisch, Deutsch |
| Besondere Kenntnisse: | Schreibmaschinenkenntnisse, auch am Computer |
| Hobbys: | Lesen, Handball |

Neustadt, den 15. 05. 1995

*Petra Borchert*

**a** Schreibe deinen Lebenslauf auf ein unliniertes DIN-A4-Blatt! Für die Einteilung des Blattes bekommst du Tipps im Textverarbeitungsunterricht.

**b** Folgende Angaben können zusätzlich in den Lebenslauf aufgenommen werden: Konfession, Berufe der Eltern, besuchte Wahlfächer, Arbeitsgemeinschaften oder Kurse außerhalb der Schule, besondere Fertigkeiten.
Wann sind solche Angaben sinnvoll?

✳ **c** Bei welchen Bewerbungen wird ein ausformulierter, handschriftlicher Lebenslauf verlangt? Warum?

Beispiel:

> *Lebenslauf*
>
> *Am 02. April 1980 wurde ich in Aue (Sachsen) geboren. Meine Eltern sind Ernst Borchert und seine Ehefrau Ursula Borchert, geb. Welters. ...*

Schreibe deinen tabellarischen Lebenslauf in einen handgeschriebenen um!

### Prüfliste zu den Bewerbungsunterlagen

- Eigene Adresse (Name, Anschrift, Telefon) richtig geschrieben?
- Anschrift der Firma richtig und vollständig?
- Ansprechpartner (Anredeform, Berufsbezeichnung) und Name richtig geschrieben (wenn bekannt)?
- Rechtschreibung ohne Fehler? Schwierige Wörter oder bei Unsicherheiten im Wörterbuch nachschlagen!
- Bewerbungsschreiben unterschrieben?
- Anlagen vollständig beigefügt (in der Regel Lebenslauf, Zeugniskopie, vorteilhaftes Passfoto mit Namen auf der Rückseite)?
- Alle Unterlagen in einwandfreiem Zustand?
- Firmenadresse auf dem Bewerbungsschreiben und dem Umschlag stimmen überein?
- Genügend Porto?

# Vorstellungsgespräch

Das Vorstellungsgespräch ist nach schriftlicher Bewerbung und möglicherweise einem Test die dritte Hürde, die du auf dem Weg zu deinem Ausbildungsplatz nehmen musst. In diesem Gespräch hast du die Gelegenheit durch einen guten persönlichen Eindruck deine Chancen zu verbessern.

## Sich auf das Vorstellungsgespräch vorbereiten

**1** Ratschläge eines Personalchefs:

„Der Bewerber soll möglichst alleine kommen, obwohl es da auch verschiedene Meinungen gibt. Positiv bei der Begleitung durch Eltern wäre, dass wir sehen können, wie diese ihn gefördert haben. Negativ ist sicher, wenn die Eltern alles sagen, das Mädchen oder den Jungen korrigieren. Wichtig ist,
5 dass wir sehen können, wie sich der Bewerber alleine darstellt. Er sollte sich nicht verrückt machen lassen, aber das Gespräch ernst nehmen. Pünktlich sollte er oder sie auch sein und außerdem auf eine gepflegte Erscheinung achten. Das eigentliche Gespräch kann man grob in zwei Hälften gliedern. Zuerst wäre wohl Zurückhaltung, in Maßen natürlich, angebracht. Zumin-
10 dest in der ersten Hälfte ist Warten, bis man gefragt wird, besser. Die Antworten erfolgen am besten in ganzen Sätzen. Der Bewerber sollte auch zusammenhängend erzählen können, zum Beispiel über Lebenslauf und Schulbildung, Hobbys, Motive für die Berufswahl, Berufsperspektiven, aktuelles Tagesgeschehen. Sollte er in einer zweiten Hälfte aufgefordert werden
15 selbst Fragen zu stellen, dann ist schon Eigeninitiative am Platze."

**a** Diskutiert, warum der Personalchef solche Erwartungen an einen Bewerber/eine Bewerberin stellt!
Stellt aus den Ratschlägen des Personalchefs Tipps für Bewerber zusammen!

**b** Rollenspiel zwischen Personalchef/in, der/die nach Lebenslauf, Hobbys usw. fragt, und Bewerber/in. Die anderen hören zu und beurteilen die Antworten.

**✶ c** Gesprächs- und Verhaltensregeln:
– die allgemeinen Umgangsformen bei der Gesprächseröffnung und am Gesprächsende beachten
– nicht ablenken lassen und nicht die Wände oder die eigenen Füße anstarren, sondern …

Sucht weitere Regeln!

## ✹ 2 Ein gescheitertes Vorstellungsgespräch

HERR KLUG: Sie sind also Marc Klug aus Altstadt. Bitte, nehmen Sie Platz!

MARC: Ich habe an der Tür gelesen, dass Sie auch Klug heißen. Das find' ich prima, da steigen ja meine Chancen. In Altstadt gibt es eine Reihe Verwandte von mir, die auch Klug heißen.

5 HERR KLUG: Hm – davon weiß ich nichts. Also, Sie wollen bei uns einen Ausbildungsplatz. Wann sind Sie denn mit der Schule fertig?

MARC: Im nächsten Jahr, Gott sei Dank! Ich hab keine Lust mehr.

HERR KLUG: So, Ihnen gefällt die Schule nicht. Haben Sie denn Hobbys?

MARC: Na klar! Ich bin beim FC Altstadt der beste Mann und trainiere schon in der

10 A-Jugend mit. Ich muss deshalb zweimal in der Woche unbedingt um vier Uhr weg. Das geht doch sicherlich? …

**a** Spielt dieses Bewerbungsgespräch zu Ende!
Wird Marc die Stelle bekommen? Begründet!

**b** In weiteren Rollenspielen ist der Bewerber/die Bewerberin
– gehemmt und wortkarg,
– nervös und redet viel zu viel,
– vorlaut,
– unterwürfig und versucht dem Gesprächspartner immer Recht zu geben.

Besprecht jede Spielszene und versucht die Fehler zu verbessern!

## ✲ 3 Der beste Empfehlungsbrief

Ein Kaufmann suchte durch eine Anzeige in einer Zeitung einen Laufburschen. Es meldeten sich fünfzig Knaben. Der Kaufmann wählte sehr rasch einen unter ihnen aus und verabschiedete die andern.

„Ich möchte wohl wissen", sagte ein Freund, „warum du gerade diesen Knaben
5 bevorzugst, der doch keinen einzigen Empfehlungsbrief hatte?" „Du irrst", lautete die Antwort, „dieser Knabe hat viele Empfehlungen. Er putzte seine Schuhe ab, ehe er ins Zimmer trat, und machte die Türe zu; er ist daher sorgfältig. Er gab ohne Besinnen seinen Stuhl jenem alten, lahmen Manne, was seine Herzensgüte und Aufmerksamkeit zeigt. Er nahm seine Mütze ab, als er hereinkam, und
10 beantwortete auch meine Fragen schnell und sicher; er ist also höflich und hat gute Sitten. Er hob das Buch auf, das ich absichtlich auf den Boden gelegt hatte, während alle übrigen es zur Seite stießen oder darüber stolperten; er hat also Ordnungssinn. Er wartete ruhig und drängte sich nicht heran, ein gutes Zeugnis für sein anständiges Benehmen. Ich bemerkte ferner, daß sein Rock gut ausge-
15 bürstet und seine Hände und sein Gesicht rein waren. Nennst du dies alles keinen Empfehlungsbrief? Ich gebe mehr auf das, was ich an einem Menschen in zehn Minuten sehe, als auf das, was in schön klingenden Empfehlungsbriefen geschrieben steht." Magdeburgische Zeitung 1877

**a** Das trifft heute nicht mehr zu. Nimm Stellung!

**b** Was haben die „Kriterien" des Kaufmanns mit dem Beruf des „Laufburschen" zu tun?
Wie kann man seine Chance, eine Ausbildungsstelle zu bekommen, verbessern? Erörtere!

* **4**

## Vorschlag für ein Projekt „Bewerbung"

| | |
|---|---|
| beteiligte Fächer: | Deutsch, Wirtschafts-/Rechtslehre, Textverarbeitung |
| Teilnehmer: | Personalchef/in oder Ausbildungsleiter/in einer Firma, Bank ... (zum Beispiel Partnerfirma der Schule, ein Vater/eine Mutter mit diesem Beruf), eure Klasse und Lehrer |
| Ziel des Projekts: | das Bewerbungsverfahren realistisch durchspielen |
| Schritte: | (1) Bewerbungsschreiben und Lebenslauf erstellen (Deutsch und Textverarbeitung) |
| | (2) Personalchef/in prüft die Bewerbungsschreiben und lädt zum Vorstellungsgespräch ein |
| | (3) Übung im Vorstellungsgespräch (Deutsch/WRL) |
| | (4) Vorstellungsgespräche mit Personalchef/in; alle hören zu |
| | (5) Auswertung mit Personalchef/in |
| | (6) Einen Ausbildungsvertrag und die dazugehörigen Gesetze lesen und auswerten (Deutsch/WRL) |
| | (7) Projekt dokumentieren und auswerten (z.B. Videofilm, Bilderdokumentation, Tipps zum Bewerbungsverfahren schreiben, Bericht in der Schülerzeitung ...) |

# Protokollieren

Du hast schon im letzten Jahr gelernt, wie ein Protokoll inhaltlich und formal gestaltet wird. Du weißt, dass es den Verlauf und die Ergebnisse von Verhandlungen, Sitzungen, Verhören, Unterrichtsstunden oder Vereinsversammlungen festhält. Ein Protokoll besitzt dokumentarischen Charakter und hilft nachträgliche Meinungsverschiedenheiten über Besprechungsergebnisse zu vermeiden oder zu klären. Als Protokollant/in bist du daher verpflichtet alle Tatsachen, Anträge, Beiträge und Beschlüsse so ausführlich wie nötig und so knapp wie möglich niederzuschreiben.

**Amtsgericht Neustadt**

1 Cs 5 Js 10990/92

Sitzungsbeginn: 14.30 Uhr
Sitzungsende:    16.55 Uhr

**Protokoll**

über die Hauptverhandlung des Amtsgerichts Neustadt
– Strafrichter – in öffentlicher Sitzung am
Donnerstag, dem 10. März 1997.

Gegenwärtig:

RiAG Weich
als Strafrichter

StA Braun
als Vertreter der StA

JHsekr. Schnell
als Urkundsbeamter
der Geschäftsstelle

Im Strafverfahren gegen

# Verlaufs- und Ergebnisprotokoll

Nur bei wenigen Gelegenheiten ist es üblich, alle Redebeiträge wörtlich aufzuschreiben, zum Beispiel in Parlamentsdebatten. Die meisten Protokolle dagegen geben Gespräche nur verkürzt wieder. In einem Verlaufsprotokoll musst du deshalb für einen Außenstehenden den Vorgang oder das Gespräch in seinen wichtigsten Elementen nachvollziehbar darstellen. Im Ergebnisprotokoll dagegen hältst du nur Ergebnisse fest.

## 1 Eine Diskussion protokollieren

Die Klassensprecher/innen der 9. Klassen beraten über Probleme mit dem Schulbus.

TANJA: Ich soll die Arbeitsgruppe „Busprobleme" leiten und begrüße euch erstmal ganz herzlich. Ich glaub', von jeder neunten Klasse ist jemand da.

5 GERD: Ja, stimmt! Aber ich bin nur Ersatzmann für den Andi, der ja wegen seines Unfalls noch außer Gefecht ist.

LISA: Wie geht's ihm denn? Schade, dass er nicht hier ist. Wisst ihr noch, wie der dem Schulleiter neulich wegen des Pausendienstes die Meinung gesagt hat? Den Andi bräuchten wir wegen der leidigen Busgeschichte jetzt dringend.

10 TANJA: Mensch, ich hab ja noch was vergessen! Bevor wir loslegen, müssen wir noch bestimmen, wer Protokoll schreibt. Natürlich melden sich da wieder alle gleichzeitig. Timo, könntest du …?

TIMO: Mir passt das natürlich überhaupt nicht in den Kram, aber einer muss es halt machen. Na ja!

---

### Tipps für den Protokollführer/die Protokollführerin

- Verwende möglichst große Blätter (DIN A4)! Lasse links und rechts einen Rand!
- Beginne bei jedem neuen Gedanken eine neue Zeile!
- Beschrifte nicht die Rückseite!
- Schreibe Stichworte, keine Sätze!
- Verwende Symbole (Kreise, Pfeile …) um Zeit zu sparen und Zusammenhänge zu verdeutlichen!
- Lege mehrere Bleistifte bereit!

| 15 | TANJA: | Dauernd sind die Busse überfüllt. Man kommt sich vor wie eine Ölsardine. Alle rasen natürlich nach Schulschluss in den ersten Bus rein, der dasteht. |
| | RALF: | Wieso? Ich find's cool. Da kommt man sich im Bus wenigstens etwas näher. Ich hab' da auch so meine Tricks, wenn's mal ganz schlimm wird. Lasst doch |
| 20 | | das Gemüse aus den Siebten gar nicht erst einsteigen. |
| | MELANIE: | Also, ich glaub', du tickst nicht mehr ganz gleichmäßig. Dein Verhalten löst doch unser Problem nicht. In Richtung Oberdorf müsste halt zur gleichen Zeit noch ein zweiter Bus fahren. |
| | TIMO: | Erst seit die Oberdorfer auch mit dem Bus fahren, gibt's jeden Tag das |
| 25 | | Chaos. Wieso eigentlich? |
| | GERD: | Hast du immer noch nicht geschnallt, dass die Bahnlinie in Richtung Oberdorf jetzt stillgelegt ist? Das stand doch im Juli und August wochenlang in der Zeitung. |
| | TIMO: | In den Ferien les' ich doch so'n Zeug nicht. Da interessiert mich anderes. |
| 30 | TANJA: | Jetzt aber wieder zur Sache! Den Vorschlag von Melanie find' ich gut. Wir stellen einen Antrag an die Schulleitung. Die sollen dieses Problem dann lösen. |
| | MELANIE: | Genau. Sonst heißt's ja auch immer Sicherheit und so, wenn die SMV mal was veranstalten möchte. Vorgestern musste unser Bus plötzlich bremsen. Da |
| 35 | | sind alle aufeinander geflogen. Jeder regt sich dann auf, aber keiner tut was. |
| | GERD: | Und dann geraten Streithähne aneinander und es wird geprügelt. Das ist ja auch nicht der Sinn der Sache. |
| | TIMO: | Bei der Masse von Leuten würde ein zweiter Bus nämlich locker voll, weil manchmal noch welche von der Berufsschule einsteigen. |
| 40 | TANJA: | Wahrscheinlich geht's dem Landratsamt ums Geld. Das hat mir nämlich der Herr Straßer gesagt, der bei uns die Verkehrserziehung macht. |
| | MELANIE: | Geld hin oder her! Hier geht's ja wohl in erster Linie um uns. Für alles ist Geld da, bloß nicht für Schüler! Könnten wir uns da nicht auch an den Elternbeirat wenden? Die kennen doch die maßgeblichen Leute. |
| 45 | RALF: | Und ans Schulforum! |
| | TANJA: | Ich fass' jetzt mal zusammen. |
| | LISA: | Halt, ich schlage vor, wir wenden uns an den Schulleiter, den Elternbeirat und das Schulforum. |
| | TIMO: | Und was sagen wir denen genau? |
| 50 | LISA: | Die Klassensprecher und Klassensprecherinnen von den neunten Klassen fordern mittags einen zweiten Bus in Richtung Oberdorf. |
| | TANJA | Gut, Lisa. Wer von euch ist auch dieser Meinung? Alle! Das macht Eindruck! |
| | GERD: | Und was ist mit den Abfahrtszeiten? |
| 55 | LISA: | Darüber können wir später noch sprechen. Wichtig ist, dass wir einen zweiten Bus bekommen! |

**a** Gibt es an eurer Schule auch Probleme bei der Schülerbeförderung?

**b** Welche Redebeiträge gehören nicht zur Sache?

**c** Welche Beiträge (Argumente) hältst du für wichtig? Notiere sie stichpunktartig! Schreibe dazu, wer das jeweils gesagt hat!

**2**

### Tipps zum Zusammenfassen einer Diskussion

• Bei Besprechungen folgen Argumente, Gegenargumente, Einwendungen, Bedenken und dergleichen ungeordnet hintereinander. Im Protokoll sollten sie jedoch geordnet wiedergegeben werden. Dabei solltest du Folgendes beachten:
• Trenne Wichtiges von Unwichtigem!
• Fasse inhaltlich Ähnliches zusammen!
• Lege eine Reihenfolge fest!
• Schreibe Anträge und Ergebnisse genau auf!

**a** Welche Beiträge aus der Diskussion in Aufgabe 1 gehören inhaltlich zusammen?

**b** Schreibe den Antrag der Vorsitzenden und das Abstimmungsergebnis genau auf!

**c** Fasse die wichtigen Punkte der Diskussion als Protokolltext schriftlich zusammen!

✳ **3 Ein Verlaufsprotokoll gestalten**

Name der Schule; Ort; Datum; Bezeichnung der Sitzung oder Besprechung; Ort der Sitzung oder Besprechung; Beginn (Uhrzeit); Ende (Uhrzeit); Tagesordnung; Anwesende; Fehlende; Protokollführer/in; Vorsitzende/r

**a** Entwerft und gestaltet selbst ein Formular für die erste Seite eines Protokolls!
Verwendet die Angaben! Die Lehrkraft in Textverarbeitung kann euch dabei helfen.

**b** Schreibt die erste Seite des Protokolls für die Sitzung der SMV (Aufgabe 1)!

**c**

| anregen | widersprechen | bezweifeln | beteuern |
| beantragen | äußern | bestätigen | darstellen |
| eingestehen | bitten | wiederholen | vortragen |
| erwidern | informieren | erwähnen | bemerken |
| reden | reagieren | meinen | sagen |
| referieren | einwenden | unterrichten | sprechen |
| sich einsetzen | kritisieren | antworten | diskutieren |
| wünschen | darlegen | sich anschließen | raten |

Welche Verben treffen für die Redebeiträge in der Diskussion der Klassen-
sprecher/innen zu (Aufgabe 1)? Formuliere mit diesen Verben jeweils einen
Satz!

▶ G  S. 245 ff., Konjunktiv

## 4 Verlaufsprotokoll und Ergebnisprotokoll vergleichen

Aus Timos Verlaufsprotokoll:
…

**TOP 2:**
Die Abfahrtszeiten der Busse am Nachmittag wurden
besprochen. Lisa Wagner, 9e, legte dar, dass sie bei
Unterrichtsschluss um 15.30 Uhr erst nach 17.00 Uhr mit
dem nächsten Bus nach Hause fahren könne. Dies
5 bestätigte Gerd Braun, 9a, denn ihm gehe es genauso,
wenn er nachmittags mit der Schulband probe. Er frage
sich, ob es sich bei so schlechten Busverbindungen
überhaupt noch lohne, Wahlunterricht zu besuchen. Ralf
Dunkel, 9b, wies in diesem Zusammenhang die Versammlung
10 auf ein Verkehrskonzept hin, das der Landkreis für den
öffentlichen Nahverkehr erproben wolle. Tanja Schieber,
9c, fügte hinzu, dass im Mittelstädter Stadtrat dieser
untragbare Zustand bei den Busverbindungen bereits diskutiert wurde. Vor allem sei die Benachteiligung der
15 Realschüler/innen erwähnt worden.
Tanja beantragte, die Klassensprecher/innen sollten
einen entsprechenden Antrag an das Landratsamt stellen.
Nach verschiedenen Vorschlägen wurde folgende Formulie-
rung beschlossen:
20 Die Klassensprecher/innen der 9. Klassen beantragen im
Busverkehr wesentlich geringere Zeitabstände am Nach-

mittag vorzusehen. Begründung: Die Wartezeiten von bis
zu zwei Stunden nach Unterrichtsschluss sind zu lang.
Der Beschluss wurde einstimmig gefasst.
25 Die zweite Schülersprecherin wird beauftragt Schulleitung und Schulforum zu informieren.

Ein Ergebnisprotokoll
...

**TOP 2:** Abfahrtszeiten der Busse am Nachmittag
Die Klassensprecher/innen der 9. Klassen beantragen
beim Landratsamt im Busverkehr wesentlich geringere
Zeitabstände am Nachmittag vorzusehen.
5 Begründung: Die Wartezeiten von bis zu zwei Stunden
nach Unterrichtsschluss sind zu lang.
Der Beschluss wurde einstimmig gefasst.
Die zweite Schülersprecherin wird beauftragt Schulleitung und Schulforum zu informieren.

**a** Worüber wurde beraten und abgestimmt?

**b** Vergleiche die beiden Protokolle! Beschreibe die Unterschiede!

> Im Unterschied zum Verlaufsprotokoll geht das Ergebnisprotokoll vom
> Schluss der Diskussion aus. Es konzentriert sich auf die Ergebnisse.

✳ **c** Bei folgenden Anlässen könnt ihr das Protokollieren üben:
   – Verlauf von Unterrichtsstunden
   – Planung eines Schullandheimaufenthalts
   – Diskussion über Lehr- und Studienfahrt, Wandertag, Projekt ...

**∗ 5**

**Vorschlag für ein Projekt**
**„Besuch einer Verhandlung vor dem Verkehrsgericht"**

Beteiligte Fächer: Deutsch (D), Wirtschafts- und Rechtslehre (WiR), Textverarbeitung (TV)

Ziel des Projekts: Grundzüge des Rechts kennen lernen und bei einer Verhandlung protokollieren

Schritte:

(1) Brief an das Amtsgericht verfassen und Termin für Gerichtsverhandlung absprechen (TV, WiR, D)

(2) Richter/in am Amtsgericht in die Schule einladen und um ein Referat über Verkehrsstrafsachen bitten (WiR, TV, D)

(3) Übungen im Mitschreiben und Protokollieren (D, WiR)

(4) Eine Verhandlung vor dem Verkehrsgericht besuchen

(5) Wichtige Aussagen von Zeugen/Zeuginnen, Angeklagten und Gutachtern/Gutachterinnen protokollieren

(6) Mit Staatsanwalt/Staatsanwältin, Verteidiger/Verteidigerin und Urkundsbeamten/Urkundsbeamtin über Protokollieren beim Gericht sprechen

(7) Gerichtsprotokoll von der Geschäftsstelle besorgen und mit euren Niederschriften vergleichen

(8) Projekt dokumentieren (Protokoll, Bericht für Schülerzeitung, Berufsmöglichkeiten für Realschüler/innen bei Gericht)

## Protokollieren

- Protokollieren heißt Ablauf und Inhalt von Gesprächen, Sitzungen, Versammlungen, Konferenzen, Besprechungen oder Unterrichtsstunden niederschreiben.
- Wer ein Protokoll schreibt, erstellt ein Dokument. Er hilft nachträgliche Meinungsverschiedenheiten über die Besprechungsergebnisse zu vermeiden.
- Überlege dir, weshalb du eine Niederschrift anfertigst, für wen du sie schreibst und welche Informationen erwartet werden!
- Notiere dir sachbezogene Beiträge und schreibe wichtige Punkte wörtlich auf!
- Ordne nach Tagesordnungspunkten, Meinungen, Argumenten, Anträgen und Ergebnissen!
- Berichte im Verlaufsprotokoll kurz und knapp! Führe Zwischenergebnisse und Endresultate näher aus ohne den Diskussionsverlauf im Detail zu beschreiben!
- Fasse dich beim Ergebnisprotokoll wesentlich kürzer! Halte nur die zur Debatte stehenden Anträge und Einwände sowie das Beratungs- und Abstimmungsergebnis fest!

# Grammatik und Stil

Bestimmte Grammatikkenntnisse sind notwendig, damit du die Regeln zur Rechtschreibung und Zeichensetzung verstehen und anwenden kannst. In den früheren Jahrgangsstufen hast du bereits die wichtigsten Wortarten und Satzglieder kennen gelernt und weißt, wie man sie erfragt. Im Zweifelsfall kannst du auch im Anhang dieses Buches nachschlagen. Daneben sollst du aber an häufig auftretenden Problemfällen auch lernen, wie man sich im Deutschen grammatisch richtig und gewandt ausdrücken kann.

## Wiederholung von Wortarten und Satzgliedern

**1** Wortarten

**a** Schreibe aus dem Grammatikanhang auf den Seiten 240–252 alle dort angesprochenen Wortarten heraus! Unterteile sie in deklinierbare und nicht deklinierbare!

**b** Bilde Sätze, in denen möglichst viele verschiedene Wortarten vorkommen.

**c** Beantworte folgende Fragen und bilde jeweils Beispielsätze!
 – Mit welchen dir bekannten Wortarten können Nebensätze beginnen, mit welcher Wortart enden sie?
 – Mit welchen euch bekannten Wortarten können Hauptsätze beginnen, mit welchen enden?
 – Welche Wortart kann stets durch eine andere ersetzt werden?

**d** Bilde Sätze, in denen jede der folgenden Wortarten in der angegebenen Reihenfolge vorkommt:
 (1) Substantiv – finites Verb – Pronomen
 (2) Unbestimmter Artikel – Substantiv – finites Verb – Adverb – infinites Verb
 (3) Bestimmter Artikel – Adjektiv – finites Verb – infinites Verb – infinites Verb

## 2 Satzglieder

> Du kannst bereits die folgenden Satzglieder unterscheiden: Adverbial, Akkusativ-, Dativ- und Genitivobjekt, Prädikat, Subjekt sowie das Attribut als Satzgliedteil.

**a** Wie kann man die einzelnen Satzglieder bzw. das Attribut erfragen?

**b** Bilde Beispielsätze, in denen diese Satzglieder bzw. Satzgliedteile vorkommen, und bestimme sie jeweils!

**c** Welches Satzglied fehlt in den folgenden Sätzen? Ergänze!
(1) Der Lärm belästigt. (2) Versuchen den Brand unter Kontrolle zu bringen. (3) Der Schüler Hubert hat nicht gemacht. (4) Deshalb wurde Frau Meier enthoben. (5) Die beiden Brüder um Geld. (6) Sie hat dem Lehrer übergeben. (7) Der Richter warf vor, er habe sich unrechtmäßig bereichert.

**d** Keiner der zahlreichen Besucher oder der Angestellten hatte in der Hektik des Samstagvormittags bemerkt, wie der Ladendieb seine Beute gegen zehn Uhr in das auf dem gegenüberliegenden Parkplatz abgestellte Fahrzeug schleppte.

Löse dieses Satzgefüge in zwei Hauptsätze auf. Verschiebe dann innerhalb dieser beiden Sätze die einzelnen Satzglieder so oft wie möglich und vergleiche die entstandenen Sätze!

▶ G S. 251, Umstellprobe

# Den eigenen Stil verbessern

> In deinen Aufsätzen hast du sicherlich schon die Korrekturbemerkungen „Stil" oder „Ausdruck" gelesen. Stil oder Ausdruck bedeutet sprachliche Darstellungsweise. Im Deutschunterricht ist es ein wichtiges Ziel, den eigenen Stil entsprechend bestimmter Normen (Regeln) zu entwickeln. Das heißt nicht, dass alle gleich schreiben und sprechen sollen, aber für andere verständlich, dem Schreibanlass angemessen und richtig. Im folgenden Kapitel sollst du deinen eigenen Stil schulen.

# Sprachebenen

> Geschriebene und gesprochene Sprache unterscheiden sich. So wie man etwas im Gespräch sagt, kann man es beim Schreiben sehr oft nicht formulieren. Was also im Gespräch durchaus angemessen sein kann, gilt beim Schreiben oft als „schlechter Stil". Einige der Unterschiede zwischen verschiedenen Sprachebenen sollen dir im folgenden Kapitel bewusst gemacht werden.

## 1 Umgangssprache

INGA: Hey Danny, wie läuft's?

DANNY: Na ja, mir geht's halt so mittelprächtig. In Mathe hat uns der Lurchi ein riesiges Pensum aufgebrummt. Wie ich das heute hinkriegen soll, keine Ahnung!

INGA: Aber der ist doch sonst nicht so, ich finde ihn ganz in Ordnung. Vielleicht hat
5   er nur einen schlechten Tag erwischt.

DANNY: Was soll's! Auf jeden Fall mach' ich mich nicht verrückt. Heute Nachmittag hab' ich was anderes vor. Hast du Lust mitzukommen?

INGA: Was machst du denn?

DANNY: Ich geh' zum Baden.

10  INGA: Keine schlechte Idee, ich komm nach French.

DANNY: Wann ist denn das?

INGA: So gegen drei.

DANNY: Mensch, du immer mit deinem French. Mit deinen Wahlfächern hängst du ganz schön drin. Wie du das alles packst! Macht das denn überhaupt noch
15  Spaß? Ich hätt' da keinen Bock drauf.

INGA: Na ja, manchmal bin ich schon ganz schön gestresst, aber im Urlaub hat sich's schon ausgezahlt. Papa hat sich in Frankreich nicht getraut zu bestellen. Da bin ich ganz gut  rausgekommen. Und außerdem beim Döbler geht's recht lustig zu. Und die Noten sind halt auch nicht so wichtig.

**a** Untersuche die Gesprächssituation (Personen, ihre Beziehungen zueinander, Zeitpunkt des Gesprächs, mögliche Gründe für das Gespräch)!

**b** Welche Meinungen werden ausgetauscht, wie werden sie begründet?

**c** Wo erkennst du Unklarheiten? Wie werden sie im Gespräch gelöst?

**d** Welche Formulierungen würdest du im Aufsatz nicht verwenden?

Die **Umgangssprache** ist eine Sprachebene, auf der man sich ungezwungen, gefühlsbetont, gelegentlich auch burschikos ausdrückt. Häufig fließen in die Umgangssprache auch Modewörter oder Modeausdrücke mit ein. Sie wird vor allem zwischen Gleichrangigen verwendet. Sprecher und Hörer sehen sich in der Regel oder können zurückfragen, wenn ihnen etwas unklar ist.

## 2 Sachsprache der Erörterung

Aus Ingas Schulaufgabe:

Wahlfächer in der Schule verlangen von den Schülern zusätzliche Arbeit. Sie finden in der Regel am Nachmittag statt, sodass die Freizeit eingeengt wird. Da muss man schon einmal auf einen Schwimmbadbesuch oder andere Vergnügen verzichten. Besucht jemand sogar mehrere Wahlfächer, ist er fast
5 jeden Nachmittag in der Schule. Für andere Dinge bleibt dann nicht mehr viel Zeit. Der Gewinn wiegt aber die Nachteile bei weitem auf. Vor allem zusätzliche Sprachkenntnisse können sich sehr bald auszahlen. Im letzten Urlaub konnte ich zum ersten Mal meine Kenntnisse in Frankreich „erproben". Zwar war ich am Anfang etwas unsicher, aber nach einigen Tagen
10 bestellte ich für die ganze Familie im Restaurant das Essen.

**a** Untersuche die Schreibsituation (Anlass des Schreibens, Adressat)!

**b** Wie unterscheidet sich der Text in der Wortwahl, in den Wendungen, im Satzbau vom Gespräch in Aufgabe 1? Warum?

## ✳ 3 Sätze sprachlich überarbeiten

Jeden Morgen muss ich aus dem Haus zischen, wenn ich meinen Schulbus rechtzeitig erwischen will. Wenn ich aber mit meinem Bike fahre, brauche ich mich nicht so reinstressen, denn ich muss nicht dauernd auf die Uhr schielen...

Die überarbeitete Fassung:

Jeden Morgen muss ich mich beeilen, wenn ich rechtzeitig meinen Schulbus erreichen will. Fahre ich aber mit meinem Fahrrad, kann ich mir etwas mehr Zeit lassen, denn ich bin nicht an die feste Abfahrtzeit gebunden.

**a** Vergleiche beide Fassungen! Schreibe die Wörter oder Wendungen gleichen Inhalts, aber unterschiedlicher Sprachebene heraus!

**b** Wann könnten die umgangssprachlichen Ausdrücke gebraucht werden?

**c** Formuliere die folgenden Sätze in eine höhere Sprachebene um!

(1) Wenn jemand die ganze Zeit das fährt, was sein Moped bringt, dann wird bald irgendetwas kaputtgehen. Und dann können Unfälle passieren.

(2) Wenn man früh schon um sieben in die Arbeit muss, dann hat man im Winter oft keinen Bock mehr auch noch mit dem Bus zu fahren, der an jeder Ecke hält. Dann steigt man halt lieber in seinen Karren, weil man halt doch eine halbe Stunde länger liegen bleiben kann.

(3) Eine weitere Gefahr ist eine eventuelle Verdoofung. Die jungen Leute hängen vor der Glotze rum und ziehen sich irgendeinen Quatsch rein, den es in der Wirklichkeit so überhaupt nicht gibt.

(4) Weihnachten steht vor der Tür und die Leute kaufen wie die Verrückten. Und die Geschenke sind alle mordsmäßig verpackt. Aber das Papier und die Plastikfolien werden dann einfach abgerissen und weggeschmissen.

## ✳ 4 Eine Argumentation sprachlich überarbeiten

Meine Eltern fahren in den Supermarkt und kommen mit voll bepacktem Auto wieder heim. Früher hat Mutter mit hängender Zunge immer volle Einkaufstüten heimgeschleift. Ich finde es Klasse, dass man in diesen Riesenschuppen alles auf einmal einkaufen kann und nicht in jede Menge Läden rennen muss, bis man sein Zeug zusammenhat. Da lohnt sich auch eine weitere Anfahrt, denn diesen Zeitverlust holt man schnell wieder rein.

**a** Überarbeitet den Text in Partnerarbeit! Hinweis: Überlegt euch zunächst, was der Schreiber in jedem Satz aussagen will!

**b** Vergleicht mehrere Ergebnisse! Schreibt eine Musterlösung!

> Geschriebene Sprache ist unabhängig von der Situation, sie überwindet Raum und Zeit (zum Beispiel ein Brief). Die Sprache ist der alleinige Träger der Mitteilung, sie muss daher besser als beim Sprechen geplant werden. Was im Gespräch angemessen sein kann, gilt beim Schreiben oft als „schlechter Stil".
> Die **Sachsprache** der Erörterung unterscheidet sich von der Umgangssprache durch größere Sachlichkeit und Allgemeinverständlichkeit.

# Nominalstil und Verbalstil

Der Stil eines Textes wird geprägt durch die bevorzugte Verwendung bestimmter Wörter und Wortarten, Wendungen und Sätze sowie durch ihre Verknüpfung. Im folgenden Kapitel werden dir einige Stilformen mit ihren Kennzeichen in verschiedenen Sprech- und Schreibsituationen vorgestellt.

## 1 Verschiedene Stilformen untersuchen

Aus einer Erörterung:

*Nominalstil*

> Die Ausrichtung der Musik auf die Wünsche der Schüler stellt einen Grund für die Beliebtheit der von unserer SMV veranstalteten Musik-partys dar. Beim Hören zu Hause ist ja oft die Rücksichtnahme auf Eltern und Geschwister erforderlich. Außerdem kann Musikhören daheim
> 5 wegen der Lautstärke zu Störungen im Verhältnis mit den Nachbarn führen. Auf der SMV-Party hingegen kommt es kaum zu Verärgerungen und Störungen, weil die Musik aufgrund der Lage unserer Turnhalle kaum Anlass zu Beschwerden vonseiten der Nachbarn gibt. ...

**a** Warum hat die Lehrerin Stellen unterstrichen und an den Rand *Nominalstil* geschrieben? Hinweis: „Nominalstil" kommt von „Nomen".

**b** Der Verfasser hat seinen Text überarbeitet:

> Weil die Musik auf die Wünsche der Schüler ausgerichtet ist, sind die von unserer SMV veranstalteten Musikpartys so beliebt. Wenn man zu Hause Musik hören will, muss man ja oft auf Eltern und Geschwister Rücksicht nehmen. Außerdem kann das Verhältnis zu den Nachbarn
> 5 gestört werden, wenn die Musik zu laut aufgedreht wird. Auf der SMV-Party hingegen wird kaum jemand verärgert und gestört, weil sich die Nachbarn kaum beschweren, denn unsere Turnhalle liegt von den nächsten Häusern und Wohnungen 200 m entfernt.

Lies beide Texte laut vor, beurteile und beschreibe die Unterschiede!

## 2 Nominalstil in Verbalstil umformen

„Die Schüler haben durch ihre Mitwirkung in der SMV die Möglichkeit zur Mitgestaltung der Schulgemeinschaft. Aber erst nach Überprüfung des eigenen Leistungsstandes ist eine Teilnahme in Erwägung zu ziehen. Denn eine zu große zeitliche Inanspruchnahme durch Tätigkeiten in der SMV kann
5 eine Verschlechterung in manchen Fächern mit sich bringen. Als Klassensprecher hat man aber mehr Einflussnahme, zum Beispiel auf die Gestaltung von Schulveranstaltungen. Durch Beeinflussung der Klasse kann man einen Beitrag leisten, dass andere Schüler sich engagieren, zum Beispiel beim Getränke- und Kartenverkauf für ein Schulfest."

a Schreibe die Nomen heraus, für die du das entsprechende Verb kennst!
Beispiel: *Mitwirkung → mitwirken*

b Schreibe den Text um, indem du die Verben verwendest und die Zahl der Nomen verringerst! Hinweis: Es gibt oft mehrere Möglichkeiten, den Text zu verändern. Du musst auch nicht alle Nomen ersetzen.
Beispiel:
*Wenn die Schüler in der SMV mitwirken, haben sie die Möglichkeit die Schulgemeinschaft mitzugestalten.*
Oder:
*Für Schüler, die in der SMV mitwirken, ist es möglich, die Schulgemeinschaft mitzugestalten.*

✶ c Wie ändert sich der Satzbau?

▶ G S. 227 ff., Haupt- und Nebensatz, S. 244 Infinitivgruppe

## ✶ 3 Unangebrachter Nominalstil

(1) Die Errichtung von weiteren Feriensiedlungen sollte nicht mehr erlaubt werden.
(2) Wasser und Luft sind durch die Schadstoffe des Autoverkehrs besonderer Gefährdung ausgesetzt.
(3) Durch den starken Andrang von Autos in den Städten ist eine immer stärkere Lärmentwicklung zu verzeichnen.
(4) Durch die Besichtigung der Sehenswürdigkeiten werden das Wissen und die Kenntnis fremder Kulturen erweitert.

Überarbeite die Sätze so, dass der Sinn erhalten bleibt und die Nomen reduziert werden! Vergleicht eure Ergebnisse!

## ✳ 4 Nominalstil in der Amtssprache

Aus dem Bayerischen Erziehungs- und Unterrichtsgesetz (Art. 31, Abs. 1):
„Zum Nachweis des Leistungsstandes erbringen die Schüler in angemessenen Zeitabständen entsprechend der Art des Faches schriftliche, mündliche und praktische Leistungen. Art, Zahl, Umfang, Schwierigkeit und Gewichtung der Leistungsnachweise richten sich nach den Erfordernissen der einzelnen Fächer. Leistungsnachweise dienen der Leistungsbewertung und als Beratungsgrundlage."

**a** Warum ist dieser Text dem Nominalstil zuzuordnen?

**b** Der Art. 31, Absatz 1 im Verbalstil:
Um nachzuweisen, wo sie mit ihren Leistungen stehen, erbringen die Schüler schriftliche, mündliche und praktische Leistungen. Diese werden in angemessenen Zeitabständen abgelegt und richten sich nach der Art des Faches. Art, Zahl, Umfang, Schwierigkeit und wie die Leistungsnachweise gewichtet werden, richten sich danach, was die einzelnen Fächer erfordern. Die Leistungsnachweise dienen dazu, die Leistung zu bewerten, und sind die Grundlage, wenn beraten wird.

Vergleiche die beiden Fassungen!
Warum werden Gesetze oder amtliche Verlautbarungen sehr häufig im Nominalstil geschrieben?

---

Unter **Nominalstil** versteht man eine Ausdrucksweise, die durch Häufung von Substantiven (Nomen) gekennzeichnet ist. Sie kann stilistisch unschön wirken. Grundsätzlich lässt sich sagen, dass der **Verbalstil** im Allgemeinen anschaulicher, lebendiger und auch leichter verständlich ist. Die nominale Ausdrucksweise bringt gewöhnlich eine klarere begriffliche Gliederung mit sich. Auch weil sie meist kürzer ist, wird sie daher in Gliederungen oder im Amtsdeutsch und in der Gesetzessprache verwendet.
Im Aufsatz solltest du den Verbalstil anstreben.
Du musst häufig nur das Substantiv durch das Verb aus seiner Wortfamilie ersetzen um vom Nominalstil in den Verbalstil überzuwechseln. Dabei werden oft Nebensätze gebildet.
*Wegen* **Nichtbefolgung** *der Regeln wurden zwei Schüler im Skikurs verletzt.* → *Weil sie die Regeln* **nicht befolgten***, wurden …*

# Schwächen im Satzbau

## 1 Mit „dass"-Sätzen und Infinitivgruppen abwechslungsreich schreiben

Einkaufen in der Fußgängerzone

(A) Niemand wird bestreiten, dass das Einkaufen in einer Fußgängerzone viele Vorteile hat. Einer ist zum Beispiel, dass man nicht vom Lärm und Gestank der Autos belästigt wird und dass man sich in aller Ruhe die Schau-
5 fenster anschauen kann. Angenehm ist auch, dass man viel Platz zum Laufen hat und nicht ständig Angst haben muss, dass einen ein Auto überfährt. Erwähnt werden muss auch, dass in so einer Einkaufszone Ruhebänke aufgestellt sind oder dass es Cafés gibt, dass sich diejenigen, die vom Einkaufen müde geworden sind, ausruhen können.

10 (B) In einer Fußgängerzone einzukaufen bringt viele Vorteile mit sich. Einen Schaufensterbummel zu machen, ohne ständig vom Lärm und Gestank der Autos belästigt zu werden, ist ein reines Vergnügen. Und bequem laufen zu können, ohne ständig Angst haben zu müssen, von einem Auto überfahren zu werden, ist auch ein Gesichtspunkt, der für Fußgänger-
15 zonen spricht. Zu erwähnen sind auch die Ruhebänke, die in solchen Ladenstraßen zu finden sind und die neben vielen Cafés den vom Einkaufen Erschöpften die Möglichkeit bieten sich auszuruhen. Manchmal gibt es dort auch Springbrunnen, die von der Stadtverwaltung aufgestellt wurden um im Sommer die Fußgängerzone kühl zu halten.

**a** Lies beide Texte und beurteile ihre Wirkung!

**b** Welche Satzmuster kommen jeweils gehäuft vor?

**c** Niemand wird bestreiten, dass das Einkaufen in einer Fußgängerzone viele Vorteile mit sich bringt. Einen Schaufensterbummel zu machen, ohne ständig vom Lärm und Gestank der Autos belästigt zu werden, ist ein reines Vergnügen …

Schreibe weiter und achte auf abwechslungsreichen Satzbau!

▶ G S. 245, Nebensatz; S. 244, Infinitivgruppe

**★ 2** Jedermann müsste klar sein, dass ein Urlaubsaufenthalt im Ausland einem Jugendlichen großen Gewinn bringt. Da ist zunächst zu erwähnen, dass jedes Land seine besonderen Sehenswürdigkeiten vorzuweisen hat, die von der Vergangenheit zeugen, und dass es viel zur Allgemeinbildung eines jungen
5 Menschen beiträgt, wenn er sich für Bauwerke und Kunstschätze aus früheren Zeiten interessiert. Dass er vor Ort aber meist nur Erläuterungen in der

Landessprache erhält, könnte ein Grund sein, dass er sich schon zu Hause mit der Sprache des Urlaubslandes befasst. Sei es, dass er einen Kurs an der Volkshochschule belegt, sei es, dass er sich einen Sprachführer kauft. Auch ist
10 klar, dass ein Urlauber, der Sprachkenntnisse hat, sich besser verständigen kann und noch dazu die Chance hat, dass er nette Einheimische kennen lernt. Diese werden sich sicher freuen, dass sie einem Feriengast allerhand Wissenswertes über ihr Land nahe bringen können. Und das macht einen Urlaub im Ausland gerade für einen interessierten Jugendlichen erst richtig reizvoll.

**a** Welche Satzmuster häufen sich?

**b** Überarbeite den Text! Vergleicht verschiedene Ergebnisse!

### 3 „um zu" richtig verwenden

(1) Herr Lämmermann lässt seine Tochter die Realschule besuchen um eine gute Allgemeinbildung zu bekommen. (2) Frau Gutbrod schickt ihren Mann jeden Morgen in aller Frühe weg um frische Brötchen zu holen. (3) Der Lehrer schickte die Kinder auf den Turm um eine bessere Aussicht zu haben. (4) Man bezahlt Angestellte um zu arbeiten. (5) Früher brachten manche Eltern ihre Kinder aufs Land um bei der Ernte zu helfen. (6) Der Vater sandte den Sohn auf die Universität um Medizin zu studieren. (7) Die Stadtverwaltung pflanzte Bäume um den Bürgern Schatten zu spenden. (8) Die Freizeit ist dazu da, um sich zu erholen.

**a** Wer tut was? Überarbeite die fehlerhaften Sätze!

Beispiel: *Herr Lämmermann lässt seine Tochter die Realschule besuchen. Sie soll eine gute Allgemeinbildung bekommen.*
Oder: *Herr Lämmermann lässt seine Tochter die Realschule besuchen,* **damit** *sie eine gute Allgemeinbildung bekommt.*

> „Um zu" wird dann verwendet, wenn die „um-zu"-Gruppe das Subjekt des Hauptsatzes meint. Beispiel: **Sie** *zog ihr schönstes Kleid an* **um** *auf der Party von jedermann bewundert zu werden.*

**b** (1) Die Eltern schickten die Kinder ins Bett. Sie wollten sich in Ruhe unterhalten. (2) Frank bereitete sich mit äußerster Sorgfalt auf den Wettbewerb vor. Er wollte als Bester abschneiden. (3) Arleen bastelte die Weihnachtsgeschenke heimlich selbst. Sie wollte ihre Familie damit überraschen.

Verbinde jeweils zwei Sätze mit „um zu"!

## 4 „Schachtelsätze" auflösen

Da der Wald, wenn er immer mehr abgeholzt wird, kaum mehr Ruhe bietet, weil der Lärm zu wenig abgehalten wird, muss der Mensch, ob er will oder nicht, auf seinen wichtigsten Erholungsraum verzichten, der für ihn lebenswichtig ist und in dem er sich vom Großstadtlärm regenerieren kann.

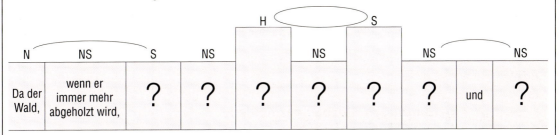

**a** Übertrage das Schaubild in dein Heft und ergänze es!

**b** Warum nennt man solche Satzperioden „Schachtelsätze"?

**c** Der Wald bietet Ruhe, weil er den Lärm abhält. Er ist für den Menschen lebenswichtig, weil er sich dort vom Großstadtlärm regenerieren kann. Wenn der Wald also immer mehr abgeholzt wird, muss der Mensch auf seinen wichtigsten Erholungsraum verzichten.

Der Schachtelsatz wurde in drei Satzgefüge aufgelöst.
Schreibe ab und unterstreiche die Haupt- und die Nebensätze! Lies beide Fassungen laut vor und beurteile die Wirkung!

**d** Auch können sich Mutter oder Vater, wenn sie zu Hause bleiben, intensiver mit ihren Kindern beschäftigen, vor allem, weil sie ohne den Arbeitsstress, dem sie als Berufstätige ausgesetzt wären, mehr Geduld für die Kinder aufbringen und ausgeglichener sind, was sich, ganz abgesehen von der Zeit, die
5 sie für die Überwachung der Hausaufgaben ihrer Kinder verwenden können, positiv auf das Familienklima auswirkt.

Zeichne das Schema des „Schachtelsatzes"!

**e** Auch können sich Mutter oder Vater, wenn sie zu Hause bleiben, intensiver mit ihren Kindern beschäftigen. …

Schreibe weiter, indem du den „Schachtelsatz" auflöst!

> ### Tipps für übersichtliche Sätze
>
> - Bilde kurze bis mittellange Sätze (höchstens 15-20 Wörter)!
> - Schreibe überschaubare Satzgefüge aus Hauptsatz und Nebensatz!
> - Füge in Nebensätze keine weiteren Nebensätze ein!
> Ein Satz muss lesbar und verstehbar sein.

★ **5** Der Müll wird in Dosen und Fässern in den Wald geworfen. Er soll dort verrotten. Die Fässer und Dosen rosten mit der Zeit. Das bedenken die Leute nicht. Durch solche Roststellen gelangen die Inhalte, wie z. B. Lacke und Abbeizmittel, in den Boden. Sie werden mit dem Regenwasser von den Baumwurzeln aufgenommen. Sie zerstören den Baum von innen heraus.

**a** Beurteile die Wirkung!

**b** Fasse die Sätze zu übersichtlichen Satzgefügen oder Satzreihen zusammen!

▶ G  S. 250, Satzreihe; Satzgefüge

## 6 Eintönigen Satzbau vermeiden

(A) Es kann unter Umständen auch sein Gutes haben, wenn die Jugendlichen ihr Elternhaus frühzeitig verlassen.

(B) Wenn die Jugendlichen ihr Elternhaus frühzeitig verlassen, kann dies auch sein Gutes haben.

Die Jugendlichen werden möglicherweise früher selbstständig.

Möglicherweise werden die Jugendlichen früher selbstständig.

Sie müssen sich ohne die Hilfe der Eltern um eine Arbeitsstelle kümmern.

Denn sie müssen sich ohne die Hilfe der Eltern um eine Arbeitsstelle kümmern und

Sie können nicht mit der gleichen Selbstverständlichkeit wie früher mit der finanziellen Unterstützung ihrer Familie rechnen.

können nicht mit der gleichen Selbstverständlichkeit wie früher mit der Unterstützung ihrer Familie rechnen.

Sie müssen das Geld, das sie verdienen, richtig einteilen.

Vielmehr müssen sie das Geld, das sie verdienen, richtig einteilen.

**a** Vergleicht beide Texte! Warum wirken die Sätze in Text (A) eintönig?

**b** Wodurch unterscheidet sich Text (B) von Text (A)?

**c** Einem jungen Menschen fällt es oft schwer zu begreifen, dass das Leben nicht nur aus Spaß bestehen kann.

Schreibe den Satz mit verschiedenen Satzanfängen!
*Oft fällt es …*
*Dass das Leben …*
*Schwer fällt es …*

**d** (1) Erwachsene haben nicht immer Verständnis für die hohen Ansprüche, die viele Jugendliche an den eigenen Lebensstandard stellen.
(2) Teenager können sich häufig auch nicht daran gewöhnen, pünktlich zu sein und ihre Pflichten zuverlässig zu erfüllen.
(3) Viele Eltern haben sehr oft Grund ihre Söhne und Töchter zu ermahnen und sie daran zu erinnern, dass sie zum Beispiel ihre Hausaufgaben noch erledigen müssen.

Stelle jeden Satz so oft wie möglich um!
Lies die Sätze laut und beurteile die Wirkung!

▶ G S. 251, Umstellprobe

---

### Tipps für abwechslungsreiche Sätze

- Beginne nicht immer mit dem Subjekt des Satzes!
- Stelle in Satzgefügen auch den Nebensatz voran!
- Mit Konjunktionen und Adverbien kannst du Sätze beginnen und Gedankengänge verdeutlichen.
  Adverbien: *möglicherweise, öfter, selten, nie, häufig, auch, nun, trotzdem, außerdem, bald …*
  Konjunktionen: *denn, sondern, deshalb, damit …*

---

▶ G S. 240, Adverb; S. 244 f., Konjunktionen

**✶ 7** Junge Menschen haben heutzutage viel Freizeit, die sie sinnvoll nützen könnten. Sie sitzen aber oft nur vor dem Fernseher und sehen sich irgendetwas an. Das ist nicht gut, das weiß jeder. Das Lesen wird deshalb oft als sinnvolle Alternative zum Fernsehen angeboten und gefordert. Das Lesen wird durch
5 das Fernsehen immer mehr verdrängt. Man wird sich fragen müssen, wenn man Jugendliche überzeugen will: Was spricht für das Lesen, was lässt sich gegen zu viel Fernsehen sagen?

**a** Beurteile die Wirkung!

**b** Überarbeite die Einleitung mithilfe der Tipps! Vergleicht mehrere Ergebnisse!

# Satzteile und Sätze verknüpfen

Immer wieder einmal schreibt deine Lehrerin/dein Lehrer unter deinen Aufsatz: Überleitungen fehlen! oder: Zusammenhang? Häufig liegt der Fehler dann nicht darin, dass du wirklich etwas ausgelassen hast, sondern du hast die Sätze sprachlich nicht miteinander verbunden. In diesem Grammatikkapitel werden dir einige Möglichkeiten gezeigt, wie man Sätze und Satzteile deutlicher und grammatisch einwandfrei aufeinander bezieht.

## 1 Pronominaladverbien richtig verwenden

In einem gelungenen Text sind die einzelnen Sätze auf vielfältige Weise miteinander verknüpft. Dies geschieht einerseits vom Inhalt her, indem sie sich logisch aufeinander beziehen; andererseits benützt man dazu aber auch eine Reihe von Wörtern, die solche Verbindungen herstellen. Die hier besprochenen gehören im weitesten Sinn zu den Pronomen, sie stehen also für etwas, was im Vorsatz angesprochen wurde.
In manchen, besonders in der Erörterung häufig gebrauchten Wendungen weisen diese Wörter („Pronominaladverbien") auch auf etwas Kommendes voraus, erzeugen also eine Art Spannung beim Leser.
(Beispiel: *Wer einen Text flüssig und gut lesbar gestalten will, ist* **darauf** *angewiesen, diese Wörter richtig zu verwenden.*)

Häufig wird von Schülern in der Erörterung so formuliert:
Wie wir gesehen haben, spricht vieles für eine Ausweitung der Freizeit auch für Schüler und Lehrer.
Neben diesen positiven Gesichtspunkten müssen wir aber auch einige Gefahren bedenken, die sich aus einer Zunahme der Freizeit ergeben können.
Flüssiger, weil kürzer wäre: Daneben müssen wir aber auch einige Gefahren bedenken, die sich daraus ergeben können.

**a** Was wurde verändert?

**b** In den folgenden Sätzen bzw. Satzpaaren fehlt jeweils das verbindende Wort. Schreibe den Satz/die Sätze ab und ergänze es aus der unten stehenden Liste.

(1) Immer mehr Fernsehprogramme werden angeboten. ■ ergeben sich viele Vorteile für jeden Einzelnen. (2) Man sollte häufiger nach Mecklenburg-Vor-

pommern fahren. ■ spricht unter anderem, dass nur so persönliche Beziehungen entstehen und damit Vorurteile abgebaut werden können. (3) Bei Schullandheimaufenthalten lernen sich die Schüler untereinander besser kennen. ■ liegt auch das Ziel solcher Unternehmungen. (4) Zuerst stimmen wir darüber ab, ob wir überhaupt eine Studienfahrt durchführen wollen. ■ richtet sich dann das weitere Vorgehen. (5) Jeder sollte seinen Beitrag zur Verringerung des Lärms leisten. ■ gehört auch, in der Pausenhalle nicht so laut herumzuschreien. (6) Auch der neue Lehrplan verlangt, dass in der 9. Klasse ein Jugendroman gelesen wird. ■ gibt es aber noch viele andere Gründe, die dafür sprechen. (7) Wir müssen ■ ausgehen, dass vorerst die Ozonbelastung noch weiter zunehmen wird. (8) Man sollte immer ■ denken, dass es in den Entwicklungsländern viele Menschen gibt, denen es am Notwendigsten mangelt.

> ### Pronominaladverbien:
>
> daran, darauf, daraufhin, daraus, dabei, dafür, dahinter, darin, damit, danach, daneben, darunter, davon, dazu

**c** Bilde selbst Sätze, in denen diese Wörter vorkommen!

**d** Stelle die Sätze aus Aufgabe b so oft wie möglich um und vergleiche die Wirkung!

✳ **e** Schreibe die folgenden Sätze ab und setze jeweils das passende Pronominaladverb ein!
(1) Auf den ersten Blick scheint die Wiederherstellung der Deutschen Einheit allen Beteiligten nur Vorteile zu bringen. ■ verbirgt sich jedoch eine Menge von Problemen. (2) Wir haben uns letzte Stunde mit der wirtschaftlichen Situation in den neuen Bundesländern beschäftigt. ■ sollten wir uns eigentlich noch viel ausführlicher befassen. (3) Es sollte auch im Deutschunterricht der Realschule wieder mehr Literatur gelesen werden. ■ verstehe ich zum Beispiel auch, dass jeder Schüler seine eigenen Lieblingsgedichte der Klasse vorträgt. (4) Es kommt ■ an, dass jeder Einzelne zum Gelingen des Projekttages beiträgt. (5) Man sollte ■ berücksichtigen, dass gute Rechtschreibkenntnisse für einen Realschüler von großer Bedeutung sind. (6) Man sollte die Planung auch ■ überprüfen, ob sie sich nicht nachteilig auf das Ortsbild auswirkt.

**2** Verbindungen von Präpositionen und „was", die einen Nebensatz einleiten, werden hochsprachlich ebenfalls durch Pronominaladverbien
(wobei, womit …) ersetzt.
Beispiel: *Wir wussten nicht, auf was sie hinauswollte.*
Besser: …, **worauf** *sie hinauswollte.*

Die gebräuchlichsten davon sind:

| | | |
|---|---|---|
| woran | < | an was |
| worauf | < | auf was |
| wobei | < | bei was |
| wodurch | < | durch was |
| wofür | < | für was |
| wogegen | < | gegen was |
| worin | < | in was |
| womit | < | mit was |
| wonach | < | nach was |
| worüber | < | über was |
| worunter | < | unter was |
| wovon | < | von was |
| wovor | < | vor was |
| wozu | < | zu was |

**a** (1) Er verriet nicht, ▨ er gerade dachte. (2) Es ist nicht immer klar, ▨ sich die
Fragen beziehen. (3) ▨ er seine Energie schöpft, bleibt uns verborgen. (4) Es
spielt keine Rolle, ▨ er sein Geld verdient hat. (5) Jeder Schüler sollte seinen
eigenen Arbeitsplatz haben, ▨ auf eine ausreichende Beleuchtung zu achten
ist. (6) Es gibt viele Möglichkeiten, ▨ sie sich angesteckt haben könnte.
(7) Es blieb offen, ▨ er sich entschieden hatte. (8) Es ist nicht bekannt, ▨ sich
der Protest richtete. (9) Keiner erklärte den Schülern, ▨ der Sinn dieser
Übung besteht. (10) Dem Mädchen blieb verborgen, ▨ es sich richten sollte.
(11) Der Lehrer kann nicht verstehen, ▨ wir lachen. (12) Ein Pfund Reis
pro Tag ist alles, ▨ manche Menschen leben müssen. (13) Viele wissen nicht,
▨ sie sich eigentlich ängstigen. (14) ▨ das Ganze gut sein soll, ist ein
Geheimnis.

Schreibe die Sätze ab und setze das passende Pronominaladverb ein!

**b** Seine Frau weiß nicht, mit wem er unterwegs ist.
Seine Frau weiß nicht, womit er unterwegs ist.

Vergleiche und erkläre den unterschiedlichen Sinn! Worin besteht der
Unterschied? Welche Regel lässt sich daraus ableiten?

* **c** (1) Der Arzt kann sich nicht erklären, ▨ der Ausschlag herrührt. (2) ▨ wartest du? (3) ▨ habt ihr euch gestern unterhalten? (4) Der Lehrer überlegt sich, ▨ er letzte Stunde gesprochen hat. (5) Schon kurz darauf wusste Cordelia nicht mehr, ▨ sie eben gedacht hatte. (6) Die Beteiligten ahnten nicht, ▨ sie sich da eingelassen hatten.

Schreibe ab und setze ein!

* **d** (1) Der Betrunkene konnte sich am nächsten Morgen nicht mehr erklären, gegen was er auf seinem nächtlichen Nachhauseweg gestoßen war und wie er sich eine Beule geholt hatte. (2) Er erledigte alle Aufträge prompt, durch was er sogar noch früher als erwartet in die Zentrale zurückgekehrt war. (3) Dem Einbrecher war es schließlich gleichgültig, bei was sie ihn erwischt hatten. (4) Mit was hast du dein Mofa so schnell repariert? (5) Hast du dir schon einmal überlegt, von was du die Zinsen bezahlen willst? (6) Viele Leute fragen sich, mit was die neu eingeführte Versicherung finanziert werden soll.

Schreibe ab und berichtige!

## 3 Demonstrativpronomen richtig verwenden

> **Demonstrativpronomen** sind eigentlich keine echten „Pronomen", das heißt, sie ersetzen kein Nomen; wie alle anderen Pronomen sind sie aber deklinierbar, ihre Beugung ist also vom folgenden (oder vorausgehenden) Nomen abhängig.
> Besondere Schwierigkeiten bereiten dabei die Verwendung von „jene/jener" und der Genitivformen von „diese". Sie werden beim Sprechen nur selten gebraucht, sind aber beim Schreiben unverzichtbar.

## Die Demonstrativpronomen „dieser" – „jener"

- „jener" wird verwendet
  - zur Gegenüberstellung mit „dieser"
    Beispiel: *Dieses Sprachbuch ist besser als* **jenes**.
  - vorausweisend auf etwas Abgeschlossenes, weit Entferntes; in diesem Fall muss die Erläuterung nachfolgen.
    Beispiel:
    **Jenes** *Land Atlantis, das nur noch in der Sage existiert, …*
- „dieser" dient häufig auch dazu, Zusammenhänge deutlich zu machen, die bei der Verwendung eines Personalpronomens zweifelhaft wären.
  Beispiel:
  Nicht: *So mancher Raser bedrängt auf der Autobahn seinen Vordermann. Wenn er* (der Raser? der Vordermann?) *die Fahrspur wechselt, kann es leicht zu einem Unfall kommen.*
  Sondern: *Wenn* **dieser** (= der Vordermann) *die Fahrspur wechselt, …*

(1) Dieser hat drei Söhne, ■ hat zwei Töchter. (2) Diese Sekte verspricht den Weltuntergang an einem bestimmten Datum, ■ die ewige Glückseligkeit auf Erden. (3) In ■ längst vergangenen Zeiten, in denen die Frauen auch vom Gesetz her den Männern noch untertan waren, spielt auch die Handlung dieses spannenden Jugendromans. (4) ■ Überheblichkeit, mit der manchmal auf Forderungen des Naturschutzes reagiert wurde, ist zwischenzeitlich einer Aufgeschlossenheit gewichen. (5) Frau Munnes gehört zu ■ Frauen, die neben ihrer Berufstätigkeit auch noch Kinder großgezogen und trotzdem ihr jugendliches Aussehen bewahrt haben.

Schreibe ab und setze die jeweils richtige Form ein *(jene, jener, jenen, jenes)*!

∗ **b** (1) Der Direktor brachte seinen Gast zum Flughafen. Er (der Direktor) wollte möglichst schnell wieder nach Hause. (2) Nur wenige Kolleginnen wollten wie Frau Meise und Frau Lampe beim Schulfest Aufsicht führen. Sie (Frau Meise) blieb dann auch bis zum bitteren Ende. (3) Wir sollten uns heute auch dieser erinnern, die unseren Wohlstand begründeten. (4) Die Siegerinnen nahmen freudestrahlend ihre Pokale in Empfang. Sie waren breit und gedrungen und glänzten, als wären sie wirklich aus Edelmetall. (5) Es ist sicherlich vermessen von uns, uns über diese lustig zu machen, die vierzig Jahre lang nicht die Möglichkeit hatten frei ins Ausland zu reisen. (6) Manche Schülerinnen und Schüler verhalten sich wie die Lemminge. So wie sie folgen sie blindlings einem Herdentrieb und stürzen sich damit in ihr Unglück. (7) Das ist die Tochter dieses Mannes, der uns vor vielen Jahren das Haus verkauft hat.

Schreibe ohne die Hinweise in den Klammern ab und verbessere!

## 4 Relativpronomen

a

### Die Pronomen „deren" – „dessen" – „denen"

Die Formen „denen", „deren", dessen" werden dazu verwendet,
– Relativsätze einzuleiten (1),
– auf etwas Folgendes vorauszuweisen (2) oder
– bestimmte Beziehungen zu verdeutlichen (3).

Beispiele:
(1) *Wir mögen unsere Deutschlehrerin, **deren** Mann ebenfalls an unserer Schule unterrichtet.*
*Es sollen sich alle Schüler melden, **deren** Eltern im Elternbeirat mitwirken.*
*Der Minister dankt dem mutigen Mann, durch **dessen** beherztes Eingreifen vier Kinder gerettet wurden.*
*Wir informieren uns in den Massenmedien, **denen** wir am ehesten Objektivität zutrauen.*
(2) *Wir bedanken uns bei all **denen**, die uns beim Bau geholfen haben.*
*Bei der Siegerehrung wird auch **derer** gedacht, die bei der Veranstaltung mitgeholfen haben.*
(3) *Peter, Klaus und **dessen** Freundin Sabine besuchen gemeinsam das Volksfest.*
*Der Bürgermeister begrüßte die Gemeinderäte und **deren** Ehegatten.*
*Die Besitzerin verabschiedete sich von der Kundin und **deren** Begleiter.*

(1) Thomas Mann, ■ Vorfahren in Grabow zu Hause waren, wurde in Lübeck geboren und verbrachte einen Großteil seines Lebens in München. (2) Die Schüler, ■ der Übertritt in die Realschule ihrer schlechten Noten wegen verwehrt bleibt, können neuerdings das freiwillige 10. Schuljahr an
5 der Hauptschule besuchen. (3) Vor allem jene, ■ ein glücklicheres Schicksal beschieden war, neigen dazu, auf die anderen herabzuschauen. (4) Die Eisenbahnverbindung Hamburg – Schwerin – Berlin, ■ Bedeutung nicht unterschätzt werden darf, soll nun ausgebaut werden. (5) Herr M., ■ Frau letztes Jahr verstorben ist, beabsichtigt in einem Seniorenheim einzuziehen.
10 (6) Er liebt dieses kleine Hotel, von ■ Zimmern aus man einen schönen

Blick auf den berühmten Brunnen hat. (7) Das Denkmal zeigt einen Mann, ___ Oberkörper aus einem Granitblock herauswächst und der eine Seejungfrau in den Armen hält, ___ Fischschwanz am Boden aufliegt. (8) Die Gemeinde hat all jene Bürger zu einem kleinen Empfang gebeten, ___ sie zu besonderem Dank verpflichtet ist. (9) In N. gibt es einen Stadtrat, ___ Frau eine Tochter mit in die Ehe gebracht hat, ___ größter Wunsch es ist, einmal das Christkind spielen zu dürfen. (10) Ich habe die Spuren gefunden, nach ___ ich so lange gesucht hatte. (11) Herr und Frau K., ___ Tochter Renate immer im Hof spielt, beschwerten sich, dass dort so viel Gerümpel abgelagert wird.
20  (12) Ostereier, ___ Farben sich von ___ natürlicher Eier grundsätzlich unterscheiden und die manchmal auch besondere Verzierungen aufweisen, werden um den drei- bis zehnfachen Preis verkauft.

Schreibe ab und setze richtig ein!

**＊ b** Frau Meier, Frau Huber und ___ Schwester nahmen gemeinsam an einer Busreise nach Venedig teil. Weil der Busfahrer, ___ Name hier nichts zur Sache tut, am Vorabend der Reise krank wurde, konnte diese erst mit mehreren Stunden Verspätung beginnen.
5  Frau Meier kümmerte sich während der Fahrt um diejenigen, ___ dabei übel wurde und ___ Magennerven gegen die etwas hektische Fahrweise des Aushilfsfahrers rebellierten. Aber auch all ___, die sich vor der Hitze in der Poebene fürchteten, sprach sie Mut zu. Schließlich wurde trotz aller Widrigkeiten, ___ sich ältere Reisende bei einer solchen Fahrt ausgesetzt sehen, doch noch
10  die Lagunenstadt erreicht. Bei ___, die schon während der ganzen Zeit gelitten hatten, machte sich Erleichterung breit, was sich deutlich an den Gesichtern, vor allem aber an ___ Farbe abzeichnete, die sich rasch wieder von fahlgrün zu rosig wandelte.

Schreibe ab und setze jeweils die richtige Form ein!

**＊ c** Heute gehen wir in den Tanzpalast, ___ Werbeslogan jeden Tag mehrmals im Radio läuft: „Bei uns trefft ihr die Leute, vor ___ euch eure Eltern schon immer gewarnt haben!" Vielleicht sehen wir dann die Typen wieder, ___ Lederklamotten so toll aussahen, und den Diskjockey, ___ heiße Musik uns
5  mächtig angemacht hat. Ist nur zu hoffen, dass diesmal die Türsteherin, ___ scharfer Blick genau abcheckt, wer noch nicht das richtige Alter hat, gerade Pause macht.

Schreibe ab und setze jeweils die richtige Form ein!

**＊ d** Bilde selbst Sätze mit „deren", „denen" und „dessen"!

# Falsche Beziehungen zwischen Satzgliedern

## 1 Subjekt und Prädikat in Übereinstimmung bringen

(1) In jedem Beruf wird Flexibilität, Selbstständigkeit und Teamfähigkeit verlangt.

(2) Es soll auch die Bereitschaft zur Weiterbildung und ein gewisses Urteilsvermögen nicht fehlen.

**a** Welche Fehler liegen vor?

**b** Übertrage die Sätze in dein Heft und verbessere sie!

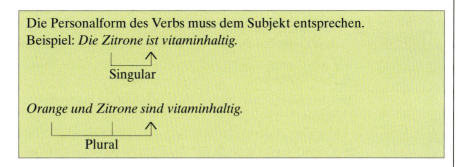

Die Personalform des Verbs muss dem Subjekt entsprechen.
Beispiel: *Die Zitrone ist vitaminhaltig.*

Singular

*Orange und Zitrone sind vitaminhaltig.*

Plural

▶ G S. 250, Subjekt

## 2

(1) Die Musik, das Tanzen und die Gespräche mit Freunden vermittelt mir ein angenehmes Gefühl. (2) Diese Gruppe von Radikalen übte Gewalt aus. (3) Eine der höchsten Kriminalitätsraten der Welt haben die USA. (4) Die Nürnberger Nachrichten berichteten dies kürzlich. (5) Wer schon einmal die Polizei gerufen hat, weiß, dass es lange dauern kann, bis sie kommen. (6) Die Hälfte aller Jugendlichen bewegen sich nicht gerne; mindestens ein Viertel der Heranwachsenden haben Übergewicht. (7) Der Spitzensport dient der Völkerverständigung. (8) Deshalb ist die Gesellschaft und die Regierung daran interessiert, viele Sportler zu haben. (9) In einem modernen Gefrierschrank kann Brot, Kompott, Fleisch und Butter problemlos eingefroren werden. (10) Nicht jede Familie kann es sich leisten, ihr Kind ins Schullandheim zu schicken, vor allem, wenn sie knapp bei Kasse sind.

Überprüfe die Sätze und verbessere, wo nötig!

## ✳ 3

(1) Früher ▨ das Geschrei, der Rauch und der Gestank in einer Fabrik nur schwer zu ertragen. (sein) (2) Eine Anzahl von Schülern ▨ nie ein Pausenbrot mit in die Schule. (mitbringen) (3) Einer der größten Nachteile, die die

Anschaffung eines Mofas mit sich bringt, ■ die hohen Kosten. (sein)
(4) Nach Angaben der UN-Organisation für Ernährung und Landwirtschaft
■ 10 Prozent der Weltbevölkerung unterernährt. (sein)  (5) In Afrika ■ ein
Drittel der Menschen Hunger. (leiden)

Übertrage den Text in dein Heft und setze die richtige Personalform ein!

▶ G  S. 247, Personalform

## 4 Richtige Bezüge herstellen

Sobald er auf die Autobahn kommt, wird er sich sagen, jetzt teste ich mal,
wie schnell du fährst. Und die Folge ist meistens, dass der Fahrer dann voll
aufs Gaspedal drückt, aber nicht überlegt, dass man dabei zu schnell wird.

**a** Was ist unklar?

**b** Überarbeite den Text so, dass er inhaltlich eindeutig und stilistisch einwandfrei ist!

**5** (1) Oft merkt man in der Ausbildung erst sehr spät, welche Anforderungen
an sich gestellt werden. (2) Fehlende Bewegung kann zu Herz- und Kreis-
laufbeschwerden führen, das viele Menschen nicht wahrhaben wollen.
(3) Wenn ein Nichtraucher zu einer Gruppe gehört, wo es nur Raucher gibt,
wird er auf die Dauer Qualen erleiden und gesundheitliche Schäden davon-
tragen, wenn sie keine Rücksicht nehmen. (4) Es gibt aber auch Problem im
Schullandheim, für das die Schüler verantwortlich sind. (5) Die Eltern sollten ihre Kinder nicht zu streng erziehen, sondern ihm auch Freiheit lassen.

Jeder Satz enthält mindestens einen Bezugsfehler. Übertrage die Sätze richtig in dein Heft!

**✳ 6** (1) Wer in der Großstadt wohnt, kann in vielen Vereinen Mitglied werden,
zum Beispiel Fußballklubs. (2) Wer in der Großstadt wohnt, kann in vielen
Vereinen Miglied werden, zum Beispiel *in einem* Fußballklub.

**a** Vergleiche beide Sätze und beschreibe den Fehler in Satz 1!

**b** (1) Gewalt geht uns alle an, weil es sie auch in unserer unmittelbaren Umgebung gibt, zum Beispiel Freundeskreis. (2) Oft wollen Jugendliche Probleme
mit Drogen lösen, zum Beispiel Alkohol und Zigaretten. (3) Die Einnahme
von Rauschgift verursacht Schäden an den Organen, zum Beispiel die Nieren oder die Leber.

Verbessere!

## Falsche Präpositionen

**1** **Präpositionen richtig verwenden**

bye-bye …
(1) Manchmal enthalten Zeitungsartikel Fremdwörter, bei denen sich der Leser nichts vorstellen kann. (2) Bei Jugendlichen lesen die wenigsten. (3) Beim Auto muss man hohe Unterhaltskosten bezahlen. (4) Tausende beteiligten sich bei einem Marathonlauf. (5) Es ist bekannt, dass bei Möbeln Holz verwendet wird. (6) Nur bei den wenigsten wird der Traum von der Karriere wahr. (7) Beim Fahrrad muss man keine Steuern zahlen. (8) Bei den meisten Fällen hat eine Entziehungskur keinen Erfolg. (9) Bei all diesen Gründen gibt es auch Vorteile. (10) Getränke sind in der Disko teuer, ebenso ist es bei den Speisen. (11) Nur allzu oft kommt es zu Gewalttaten, bei denen alte Leute betroffen sind.

**a** In allen Sätzen ist die Präposition „bei" entweder überflüssig, falsch oder nicht treffend genug. Verbessere, indem du folgende Präpositionen verwendest: an, unter, neben, in, für, von, mit!

**b** Welche Sätze sind inhaltlich nichts sagend?

▶ G S. 248, Präpositon

**2** (1) Die Aussicht ▨ einen Gewinn verführt viele Jugendliche immer wieder ▨ Automatenspiel. (2) Mancher Teenager hofft ▨ eine Glückssträhne. (3) ▨ Automaten und nicht ▨ der Schulbank fühlt er sich stark. (4) Ein wesentlicher Gesichtspunkt ist, dass ▨ die moderne Kühltechnik Waren haltbar gemacht werden können. (5) In den Wintermonaten wird ▨ den Vorrat dann zurückgegriffen. (6) ▨ der schlechten Witterungsverhältnisse kann es leicht zu Unfällen kommen. (7) ▨ zu langes Zögern hat sich schon mancher

Börsenspekulant ▦ einen Gewinn gebracht. (8) Manche Schüler sind neidisch ▦ die guten Noten ihrer Schulkameraden.

Setze die richtigen Präpositionen ein!

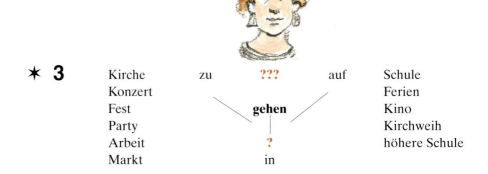

★ **3**

| Kirche | zu | **???** | auf | Schule |
|---|---|---|---|---|
| Konzert | | | | Ferien |
| Fest | | **gehen** | | Kino |
| Party | | | | Kirchweih |
| Arbeit | | **?** | | höhere Schule |
| Markt | | in | | |

Probiert aus, welche Präpositionen möglich sind, und bildet Sätze!

## Störende Wortwiederholungen

**1** **Häufung von „man" vermeiden**

(A) Auch kann man feststellen, dass das Radfahren einen großen gesundheitlichen Wert besitzt. Man hat nämlich nachgewiesen, dass Radfahren fit hält. Vor allem fordert es die Leistungsfähigkeit unserer inneren Organe. Außerdem weiß man, dass das Radeln auch für die Beseitigung von psychischen
5 Störungen von Bedeutung ist. Man wird nicht bestreiten, dass man nach einer ausgedehnten Radtour ausgeglichener ist und besonders gut schläft.

(B) Radfahren besitzt einen hohen gesundheitlichen Wert, weil es fit hält. Vor allem fördert es die Leistungsfähigkeit unserer inneren Organe und ist auch für die Beseitigung von psychischen Störungen von Bedeutung. Nach
10 einer ausgedehnten Radtour ist man nämlich ausgeglichener und schläft besonders gut.

**a** Vergleiche und beurteile beide Texte!

**b** Man kann behaupten, dass die ausdauernde Bewegung beim Radfahren auch noch aus einem anderen Grund nützlich ist. Sie wirkt nämlich ganz anders nach, als wenn man sich nur entspannt und nichts tut. Man kann nämlich nicht bestreiten, dass man durch diese sportliche Betätigung neue Energie
5 bekommt, was unserer Arbeit in Beruf und Schule gut tut. Man kann also deutlich sehen, dass Fahrradfahren eine große Bedeutung für die Gesundheit hat.

Überarbeite den Text!

**c** Fährt man schließlich fort und gerät in einen Stau, wünscht man sich, man wäre lieber zu Hause geblieben. Auch ist der Urlaub insgesamt wenig erholsam, beginnt man ihn schon mit Stress. Wenn dann noch dazukommt, dass man am Urlaubsort auf viele Menschen trifft und man Mühe hat einen Platz
5 am Strand oder im Restaurant zu ergattern, ist es kein Wunder, wenn man bald vom Urlaub die Nase voll hat.

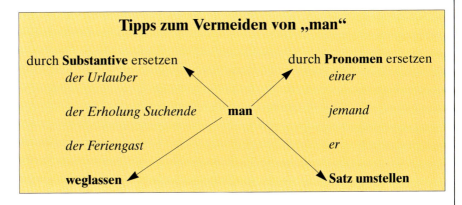

**Tipps zum Vermeiden von „man"**

durch **Substantive** ersetzen

*der Urlauber*

*der Erholung Suchende*     **man**

*der Feriengast*

**weglassen**

durch **Pronomen** ersetzen

*einer*

*jemand*

*er*

**Satz umstellen**

Überarbeite den Text mithilfe der Tipps!

## 2 Häufung von „Schlüsselwörtern" vermeiden

Warum reißen viele Jugendliche von zu Hause aus?
In vielen Zeitschriften und Zeitungen kann man lesen, dass immer mehr Jugendliche von zu Hause weglaufen. Meist ist dies für diese Jugendlichen der letzte Versuch mit ihren Problemen fertig zu werden, wenn es ihnen auf andere Weise nicht gelingt. Da heute viele Jugendliche sich in einer ähnli-
5 chen Situation befinden, muss man sich fragen: Welche Schwierigkeiten gibt es für Jugendliche, dass sie keine andere Lösung mehr wissen als von zu Hause auszureißen?

**a** Welcher Schlüsselbegriff wurde in dieser Einleitung zu häufig wiederholt?

**b** In vielen Zeitschriften und Zeitungen kann man lesen, dass immer mehr Jugendliche von zu Hause weglaufen. Meist ist es für sie der letzte Versuch mit ihren Problemen fertig zu werden, wenn es ihnen auf andere Weise nicht gelingt. Da sich viele Heranwachsende heute in einer ähnlichen Situation
5 befinden, muss man sich fragen: Welche Schwierigkeiten gibt es für Jugendliche, dass sie keine andere Lösung mehr finden, als von zu Hause auszureißen?

Wie wurde der Text verbessert?

**c** Schreibt Tipps, wie die häufige Wiederholung der Begriffe *Auto, Zeitung, Freizeit, Freund, Fernsehen* vermieden werden kann! Orientiert euch an den Tipps in Aufgabe 1c!

★ **3** Ein Schluss zur Erörterung „Welche Ursachen könnte die zunehmende Gewaltbereitschaft von Jugendlichen haben?":
„Ich finde, Gewalt löst keine Probleme. Wenn jemand Probleme hat, soll er versuchen einen Freund zu finden, mit dem er darüber reden kann und der ihm vielleicht hilft mit seinen Problemen klarzukommen. Probleme gehören zum Leben und wer seine Probleme ernsthaft lösen will, findet mit Sicher-
5 heit einen Weg damit fertig zu werden, ohne dass er Gewalt anwenden muss.
Synonyme:
Sorgen – Nöte – Schwierigkeiten – ungelöste Fragen – schwere Aufgabe – verfahrene Situation – Anliegen – unbewältigte Aufgaben – schwierige Lage …
umschreiben:
etwas, womit man nicht zurechtkommt; Situation, aus der man keinen Ausweg findet; verfahrene Situation …

Überarbeite den Text mithilfe der Synonyme und Umschreibungen!

## 4 Häufung von „auch" vermeiden

Auch darf nicht vergessen werden, dass ein Mofa viel kostet. Der Jugendliche muss bedenken, dass er neben dem Kaufpreis auch Geld für den Unterhalt seines Fahrzeuges braucht. So sollte es regelmäßig gewartet werden. Häufig braucht man dazu auch Ersatzteile, die es auch nicht umsonst gibt. Viel Geld
5 muss man heute auch für Benzin bezahlen.

**a** Überarbeite den Text, indem du *auch/auch nicht* durch die folgenden Wörter ersetzt: außerdem, ferner, weiter, ebenfalls, ebenso wenig, sowie, genauso wie, sowohl … als auch, zudem, darüber hinaus!

**b** Was von Auszubildenden erwartet wird:
   – Eigeninitiative entwickeln
   – planen und organisieren
   – Entscheidungen treffen
   – sich auf neue Situationen einstellen
   – logisch denken
   – zielgerichtet handeln
   – Verantwortung übernehmen

Verbinde die Stichpunkte zu einem zusammenhängenden Text! Vermeide Wiederholungen!

## Fehlerhafte und ungenaue Formulierungen

### 1 Richtige Wörter verwenden

(1) Ich komme nun zu dem Entschluss, dass Umweltschutz wirklich notwendig ist.
(2) Er zog aus der Meldung die falsche Entscheidung und verlor sein ganzes Vermögen.
(3) Wer sehr früh heiratet, trifft nicht immer den richtigen Schluss.
(4) Nach langem Zögern fasste er schließlich eine Entscheidung.

**a** Hier wurde einiges verwechselt. Verbessere!

**b** Ich treffe ■.
   Er fasst ■.
   Sie kommt zu ■.
   Man kann daraus folgenden ■ ziehen.

Ergänze so, dass ganze Sätze entstehen!

## 2 „machen" ersetzen

Mach' mal!
(1) Ein Lehrling sollte sich darauf einstellen, dass er viele verschiedene Tätigkeiten machen muss. (2) Die Schüler machten die Party an einem Freitag. (3) Ich wusste nicht, was ich auf der Party machen sollte. (4) Meine Meinung zu Schulpartys ist aber, dass sie auf jeden Fall weiterhin gemacht werden sollen. (5) Es kommt vor, dass Lehrer ihre Aufsichtspflicht nicht machen wollen. (6) Viele Jugendliche wissen nicht, was sie in ihrer Freizeit machen sollen.

**a** Überarbeite die Sätze! Ersetze dabei das Wort „machen"! Du kannst unter folgenden Wendungen auswählen: ausführen – verrichten – ausüben – nachgehen – nachkommen – unternehmen – fortsetzen – erledigen – bewerkstelligen – anfertigen – sich beschäftigen mit – sich die Zeit vertreiben mit – veranstalten – festlegen – anfangen – beginnen – wahrnehmen.

**b** Bilde Sätze und verwende dafür die Verben aus Aufgabe 2a!

★ **3** (1) Man sollte nicht vergessen, dass ▧ Nachteile mit sich bringt. (2) Mancher findet keine Freizeitbeschäftigung außer ▧. (3) Durch ▧ kann man sich weiterbilden. (4) In den letzten Jahren hat sich die Zahl der ▧ mindestens verzehnfacht. (5) ▧ könnten vor allem bei Kindern Gewaltbereitschaft hervorrufen oder verstärken. (6) Das Werbefernsehen wendet sich vor allem an den ▧. (7) Angeblich gehen von ▧ elektrische Strahlen aus, die nicht ungefährlich sein sollen.

> das Fernsehen, das Fernsehgerät, der Fernsehapparat, der Fernseher, der Fernsehzuschauer, Fernsehsendungen

Schreibe die Sätze mit den richtigen Begriffen in dein Heft! Manchmal sind mehrere Lösungen richtig.

★ **4** Letzte Meldung!!!

– Die Eltern sitzen einem immer im Rücken.
– Oft sind Häuser von Bäumen umzingelt.
– An vielen Stränden wimmelt es von Menschenmassen.
– Auf Partys lernt man viele neue Gesichter kennen.

Verbessere!

# Unzulässige Verallgemeinerungen

**1** (A) Die Eltern sind viel zu streng zu den Kindern oder versuchen, indem sie jede Woche Hausarrest anordnen, ihre Kinder zu tadellosem Verhalten zu bringen.

(B) Manchmal sind Eltern viel zu streng zu ihren Kindern. Sie ordnen womöglich jede Woche Hausarrest an und glauben ihre Kinder so zu tadellosem Verhalten zu bringen.

**a** Vergleiche beide Texte und beschreibe die Unterschiede!

**b** Warum ist Text (B) besser?

**c** So kannst du Verallgemeinerungen vermeiden:

Manchmal sind Eltern viel zu streng ▦ …
Möglicherweise sind viele Eltern zu streng ▦ …
Vielleicht ▦ …
Nicht selten ▦ …
Es kommt vor, dass ▦ …
Es ist durchaus denkbar, dass ▦ …
Es entspricht der Erfahrung, dass ▦ …
Vermutlich sind ▦ …
Gut vorstellbar ist, dass ▦ …
Manche Eltern ▦ …

Schreibe mehrere Fassungen von Text (A) und verwende möglichst unterschiedliche Formulierungen!

**2** (A) Jugendliche werden schnell gewalttätig, wenn sie Eltern haben, die schlechte Vorbilder sind. Sie müssen zusehen, wie die Erwachsenen aufeinander losgehen. Wenn zum Beispiel der Vater betrunken nach Hause kommt, wird erst die Mutter angeschrien, dann werden die Kinder verprügelt.

(B) Jugendliche, die während ihrer Lehrzeit wenig verdienen und denen das Geld nicht reicht, weil sie hohe Mieten bezahlen müssen, haben kein Vertrauen in die Regierung, da alles überteuert ist. Aus diesem Grund achten sie die Gesetze nicht und versuchen sich auf illegale Weise Geld zu beschaffen. Dabei schrecken sie nicht davor zurück, gewalttätig zu werden.

Überarbeitet in Partnerarbeit beide Texte!

**★ 3** (A) Jugendliche, die unter einem enormen Leistungsdruck stehen, versuchen ebenfalls ihre Frustration auf gewalttätige Weise abzubauen. Sie können der Belastung nicht standhalten und werden ihren Lehrern gegenüber aggressiv oder schlagen Mitschüler zusammen.

(B) Härtere Strafen könnten Gewalttaten verhindern helfen. Ein Jugendlicher, der eine Fensterscheibe eingeschlagen hat und mit einer kleinen Geldstrafe davonkommt, demoliert bei nächster Gelegenheit wieder einen Gegenstand. Und einer, der einen Menschen umgebracht hat, wird es wieder tun, wenn er nur für fünf Monate ins Gefängnis muss.

Überarbeite beide Texte! Vergleiche dein Ergebnis mit dem deines Nachbarn/deiner Nachbarin!

# Rechtschreiben

## Straßennamen

**1** Briefe an die Mitglieder des Elternbeirats:

*(Briefumschläge mit folgenden Anschriften:)*

Frau
Ingrid Schmid
Kitgasse 12
70513 Berg

Herrn
Walter Sauer
Marktstr. 6

Herrn
Siegfried Groß
An der Alten Kirche 3
70517 Furth

Frau
Ruth Frisch
Dr.-Kurt-Sauer-Weg 5
70517 Furth

Frau
Sabine Frey
Regensburger Str. 2
70513 Berg

Frau
Renate Klein
Am Kanal 4
70523 Aurau

Herrn
Jakob Bösch
Am Gerichtsweg 7
70517 Furth

Herrn
Josef Herbst
Hoher Weg 14
70523 Aurau

Frau
Evelyn Kuhn
Wacholderweg 18
70513 Berg

**a** Welche Unterschiede in der Schreibweise der Straßennamen stellst du fest?
Schreibe die Straßennamen heraus und ordne sie entsprechend ihrer
Schreibweise!

**b** Wo wohnt ihr? Tragt die Straßennamen richtig in die Liste ein!

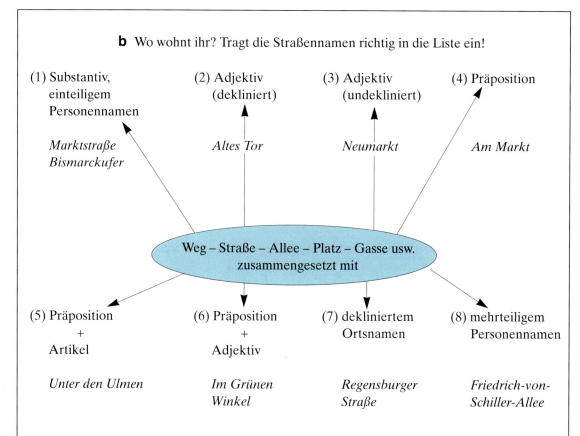

(1) Substantiv, einteiligem Personennamen

*Marktstraße*
*Bismarckufer*

(2) Adjektiv (dekliniert)

*Altes Tor*

(3) Adjektiv (undekliniert)

*Neumarkt*

(4) Präposition

*Am Markt*

Weg – Straße – Allee – Platz – Gasse usw.
zusammengesetzt mit

(5) Präposition
+
Artikel

*Unter den Ulmen*

(6) Präposition
+
Adjektiv

*Im Grünen Winkel*

(7) dekliniertem Ortsnamen

*Regensburger Straße*

(8) mehrteiligem Personennamen

*Friedrich-von-Schiller-Allee*

▶ G  Adjektiv, Deklination, Präposition, Substantiv siehe „Anhang", S. 240 ff.

✳ **2** Bekanntmachung im Lokalteil einer Zeitung

Wegen des Ostermontags wird die grüne Tonne nächste Woche erst am Dienstag geleert. Folgende Straßen sind betroffen: Kulmbacher Straße, Lange Straße, Wald-
5 straße, Im Grünen Bogen, An der Linde, Am Hochgericht, Altes Tor, Kirchen-straße, Krummer Weg, Alte Laufer Gasse, Schillerplatz, Kurzstraße, Sterntor, An der Pegnitzbrücke, Adenauerufer, Beim Alten
10 Rathaus, Friedrich-von-Schiller-Allee, Unter den Linden, Lutherstraße, Altgasse, Im Hof, Neuplatz, Theodor-Körner-Straße.

Die Stadtverwaltung

**a** Lege eine Tabelle mit den Möglichkeiten (1)–(8) an und ordne die Straßennamen ein!

**b** Welche Regeln zur Schreibweise von Straßennamen kannst du aufstellen?

Hinweise:
– Überprüfe die Schreibweise des jeweils ersten Wortes der Straßenbezeichnungen!
– Stelle fest, wie Ableitungen von Ortsnamen in der Straßenbezeichnung geschrieben werden!
– Finde heraus, wie der Straßenname geschrieben wird, wenn das Bestimmungswort ein einfaches oder zusammengesetztes Substantiv oder ein einteiliger Personenname ist!
– Unterscheide davon die Zusammensetzung mit mehrteiligen Personennamen!
– Unterscheide die Schreibung von deklinierten und undeklinierten Adjektiven als Bestimmungswörter!

Schreibe die Regeln in dein Heft!

▶ G  S. 243, Grundwort; S. 242, Bestimmungswort

**3** Vor der Bundestagswahl hängt im Rathaus folgender Anschlag aus:

| | |
|---|---|
| **Wahlbezirk I** | **Wahlbezirk II** |
| **Wahllokal: Annaschule** | **Wahllokal: Rathaus** |
| **Straßen:** | **Straßen:** |
| Am Hohen Damm | Alte Hospitalstraße |
| Bürgermeister-Sauer-Str. | Weinmarkt |
| Friedrich-Ebert-Platz | Bahnhofsvorplatz |
| Gottfried-Keller-Weg | Böttchergasse |
| Donauwörther Landstraße | Bayreuther Straße |
| Hellweg | Färberstraße |
| Kastanienallee | Am Neuen Schloss |
| Leipziger Tor | Karlstraße |
| Marktplatz | Trödelmarkt |
| Schustergasse | Römerstraße |
| Bamberger Straße | An den Rampen |

1. Das erste Wort eines Straßennamens wird großgeschrieben, ebenso alle zum Namen gehörenden Adjektive und Numeralien:
   *Im Haag, Am Alten Lindenbaum, Äußere Rittersbacher Straße, An den Drei Tannen.*
2. Straßennamen, die aus einem einfachen oder zusammengesetzten Substantiv und einem für Straßennamen typischen Grundwort bestehen, werden zusammengeschrieben:
   *Schlossstraße, Brunnenweg, Bismarckring, Helenentor, Beethovenplatz, Augustaanlage.*
3. Straßennamen, die aus einem undeklinierten Adjektiv und einem Grundwort zusammengesetzt sind, werden zusammengeschrieben:
   *Altmarkt, Neumarkt, Hochstraße.*
   – Getrennt schreibt man dagegen, wenn das Adjektiv dekliniert ist:
     *Große Bleiche, Lange Gasse, Französische Straße.*
   – Getrennt schreibt man auch bei Ableitungen von Orts- und Ländernamen.
4. Den Bindestrich setzt man, wenn die Bestimmung zum Grundwort aus mehrteiligen Eigennamen (auch mit Titeln) besteht:
   *Dr.-Stefan-Schröder-Straße, August-Bebel-Platz, Kaiserin-Augusta-Damm, Am St.-Georgs-Friedhof, Von-Repkow-Platz.*

**a** Welche Regel liegt der jeweiligen Schreibweise im Wahlanschlag zugrunde?

**b** Wo findest du diese Regeln im Wörterbuch?

**c** Suche zu den Regeln passende Straßennamen auf dem Stadtplan deines Heimatortes!

\* **d** Wer entdeckt in seinem Stadtviertel oder Heimatort die meisten falsch geschriebenen Straßennamen?

\* **e** Unterscheide zwischen Altdorferstraße und Altdorfer Straße! Erkläre nach den Rechtschreibregeln, wann die jeweilige Schreibweise angebracht ist!

\* **4**

### Vorschlag für ein Projekt „Straßennamen und ihre Bedeutung"

Sucht in eurem Schulort nach Straßen, die nach Persönlichkeiten benannt sind, und findet heraus, um wen es sich dabei handelt! Ihr könnt euch im Rathaus erkundigen und eine Broschüre erstellen, in der ihr Lebensdaten und Wirken der Personen darstellt!

# Schwierigere Rechtschreibfälle

In der Rechtschreibung tauchen oft Fragen auf, die selbst „Könnern" Schwierigkeiten bereiten. Auch für dich sind diese Probleme leichter zu lösen, wenn du einige wichtige Grundsätze kennst und grammatische Kenntnisse besitzt. Zweifelsfälle kannst du auch klären, wenn du dir bestimmte Rechtschreibweisen einprägst oder, was noch besser ist, sie im Wörterbuch nachschlägst. Das Gespür dafür, wann und wo du nachschlagen sollst, wird dir im folgenden Kapitel vermittelt.

**1** Nicht ganz ernst gemeint: Vorschläge für eine weitere Rechtschreibreform

**Erster Schritt**: Zuerst verzichten wir auf die Großschreibung:
*Mit dieser maßnahme gleichen wir uns internationalen normen an; in der englischen sprache zum beispiel gibt es kaum großschreibungen.*
**Zweiter schritt**: Als nächstes lassen wir dehnungen, schärfungen und doppelkonsonanten weg:
*di grose gefar, das wir feler aufs papir bringen, ist schon weit geend gebant.*
**Driter schrit**: Dan ersetzen wir ale **t** durch **d**; ale **v**, **pf** und **ph** durch **f**; ale **q**, **c** und **ch** durch **k** und ale **z** und **sch** durch **s**:
*Das alfabed wird um fünf buksdaben ferkürsd, ferwekslungen komen nikd mer for.*
**Firder srid**: Slislik fergesen wir di dopellaude ai und äu und lasen di punkde über ä, ö und ü weg.
*In der sule gibd es nur nok gluklike kinder, der brif an grosmuder isd nikd mer leienhafd und di auslander konen nak diser fereinfakung leikd deuds sreiben lernen. Ale swirigkeiden sind ausgereumd – oder?*

**a** Was hältst du von diesen Vorschlägen?

✱ **b** Bereitet eine Diskussion zum Thema Rechtschreibreform vor (Gruppenarbeit)!

– Jede Gruppe beschäftigt sich mit einem der vorgeschlagenen Schritte in praktischen Schreibversuchen, zeigt das Für und Wider auf und begründet ihren eigenen Vorschlag.
– Die Gruppenvorschläge werden vor der Diskussion allen Gruppen vorgelegt.

# Wiederholung

**1**

### Grundregeln der Großschreibung

Substantive schreibt man groß.

Dazu gehören auch:
- Substantive in festen Gefügen
  Beispiele: *im Grunde, in/mit Bezug auf*
- Zahlsubstantive
  Beispiele: *ein Dutzend, die Eins*
- Ausdrücke, die als Bezeichnung von Tageszeiten nach den Adverbien *vorgestern, gestern, heute, morgen, übermorgen* stehen
  Beispiele: **heute Mittag, gestern Abend**
- Wörter anderer Wortarten (zum Beispiel Verben, Adjektive), wenn sie als Substantive gebraucht werden (Substantivierungen). Man erkennt sie im Text an zumindest einem der folgenden Merkmale:
  – an einem vorausgehenden Artikel (+ Präposition)
    Beispiele: **Das Lesen** fällt mir schwer. - **Am Lernen** lag es nicht.
  – an einem vorausgehenden unbestimmten Zahlwort
    Beispiel: **Alles Gute!**
  – an einem Attribut, z. B.: *das **totale** Nichts*
  – an ihrer Funktion als dekliniertes
    Satzglied, z. B.: *Er stand vor **dem totalen** Nichts*
    oder Attribut, z. B.: *ein Teller **mit Gebratenem***

Es war ein P/paar Wochen nach Weihnachten, an einem S/samstag. Wir liefen zum Main. „H/heute N/nachmittag hält das Eis", erklärte Denis. Über ein D/dutzend der vielen Eisschollen am Ufer mussten wir klettern, dann standen wir auf der glitzernden Fläche. Ein leises K/knistern im Eis war zu
5 vernehmen. Zur N/not hätte man ans Ufer zurücklaufen können, aber ein K/kneifen kam jetzt nicht in B/betracht. „Das hält mindestens bis Ü/übermorgen N/nacht", freute sich Jan. „Das B/beste, was dieser Winter heuer zu bieten hat." Er wollte auf B/biegen und B/brechen weiter hinaus in die Strommitte, wo etwas G/glänzendes auf dem Eis lag. Das K/knistern des
10 Eises hörte man nicht mehr so laut. Offensichtlich war die Eisfläche hier stärker. Im G/grunde war es mir jetzt auch egal, meine Angst verschwand. Es gefiel uns, das D/dahingleiten auf der weiten Fläche.

Schreibe richtig ab und begründe die Groß-/Kleinschreibung!

# Kleinschreibung von verblassten Substantiven

**1** Den **Samstag** verbringt Hans im Stadion.  Hans ist **samstags** im Stadion.

Der **Morgen** beginnt mit dem
Lauftraining.

Das Lauftraining findet **morgens**
statt.

Der Trainer sprach der Mannschaft
seinen **Dank** aus.

Seine Elf gewann **dank** der ge-
schlossenen Mannschaftsleistung.

---

Aus Substantiven entstandene Wörter anderer Wortarten werden kleingeschrieben. Du erkennst sie häufig an der Endung -*s*.

Beispiele:

**Substantiv** → **Adverb**

*Erst am **Abend** findet die
Pokalübergabe statt.* → *Erst **abends** findet die Pokalübergabe statt.*

**Substantiv** → **Präposition**

*Es bestehen von der **Seite** des
DFB keine Einwände.* → *Es bestehen **seitens** des DFB
keine Einwände.*

---

**a** Schreibe weitere Satzpaare mit den Wörtern: Anfang – anfangs; Ring – rings;
Teil – teils; Mitte – mitten; Mangel – mangels!

**b** Schreibt aus dem Regelteil eines Wörterbuchs Präpositionen, Adverbien
oder Konjunktionen heraus, die von Substantiven abgeleitet wurden!

**2** Das große Spiel
Es gehört zu den großen sportlichen Ereignissen eines Schuljahres: das
Abschiedsspiel der Zehntklässler gegen die Lehrer. Und dennoch hat man
■eitens der Abschlussschüler jedes Jahr das Gefühl, als sei es noch nie zuvor
so ein Spektakel gewesen. Für dieses Jahr traf dies auch zu, denn ■aut Zäh-
5 lung der SMV sahen am ■amstag über 500 Zuschauer das Spiel.
Der Hausmeister hatte ■orgens mit Unterstützung der SMV eine richtige
Tribüne ■ängs des Spielfelds aufgebaut. In ihrer kurzen Rede sprach die
Schulleiterin allen Helfern ihren ■ank aus und appellierte vor allem an die
Lehrer fair zu sein. Sie spielte damit wohl auf das Match vom Vorjahr an, als
10 Konrektor Hörnlein den Ball mit dem Ellenbogen ins Tor befördert und

ngesichts wilder Schülerproteste dem Schiedsrichter versichert hatte, er habe den Ball geköpft. Auch bedauerte sie, dass rotz ihrer Bemühungen wieder kein Fußballspiel Lehrerinnen gegen Schülerinnen zustande gekommen sei.

15 Gleich in der ersten Spielminute herrschte große Aufregung: Toni Schmid prallte mit Mathelehrer Wiesner zusammen und es gab einen dumpfen aut, dem ein spitzer Schrei folgte. Wiesner blieb nfangs regungslos liegen, dann rappelte er sich prustend und stöhnend wieder auf und begann loszuschimpfen. Die Partie blieb jedoch ank des umsichtigen Schiedsrichters – raft sei-

20 nes Amtes als Hausmeister und Ehrenspielführer der Lehrer pfiff wie jedes Jahr Herr Kürschner – über weite Strecken fair. Kürschner drohte Toni mit der gelben Karte, alls sich ein derartiges Foul wiederholen sollte.

Im Vergleich zu den Vorjahren war das diesjährige Spiel schnell entschieden. Bereits nach zwölf Minuten führten die Schüler nfolge grober Abwehrfeh-

25 ler der Lehrer mit 2:0. Viele hatten einfach nicht die raft den schnellen Stürmern der 10b zu folgen. So kamen die Schüler rotz verzweifelter Gegenwehr immer wieder zu gefährlichen Torchancen. Hunstiger, Ebinger und Kuttke trafen je zweimal, sodass es zur Pause bereits 6:0 stand. Obwohl die Lehrer in den letzten Spielminuten angels Ersatzleuten nur noch mit

30 acht Spielern auf dem Platz waren, gelang nur noch Wojtek ein Tor. Den Ehrentreffer erzielte Hörnlein eine Minute vor Schluss – diesmal regulär aus eigener raft ittels Kopfball. Für den all, dass die Lehrer weiter so abbauen, ist ein zweistelliger Sieg nur eine Frage der Zeit!

Schreibe den Text ab! Entscheide, ob die Wörter als Präposition, als Adverb, Konjunktion oder als Substantiv gebraucht werden! Schlage im Wörterbuch nach, falls du dir nicht sicher bist!

## Adjektive, Pronomen

Manchmal werden **Adjektive** kleingeschrieben, obwohl sie auf den ersten Blick die Merkmale eines Substantivs (davor stehende Präposition [+ Artikel]) aufweisen.

Dazu gehören:

- Superlative mit *am*, nach denen mit *wie*? gefragt werden kann
  Beispiel: *Dieses Bild gefällt mir **am besten**.*
  Frage: *Wie gefällt mir das Bild?* Antwort: *am besten*
  **Tipp**: Dieses *am* kann nicht in *an dem* aufgelöst werden.
- bestimmte feste Verbindungen aus Präposition und Adjektiv ohne vorangehenden Artikel
  Beispiele: *Wir hörten **von fern** ein Gewitter rumoren. – Das werde ich dir **über kurz oder lang** beweisen.*
  **Diese Verbindungen solltest du im Zweifelsfall im Wörterbuch nachschlagen und dir einprägen.**

**1** Aus einer Mitteilung an die Eltern

Im Unterricht arbeitet Uwe zwar am besten mit, aber seine Hausaufgaben sollte er sorgfältiger anfertigen. Er gehört seit längerem zu denen, die sie am häufigsten vergessen. Und so steht es mit seinen Noten trotzdem nicht zum Besten. Über kurz oder lang wird er, wenn er weiter so arbeitet, in seinen
5 Noten noch mehr absinken. Er sollte freiwillig die Jahrgangsstufe wiederholen. Er könnte dann aufs Neue beginnen. Ein zusätzliches Jahr kann er auf Grund seines Alters ohne weiteres verschmerzen. Ich glaube, dass sich Uwe das im Geheimen auch wünscht, denn er war nicht im Geringsten bedrückt, als ich ihm das vor kurzem vorgeschlagen habe.

**a** Schreibe alle Fügungen heraus, bei denen ein Superlativ (am ...) mit *wie* erfragt werden kann!

**b** Schreibe alle Verbindungen aus Präposition und Adjektiv heraus, die kleingeschrieben sind!

**∗ c** Diktiert euch die Mitteilung im Partnerdiktat am Computer, korrigiert mit der Rechtschreibhilfe! Wo kann man sich nicht auf den Computer verlassen?

**＊ 2**

von nah und fern – gegen bar – durch dick und dünn – von klein auf –
schwarz auf weiß – grau in grau – von neuem – ohne weiteres – seit längerem – von weitem – vor kurzem

**a** Präge dir die Verbindungen ein und schreibe mit ihnen Sätze!

**b** (1) Uwe hat mir OHNE WEITERES bei den Hausaufgaben geholfen.
  (2) „Was du SCHWARZ AUF WEISS besitzt, kannst du getrost nach
      Hause tragen."
  (3) Die Ausgaben für den Schulskikurs sind um ein BETRÄCHTLICHES
      gestiegen.
  (4) Im GEHEIMEN wünschten wir uns, dass der Englischlehrer krank sei.
  (5) Ich habe nicht im ENTFERNTESTEN daran gedacht, dich mit meiner
      Bemerkung zu kränken.
  (6) Er war aufs HÖCHSTE über die Eins in Mathematik erfreut.
  (7) Kai hat beim Kugelstoßen am BESTEN abgeschnitten.
  (8) Mit meinem Freund kann ich durch DICK UND DÜNN gehen.
  (9) Für Tanja wäre es sicher das BESSERE gewesen, sie hätte sich
      zusammen mit Claudia auf die Schulaufgabe vorbereitet.
  (10) An unserer Schule gibt es im ALLGEMEINEN keine großen
      Sachbeschädigungen.

Schlage im Wörterbuch nach und schreibe die Sätze richtig ab!

**3**

Die Wörter *jede(r), diese(r), viel, wenig, der/die eine, der/die andere, beide*
werden in der Regel kleingeschrieben, auch wenn sie auf den ersten Blick
die Merkmale eines Substantivs aufweisen.
Beispiele: *Das muss **jeder** selbst wissen. – Man muss es den **beiden** sagen.*
    *Das haben schon **viele** erlebt. – Alles **andere** erzähle ich dir später.*

Von uns hat J/jeder sicherlich schon einmal eine schlechte Note geschrieben.
Die E/einen tragen dann demonstrative Gelassenheit zur Schau, die A/ande-
ren werden ruhiger, M/mancher lässt seinen Gefühlen freien Lauf. Das
haben schon V/viele erlebt. Im Laufe eines Schülerlebens muss man das ein-
5 fach durchmachen. Wenn man sich mit D/diesem oder J/jenem darüber
unterhält, wird einem bestätigt, dass J/jeder B/beides mitgemacht hat: zum
E/einen himmelhoch jauchzend, zum A/anderen zu Tode betrübt.

Schreibe richtig ab!

## Substantiv und Verb

In vielen Verbindungen von Substantiv und Verb ist neben der Frage nach der Groß- und Kleinschreibung die nach der Zusammen- oder Getrenntschreibung wichtig. Deshalb werden im folgenden Kapitel Groß- und Kleinschreibung sowie Zusammen- und Getrenntschreibung gemeinsam behandelt.

**1** Nicht standgehalten!

Im Winter bin ich mit meinen Freunden Eis gelaufen. Wir haben höllisch Acht gegeben, denn das Eis war noch recht dünn, vor allem bei den Pfosten des Bootsstegs. Kai ist, obwohl er sonst immer Angst hat, auf den Steg zugelaufen, hat nicht Halt gemacht und schon war es passiert: Er ist eingebrochen
5 und bis zu den Knien im Wasser gestanden. Er hat erbärmlich gefroren und wir haben ihn heimgeführt. Neugierige Gaffer sind richtig Schlange gestanden. Unser geplantes Eishockeyspiel konnte natürlich nicht mehr stattfinden.

**a** Schreibe die Verben und Wortgruppen heraus, die aus einem Substantiv und einem Verb gebildet werden! Ordne sie nach Zusammen- und Getrenntschreibung und schreibe den Infinitiv daneben!

Beispiel:

| Zusammenschreibung | | Getrenntschreibung | |
|---|---|---|---|
| standgehalten | standhalten | Eis gelaufen | Eis laufen |

**b** Überlegt gemeinsam eine Begründung für die Zusammenschreibung in der linken Spalte!

∗ **c** Schreibe den Text im Präsens!

**d** heim – irre – preis – stand – statt – teil – wett – wunder

Sucht Verben, die mit den „ehemaligen" Substantiven zu neuen Verben zusammengesetzt werden können, und schreibt zu jeder Zusammensetzung einen Satz!
Tipp: Ihr könnt im Wörterbuch nachschlagen.

▶ G S. 244, Infinitiv

| **2** | **Infinitiv** | **Präsens** | **Perfekt** | **Infinitiv + zu** |
|---|---|---|---|---|
| | Auto fahren | er fährt Auto | bin Auto gefahren | um Auto zu fahren |
| | Rad fahren | ? | ? | ? |
| | ? | ? | bin Kopf gestanden | ? |
| | ? | ? | ? | um Pleite zu gehen |
| | ? | er tut mir Leid | ? | ? |
| | ? | ? | bin Ski gelaufen | ? |

**a** Übertrage die Tabelle in dein Heft und ergänze sie!

**b** Schreibe mit den Wörtern aus der Tabelle Sätze, in denen die Verbindungen in verschiedenen Formen vorkommen!

✳ **c** (1) In den Ferien werde ich viel RADFAHREN. Wirst du auch mit deinem neuen RADFAHREN?

(2) In der Realschule lernt man das MASCHINESCHREIBEN am Computer. Ich habe deswegen schon lange nicht mehr auf meiner alten MASCHINEGESCHRIEBEN.

(3) Wir wollen heute FUSSBALLSPIELEN, obwohl wir erst gestern beim EISHOCKEYSPIELEN waren.

(4) Meine Familie ist vor Freude KOPFGESTANDEN, als die Lottozahlen bekannt gegeben wurden. Mein kleiner Bruder hat sogar in der Wohnung RADGESCHLAGEN.

(5) Ich werde es ihm HEIMZAHLEN, dass er mich IRREFÜHREN wollte.

(6) Ich werde SORGETRAGEN, dass du dein Recht bekommst.

(7) Ich dachte, er könnte nicht STANDHALTEN, aber er hat sein Geheimnis nicht PREISGEGEBEN.

Schreibt die Sätze in der richtigen Schreibweise ins Heft!

**3** Verbindungen mit dem Wort *sein* und dessen Konjugationsformen werden stets getrennt geschrieben.
Beispiel: *Als das Geschäft **pleite war**, musste es schließen.*

beisammen sein – vonnöten sein – los sein – schuld sein – vorüber sein

Schreibe Sätze, in denen diese Verbindungen im Infinitiv vorkommen!

# Adverb, Adjektiv und Verb

Verbindungen aus Adverb oder Adjektiv + Verb werden zusammengeschrieben, wenn der erste Bestandteil in dieser Verbindung nicht steigerbar ist.
Beispiel: *Schalte bitte den Apparat ein, ich möchte **fernsehen**.*

Adjektiv Verb

*fern* kann in dieser Bedeutung nicht gesteigert werden.

**1** Worträtsel

*fern – bereit – bloß – fest – frei – gut – hoch – schwarz – tot – wahr
schreiben – rechnen – arbeiten – schlagen – sagen – setzen – stellen –
machen – halten – gehen – sprechen – sehen*

**a** Aus den Wörtern könnt ihr zusammengesetzte Verben bilden. Im Zweifelsfall hilft das Wörterbuch.

**b** Schreibt Sätze mit Verbformen, bei denen die Zusammenschreibung erhalten bleibt!

▶G S. 240, Adjektiv, Adverb

**2** Verbindungen aus Adjektiv + Verb werden getrennt geschrieben, wenn
der erste Bestandteil der Verbindung steigerbar ist.

Beispiel: *Die Bewerbung solltest du **sauber schreiben**.*

Adjektiv   Verb

*sauber* kann gesteigert werden:   *Du solltest **sauberer** schreiben.*
                                    *Du kannst **sehr sauber** schreiben.*

(1)  Die Vereinbarung wurde BEKANNTGEMACHT.

(2)  Bei deinem letzten Referat hast du schon sehr FREIGESPROCHEN.

(3)  Der Abschied ist mir LEICHTGEFALLEN.

(4)  In den Ferien lassen wir es uns GUTGEHEN.

(5)  Die letzte Note solltest du nicht so SCHWERNEHMEN.

Schreibe die Sätze richtig in dein Heft!

# Präposition und Substantiv

Substantive mit vorangestellten Präpositionen in festen Verbindungen werden getrennt und großgeschrieben.

Beispiel: *Ich habe **in Bezug** auf die Hausaufgaben kein schlechtes Gefühl.*

**1**

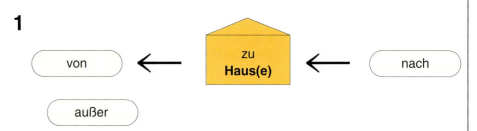

von ← zu **Haus(e)** ← nach

außer

**a** Unter welchem Stichwort musst du im Wörterbuch nachschlagen um die Schreibweise zu klären?

**b** (1) Wir waren gestern Abend nicht ZUHAUSE.
   (2) Nach dem Schwimmen gingen wir gleich NACHHAUSE.
   (3) Er ist VONHAUSAUS mit der Angelegenheit vertraut.
   (4) Tina ist AUSSERHAUS.
   (5) Wir haben ein gemütliches ZUHAUSE.
   (6) Wir gingen VONHAUSZUHAUS und erbaten Spenden.

   Schreibe die Sätze in der richtigen Schreibweise in dein Heft!

★ **c** zu Abend essen – in Abrede stellen – auf Abruf – von Amts wegen – von Anbeginn – von Anfang an/zu Anfang – in Anbetracht – im Begriff sein – auf/zu Besuch sein – in Betracht kommen/ziehen – in Kauf nehmen – in Kraft treten – bei/über Nacht – in Schach halten – bei/von Sinnen sein

   Schreibe eine Unsinnsgeschichte, in der möglichst alle Verbindungen vorkommen!

▶ G S. 248, Präposition

★ **2** Schreibt die folgenden Sätze in der richtigen Schreibweise ab! Ihr könnt sie euch auch als Partnerdiktat diktieren.

   (1) Warum hast du unsere Mahnungen außer ACHT gelassen?
   (2) Mit BEZUG auf Ihr letztes Schreiben teile ich Ihnen mit, dass ...
   (3) Er hat sich in ACHT genommen und ist zu Hause geblieben.
   (4) In BEZUG auf seine Pünktlichkeit kann ich mich nicht beklagen.
   (5) Unter BEZUG auf die ungünstigen Verhältnisse haben wir folgende Vereinbarungen beschlossen.

In den folgenden Fällen bleibt es dir überlassen, ob du Präposition und Substantiv zusammen- und kleinschreibst **oder** auseinander und das Substantiv groß.
Beispiel: *Mir **ist** nicht nach Lachen **zumute** / **zu Mute**.*

(1)  Er **ist** nicht **imstande** ein paar zusammenhängende Sätze zu schreiben.
(2)  Sabine **machte** sich ihr ausgezeichnetes Wissen aus der EDV **zunutze**.
(3)  Deine Schwindeleien mussten ja einmal **zutage treten**.
(4)  Peter konnte keiner Fliege etwas **zuleide tun**.
(5)  Wir sind **außerstande** dir in deinen Ausführungen zu folgen.
(6)  Er hat sich nichts **zuschulden kommen** lassen.
(7)  Ich möchte deine Aussagen nicht **infrage stellen**.
(8)  Wenn du so weitermachst, wirst du bald **zugrunde gehen**.
(9)  **Aufgrund** seiner guten Leistungen bekam er einen Buchpreis.
(10) Den Gewerkschaften wurde **vonseiten** der Arbeitgeber ein neues Angebot vorgelegt.
(11) Die Kosten gingen **zulasten** der Staatskasse.
(12) Das Bühnenbild wurde **mithilfe** der Kunsterzieherin gefertigt.

**a** Schreibe alle hervorgehobenen Fügungen aus den Sätzen (1) bis (8) heraus und setze sie in den Infinitiv!

**b** aufseiten – zugunsten – zustande – zurande – zuwege – zuungunsten – zuschanden – zurate

Schreibe mit den Fügungen Sätze!

## Konjunktion, Präposition, Pronomen

**1**

Mehrteilige Konjunktionen, Präpositionen und Pronomen schreibt man zusammen, wenn die Wortart oder die Bedeutung der einzelnen Bestandteile nicht mehr deutlich erkennbar sind.

Beispiele: ***Soviel*** *ich weiß, habe ich dir das Buch zurückgegeben.*
↑
Konjunktion (Ein Satz wird eingeleitet.)

*Er zeigte mir den Weg **anhand** der Karte.*
↑
Präposition

*Hier muss **irgendjemand** Farbe verschüttet haben.*
↑
Pronomen

**a** Sucht im Wörterbuch Konjunktionen in der Verbindung mit *so-* und Pronomen in der Verbindung mit *irgend-*! Schreibt damit zehn Sätze und diktiert sie euch gegenseitig! Achtet darauf, dass die Verbindungen mit *so-* einen Satz einleiten oder Sätze verbinden!

**Ausnahme**: *sodass*, auch: *so dass*. Du kannst kaum etwas falsch machen.

**b** anhand – anstatt – infolge – inmitten – zufolge – zuliebe
Schreibe mit den Präpositionen Sätze!

✱ **c** *Präpositionen*: an – bei – bis – in – zu
*Substantive*: Weile – Folge – Mitte – Statt – Leib – Hand

Du kannst mit den Präpositionen und Substantiven durch Zusammensetzungen neue Präpositionen oder Adverbien bilden. Dabei werden die Substantive teilweise verändert.
Bilde mit jedem der neuen Wörter einen Satz!

**2** Werden *so*, *wie* oder *zu* mit einem Adjektiv, Adverb oder Pronomen gebraucht, wird die Verbindung getrennt geschrieben.
Beispiele:  *Ich habe dir schon **so oft** gesagt, du sollst ruhig sein.*
↑
Adverb

*Du gibst einfach **zu viel** Geld aus.*
↑
Adjektiv

***Zu hohe** Häuser stören einfach das Landschaftsbild.*
↑
Adjektiv

*Er hat nicht **zu viel** verraten.*
↑
*Viel* wird als **Pronomen** gebraucht.

(1) Wir kommen, SOOFT du willst, und helfen dir SOLANGE, bis du es kannst.
(2) WIEVIEL muss noch passieren, bis das Geländer gesichert wird?
(3) WIEOFT habe ich dich schon darauf hingewiesen, dass du nicht SOVIELE Fehler schreiben sollst.
(4) Du darfst nicht ZUWENIG Wasser verwenden.
(5) Jens weiß nie etwas, SOOFT man ihn auch fragt.
Schreibe die Sätze richtig in dein Heft! Begründet in Partnerarbeit die richtige Schreibweise!

# Zeichensetzung

## Zeichensetzung bei längeren Satzfolgen

**1** Wiederholung: Zeichensetzung zwischen Haupt- und Nebensätzen

> Wir erinnern uns: Zwischen Haupt- und Nebensätzen müssen Kommas gesetzt werden. Einen Nebensatz erkennt man in erster Linie daran, dass sein finites Verb fast immer am Ende steht.
> Beispiel: *Ich bin überzeugt, dass die Kommasetzung nicht ganz so schwierig ist, wie viele Menschen glauben.*
> Man findet die finite Verbform heraus, indem man das Subjekt des Nebensatzes vom Singular in den Plural setzt oder umgekehrt und beobachtet, welche Verben im Satz sich daraufhin verändern (→ Anhang S. 246).

(1) Den Schüler dem wir am meisten vertrauen wählen wir zum Klassensprecher.

(2) Staaten in denen das Bruttosozialprodukt sehr niedrig ist bezeichnen wir als Entwicklungsländer.

(3) Das Ozonloch wird als einer der Gründe dafür angesehen warum die Zahl der Hautkrebserkrankungen immer mehr zunimmt.

(4) Wovon viele träumen ist für Manuela wahr geworden.

(5) Wer zu spät kommt den bestraft das Leben.

(6) Man kann sich viel Zeit sparen wenn man den ICE benutzt.

(7) Wir gehen sofort nach Hause wenn die Vorstellung zu Ende ist.

(8) Ohne dass sie darüber aufgeklärt wurden wurden die Zuschauer gefilmt.

(9) Unsere Vorfahren fürchteten tatsächlich dass der Himmel herunterfallen könnte.

Schreibe ab und setze die notwendigen Kommas!

**2**

Bei längeren Satzfolgen, die aus mehr als einem Haupt- und einem Nebensatz bestehen, musst du dir genau überlegen, wo die einzelnen Neben- bzw. Hauptsätze jeweils beginnen und enden, damit du die Kommas richtig setzt. Nebensätze gleichen Grades werden in der Regel nicht durch Komma voneinander getrennt, wenn sie durch „und" oder „oder" miteinander verbunden sind.

Beispiele:

(1) *Clarissa behauptet, dass sie nicht anwesend gewesen sei.*
　　　　　　　　　HS　　　　　　　　NS 1

　　Satzbauplan: HS, NS

(2) *Clarissa behauptet, dass sie nicht anwesend gewesen sei(,)*
　　　　　　　　　HS　　　　　　　　NS 1
　　*und dass sie deshalb die Stegreifaufgabe nicht mitschreiben könne.*
　　　　　　　　　　　　　　　　NS 2

　　Satzbauplan: HS, NS 1, NS 2

(3) *Clarissa behauptet, dass sie nicht anwesend gewesen sei,*
　　　　　　　　　HS　　　　　　　　NS 1
　　*weil sie an diesem Tag ihre Mutter ins Krankenhaus gebracht habe,*
　　　　　　　　　　　　　　NS 2
　　*und dass sie deshalb die Stegreifaufgabe nicht mitschreiben könne.*
　　　　　　　　　　　　　　NS 3

　　Satzbauplan:　HS, NS 1, NS 2, „*und*" NS 3

(4) *Clarissa behauptet, dass sie nicht anwesend gewesen sei,*
　　　　　　　　　HS　　　　　　　　NS 1
　　*weil sie an diesem Tag ihre Mutter ins Krankenhaus gebracht habe,*
　　　　　　　　　　　　　　NS 2
　　*weil diese einen Herzanfall erlitten hatte, und dass sie deshalb*
　　　　　　　　　　　　NS 3　　　　　　　　　　　NS 4
　　*die Stegreifaufgabe nicht mitschreiben könne.*
　　　　　　　　　　　　NS 4
　　Satzbauplan:　HS, NS 1, NS 2, NS 3, „*und*" NS 4

(1) Damit man sich auch wirklich vorstellen kann wie viel Verkehrsraum gespart werden könnte wenn die Autofahrer alle auf öffentliche Verkehrsmittel umsteigen würden haben die Fotografen dieselbe Anzahl Menschen erst in ihren Autos sitzend aufgenommen dann haben sie sie alle in einen Bus gesetzt und erneut ein Foto gemacht.

(2) Wer heute noch glaubt dass alle diejenigen die sich für die Bahn entscheiden zu den Minderbemittelten gehören und sich einen PKW nur nicht leisten könnten schätzt die Situation völlig falsch ein und übersieht dass viele Menschen ökologische Gesichtspunkte in den Vordergrund stellen.

(3) Ich habe die junge Frau die ich letztes Jahr auf einer Tagung in Nürnberg kennen gelernt habe und die vom ersten Augenblick an großen Eindruck auf mich gemacht hat seither oft besucht und mit ihr viele lange Gespräche geführt.

(4) Es ist immer wieder erfreulich wenn man sieht dass Realschüler die Rechtschreibung besonders gut beherrschen und auch mit den Kommaregeln sicher umzugehen wissen.

(5) Wenn man einmal genau betrachtet wie viele Menschen tagtäglich mit dem Auto zur Arbeit fahren obwohl sie ohne weiteres auch öffentliche Verkehrsmittel benutzen könnten und dabei oft lange Staus in Kauf nehmen und wenn man weiterhin sieht wie wenige dabei Fahrgemeinschaften bilden oder sich darum bemühen dann könnte man am Umweltverständnis unserer Zeitgenossen verzweifeln.

**a** Schreibe die Satzbaupläne auf!

**b** Schreibe die Satzgefüge ab und setze die notwendigen Kommas!

**c** Beurteile die Verständlichkeit solcher Satzgefüge! Bilde sie um!

## ✳ **3**

**a** Bilde selbst Satzfolgen mit jeweils mindestens drei Nebensätzen zu folgenden Satzanfängen!
   (1) Dass es uns heute in der Bundesrepublik Deutschland gegenüber anderen Staaten dieser Welt relativ gut geht, ▨
   (2) Ein Realschüler sollte im Deutschunterricht lernen, ▨
   (3) Eltern hoffen häufig, ▨

**b** Bei den folgenden Satzgefügen sind jeweils nur Anfänge der Nebensätze vorgegeben. Vervollständige sie! Achte aber darauf, dass es sich wirklich um Nebensätze handelt (Kommasetzung)!

   (1) Ein gutes Sprachbuch, wie ▨, hilft dem Schüler sich besser auszudrücken.
   (2) Schüler sollten dazu angehalten werden, dass ▨ und dass ▨, weil ▨, dass ▨
   (3) Man fragt sich oft, warum ▨, obwohl ▨

# Gedankenstrich

> Der Gedankenstrich hat unterschiedliche Aufgaben. Der Name sagt schon, dass du ihn setzen kannst, wenn du einen gedanklichen Übergang zwischen Sätzen anzeigen willst. Er dient aber auch zur Kennzeichnung einer größeren Pause zwischen einzelnen Wörtern oder innerhalb eines Satzes. Eine Häufung von Gedankenstrichen solltest du vermeiden.

**1** (1) Strahlender Sonnenschein, 30 Grad, das Schwimmbad lockt, Melanie wartet auf mich, und – wir schreiben Schulaufgabe.
   (2) Strahlender … auf mich, – und wir schreiben Schulaufgabe.
   (3) Strahlender … auf mich, und wir – schreiben Schulaufgabe.

**a** Was soll der Gedankenstrich andeuten?
   Wie wirkt er sich in den drei Sätzen jeweils auf den Inhalt aus?

**b** Plötzlich – ein Schrei durchbrach die Stille, und dann – ein dumpfer Fall!
   Was soll der Gedankenstrich bewirken?

   Wo könntest du ihn noch setzen?

**c** „Auf die Plätze – fertig – los!"
   „Achtung – still gestanden!"

   Was soll der Gedankenstrich bewirken?

✶ **d** Schreibe ähnliche Beispiele wie bei a und b!

**2** Im Kino sitzt neben einer Dame ein Bär. In der Pause steht er auf und geht für einige Minuten hinaus. Ein Zuschauer hinter der Dame beugt sich vor: „Verzeihung. Sehe ich recht? Ihr Begleiter ist ein Bär?" „Allerdings, mein Herr, ein Bär." – „Und der Film interessiert ihn?" – „Ich denke schon. Der Roman hat ihm jedenfalls ausgezeichnet gefallen."

**a** Welche Aufgabe haben die Gedankenstriche?

✶ **b** Schreibe den Witz ohne Gedankenstriche! Welche Möglichkeiten gibt es, wie wirkt sich das unter Umständen auf den Text aus?

**3** Das Ermächtigungsgesetz – im März 1933 von Hitler durchgesetzt – beseitigte die Gewaltenteilung – einen Grundpfeiler der Demokratie – in Deutschland. Die Parteien im Reichstag – ausgenommen die SPD – stimmten zu.

**a** Welche Funktion haben die Satzteile zwischen den Gedankenstrichen?

✳ **b** Viele Gedankenstriche – wie wirkt sich das auf die Übersichtlichkeit des Textes aus?
Schreibe die Sätze ohne Gedankenstriche!

## Apostroph

**1**

### Kauft Top's und Bikini's!

Der Duden widmet dem Fall ein eigenes Kapitel und auch wir haben nun schon zum dritten Mal beckmesserisch den Zeigefinger erhoben: Es heißt nicht Oma's Truhe, nicht Schneider's Werkstatt und auch nicht Olga's Blumencenter. Diesen gekrümmten Schwänzchen, die in allen Schaufenstern hängen und die Eingänge edler Boutiquen zieren, fehlt jede Existenzberechtigung. Sie gehören da nicht hin, sondern sind (die Fachleute sprechen von einem Apostroph) ein Irrtum, ein ganz gewöhnlicher Schreibfehler. Aber die Besitzer der Truhen und Werkstätten wollen davon nichts wissen. Sie hängen an ihren falschen Auslassungszeichen, als wären es wertvolle Erbstücke, und schimpfen ganz fürchterlich, wenn man sie ihnen wegnehmen will. Beifall klatschen nur versprengte Sprachpuristen und pensionierte Lehrerinnen – aber die scheinen nicht die richtige Lobby zu sein.

Der Apostroph nützt diesen Umstand aus und vermehrt sich ungehemmt. Mit dem Genitiv-s hat er vor Jahren angefangen, jetzt macht er sich über das Plural-s her. Man schlendert durch die Kaufhäuser und kommt aus dem Staunen nicht mehr heraus: Leute, kauft jetzt Short's für den nächsten Sommer! Kauft Bikini's! Kauft T-Shirt's! Nichts ist aus den Wörtern herausgefallen, kein noch so winziges Buchstäblein fehlt zwischen den adretten Kleidungsstücken und trotzdem steht es da, kurz und frech geschwungen: das Auslassungszeichen. Morgen wird es sich in die Top's und Legging's einschleichen und übermorgen vielleicht gar noch in die Jean's.

Spricht man eine Verkäuferin auf die rätselhafte Epidemie an oder auch einen Menschen in der Chefetage, dann runzeln sich die Stirnen. Die meisten haben den Apostroph überhaupt noch nicht bemerkt, sie sehen ihn, wenn man auf ihn deutet, ehrlich zum ersten Mal. Andere fragen zurück, ob der Kunde seiner Sache auch ganz sicher sei – denn der zuständige Bekleidungs-Dachverband habe das mit den Bikini's ausdrücklich so angeordnet.

Da ist der Laie natürlich geschlagen. Aber vielleicht ist die Aufregung sowieso umsonst und das Problem überhaupt kein orthographisches. „Wir haben das mit Apostroph geschrieben", bekannte ein fröhlicher Abteilungsleiter, „weil es unsere Dekorateurin so schöner fand."

**a** Wogegen wendet sich der Verfasser des Textes?

**b** Sind „Oma's Truhe" und „Olga's Blumencenter" falsch?
Lies dazu die Regel im Wörterbuch!

**c** „Kauft Tops und Bikinis!" Apostroph ja oder nein? Welche Regel gilt?

**d** An einer Stelle bekommst du einen Hinweis über die grundsätzliche Aufgabe des Apostrophs.

✱ **e** Welcher Textsorte ordnest du den Text zu? Begründe deine Meinung!

✱ **2** Häkchen oder nicht Häkchen – 's ist keine Frage

**a** München – Tina – Hamburg – Goethe – Schiller – Antonio
U-Bahn – Blumenladen – Pizzeria – Räuber – Werke – Hafen

Kombiniere passende Begriffe mit dem Genitiv und schreibe sie in dein Heft! Welche Regel musst du anwenden?

**b** 's ist unglaublich, wie leicht *sich's* viele mit dem Apostroph machen. So 'n Auslassungshäkchen kann man nicht einfach setzen, *wie's* einem passt. Wissen *S'* schon, dass es grundsätzlich andeutet, dass Laute und Buchstaben, die gewöhnlich gesprochen oder geschrieben werden, ausgelassen worden sind?
5 *Um's* kurz zu machen, beim Auslassen von Buchstaben oder Lauten bekommt man klare Hinweise im Regelteil des Wörterbuchs. Die Regeln beschreiben alle möglichen Fälle um den Apostroph. So erfährt man, dass die *Lkws* oder *Pkws* ohne Apostroph geschrieben werden, der Apostroph aber steht, wenn größere Buchstabengruppen in Namen der Kürze wegen wegge-
10 lassen werden, z. B. *D'dorf* oder *Ku'damm*.

Überprüfe die Schreibweise der hervorgehobenen Wörter im Regelteil deines Wörterbuchs!

# Fremdwörter

Viele Fremdwörter sind international verbreitet. Sie kommen in gleicher Bedeutung und gleicher oder ähnlicher Schreibweise in mehreren europäischen Sprachen vor, wie zum Beispiel *Medizin, Musik, Nation, Radio, System, Telefon, Theater.* Manche Fremdwörter, vor allem Fachwörter, lassen sich nicht durch ein entsprechendes deutsches Wort ersetzen. Oft müssten sie umständlich umschrieben werden *(Aggregat, Automat, Elektrizität, Politik ...).*

## Fremdwörter klären und richtig verwenden

Fremdwörter sind immer dann nützlich, wenn man sich damit kürzer und deutlicher ausdrücken kann. Es gibt sie in unserer Alltagssprache in großer Zahl.

**1** Die Renaissance der Bahn?

Eine „Wiedergeburt der Bahn"? Machen wir uns nichts vor. Wenn unsereiner geboren wird, stehen schon die ersten vier eigenen Räder vor der Tür. Wenige Monate später wechseln wir in den Sportwagen, als privates Zweitgefährt kommt ein Buggy hinzu. Bis 15 dauert die motorische Latenzphase,
5  dann folgt die Initiation: der Mofaführerschein und die Einfahrt ins automobile Leben. Mit 18 endlich der „rosa Lappen" und die ersten 50 eigenen Pferdestärken, später immer mehr. Als Standard gilt: Trau keinem unter 100 PS und 1,5 Tonnen Leergewicht! [...]
Es gibt Zeitgenossen, die sich aus dem grassierenden Automobilismus
10  befreit haben um die Gleichsetzung von Mobilität und Gaspedal zu überwinden. Für sie gewinnt das altmodische, historisch anscheinend überholte, beinahe komplett aufs Abstellgleis geschobene Verkehrsmittel neue Aktualität. [...]
Es ist tatsächlich faszinierend zu sehen, was die „gute alte Eisenbahn" heute
15  an Spitzentechnik zu bieten hat. Nachdem es über Jahrzehnte schien, als sei der schon in den 30er-Jahren erreichte Standard an Komfort und Schnelligkeit das Nonplusultra, belehrten zuerst die japanischen und dann die französischen Eisenbahnen das fahrende Publikum eines Besseren. Ausgerechnet in dem fernöstlichen industriellen Aufsteigerland und nicht in den alten
20  europäischen Eisenbahn-Nationen setzte 1964 mit der „neuen Linie" des „Shinkansen" die Schienenzukunft neu ein. Dass Tempo 210 – wie seither in

Japan – aber immer noch nicht das Ende der Fahnenstange ist, bewiesen dann die französischen Techniker, die 1981 zwischen Paris und Lyon ihren „Train à Grande Vitesse" einspurten, den „TGV". 260 Spitze waren da schon
25 keine Hexerei mehr. Aber es sollte noch viel schlimmer kommen. Neue TGV-Linien, etwa die von Paris zum Atlantik, wurden gleich für 330 Stundenkilometer trassiert. Und 1990 folgte auf einer der noch nicht im normalen Verkehr freigegebenen Strecken der Clou: Ein speziell präparierter TGV stellte mit 515 Stundenkilometern den absoluten Weltrekord für Schienen-
30 fahrzeuge auf. [...]
Während der Autoboom-Jahre geriet die Deutsche Bundesbahn langsam, aber sicher ins Hintertreffen. Sie ließ ihr neues „Flaggschiff" für Tempo 250, den Intercity-Express, erst in den 80er-Jahren entwickeln und konnte die Pilotlinie für die schnittigen weißen „Super-Nasen" (Hamburg – Frankfurt –
35 München) nicht vor 1991 eröffnen. Seither ist gerade von Eisenbahnfans manches am ICE-Konzept moniert worden. Zu schwer sei der Super-Zug, zu hoch der Energieverbrauch – fast wie beim Auto – landschaftszerstörend und zu teuer die Trassen, uneuropäisch die Auslegung, nämlich ungeeignet für andere Bahnstromsysteme und Trassierungen. Manches mag berechtigt
40 sein, manches ist überzogen. Nicht zu bestreiten ist aber, dass die Bundesbahn so etwas wie den ICE dringend nötig hatte: In vollen Zügen kann man mittlerweile auf drei Linien erfahren, wie attraktiv der Quantensprung auf der Schiene auch für das deutsche fahrende Volk ist. Endlich einmal ein Vorzeigeprodukt – und kein ewiges Aschenputtel auf rostigen Schienen.

**a** Welche Bedeutung messt ihr dem Schienenverkehr zu? Diskutiert!

**b** Schreibe die Fremdwörter heraus, deren Bedeutung du nicht auf Anhieb verstehst! Erkläre sie mit Hilfe eines Wörterbuches!
Beispiel:
*Renaissance; lat.-fr.; „Wiedergeburt", kulturelle Bewegung in Europa im Übergang vom Mittelalter zur Neuzeit*

**c** Ihr versteht den Text, obwohl er viele Fremdwörter enthält. Woran liegt das?

**d** Prüft, ob die Fremdwörter im Textzusammenhang notwendig oder überflüssig sind!

✳ **2** Ein Rätsel
Volksherrschaft (4); Sammelname für Fabriken (7); Vorbereitung auf einen Wettkampf (1); gleichmäßige Bewegung (2); Arbeitsraum des Chemikers (4); Weltenbummler (1); Wagnis, Gefahr (1); Munition für Pistole oder Gewehr (2); chirurgischer Eingriff (2); wissenschaftliche Lehre einer Religion (2); Streitgespräch, Meinungsaustausch (2); Achtung, Ehrfurcht (2)

a Sucht für jeden Begriff das Fremdwort! Klärt gegebenenfalls die Schreibweise im Wörterbuch!

b Die Ziffern beziehen sich auf den entsprechenden Buchstaben des gesuchten Fremdwortes. Sie ergeben das Lösungswort.

✳ **3** **Fremdwörter erklären**

| | | | | |
|---|---|---|---|---|
| *Periode* | Zeitabschnitt | Abstand | elektrischer Leiter | Taktmaß |
| *Biografie* | Zeichnung | Lebens-beschreibung | Natur-beschreibung | Naturlehre |
| *Barkasse* | Bankschalter | Begleiter | Motorboot | Nachtlokal |
| *Barometer* | Luftdruck-messer | Land-vermesser | Aufpasser | Besitzer |
| *Bilanz* | Verlust | Abschnitt | Ergebnis | Verkauf |
| *Dynastie* | Entdeckung | Herrscher-haus | Regierungs-form | Freiheit |
| *Geologe* | Erdkunde-lehrer | Bausach-verständiger | Erdforscher | Verhaltens-forscher |
| *Gravur* | Ernsthaftig-keit | Zeichnung auf Metall | Erd-umdrehung | Beerdigung |
| *Labilität* | Beeinfluss-barkeit | Fähigkeit | Charakter-stärke | Gewicht |
| *Medium* | Unterhaltung | richtiges Maß | Mittel | Sache |
| *Quote* | Treffer | Anteil | Ertrag | Gewinn |
| *Realität* | Wirklichkeit | Bestand | Übertreibung | Spannung |
| *Popularität* | Bekanntheit | Freundlich-keit | Überheblich-keit | Anerkennung |
| *Stagnation* | Rückgang | Stetigkeit | Stillstand | Übergang |
| *Silhouette* | Aufbau | Schattenbild | Übersicht | Ansicht |

a Schreibe das Fremdwort mit seiner richtigen Bedeutung heraus! Schlage unbekannte Wörter oder bei Unsicherheiten in einem Wörterbuch nach!

b Suche zu jedem Fremdwort ein weiteres Wort der Wortfamilie und schreibe es mit seiner Bedeutung auf!

c Entwerft in Gruppenarbeit selbst ein solches „Fremdwörterrätsel"!

**d** Ein Spiel mit Fremdwörtern:

Stellt Rateteams mit je 4 Mitgliedern auf! Zwei Teams spielen gegeneinander. Team A wählt sich ein Fremdwort aus dem Wörterbuch. Jedes Mitglied von A denkt sich dazu eine Erklärung aus, eine muss richtig sein. Die Mitglieder des Teams B müssen die richtige Lösung erraten. Dann wechseln die Teams.

Beispiel: Aerobic

**✲ 4**

# Nur kein falsches Wort
### Frankreich bestraft die Verwendung von englischen Ausdrücken

**PARIS. Auch französische Kinder essen „Kinder"-chocolat. Doch wahrscheinlich wird das Produkt seinen Namen und seine Werbespots im Fernsehen bald ändern müssen.**

Zugegeben: Den Verfechtern der Reinhaltung der französischen Sprache geht es weniger um die Lehnwörter aus dem Deutschen wie etwa „Blitzkrieg" oder „Ersatz". Zielscheibe eines gerade vom Kabinett beschlossenen Gesetzes „bezüglich des Gebrauchs der französischen Sprache" sind die auch in Frankreich um sich greifenden angloamerikanischen Wörter.

Der Entwurf des Kulturministers will künftig unter Androhung von Geldstrafen jede sprachliche Übernahme verbieten, „wenn es einen sinngleichen französischen Ausdruck oder Begriff gibt". Jugendliche bummeln („balader") in der dann behördlich verordneten Funk- und Werbesprache nicht länger mit dem „walkman" umher, sondern mit einem „baladeur".

„My french is rich", ließ die liberale Zeitung „Libération" den Kulturminister am Donnerstag auf der Titelseite sagen. Im ewigen Kreuzzug für die Verteidigung der französischen Sprache habe die Regierung beschlossen die Zähne zu zeigen, meinte das Blatt weiter. Die Schlagzeile von „InfoMatin" lautete schlicht und einfach: „Minister will die englischen Wörter des Landes verweisen."

Schlimmes befürchten die Veranstalter von Kolloquien und internationalen Kongressen. Alle Programme sollen künftig in Französisch abgefasst, schriftliche Beiträge ausländischer Teilnehmer zumindest mit einem französischen Resümee versehen werden. Wenn Wissenschaftler in Frankreich debattieren, dann doch bitteschön auch in der Landessprache.

Versöhnlicher zeigte sich die Regierung mit der Kinobranche. Ausländische Filme sollen auch künftig den Originaltitel führen dürfen: „Dolce Vita" oder „Jurassic Park" sind damit aus der Gefahrenzone.

Die Sorge um den Fortbestand und die weltweite Ausstrahlung des Französischen ist nicht neu. Bereits 1966 schuf der damalige Ministerpräsident Georges Pompidou einen Ausschuss für die Verteidigung der französischen Sprache. Ein erstes, kaum beachtetes Gesetz schrieb bereits seit 1975 vor, dass Beschriftungen zumindest in öffentlichen Gebäuden französisch zu sein hätten. Dies soll künftig für alle öffentlich zugänglichen Orte gelten – also für Bahnhöfe, Cafés oder Restaurants. Angesichts der allgemeinen Missachtung des seit über einem Jahr geltenden Rauchverbots in derartigen Lokalitäten bleibt abzuwarten, ob dem Verstoß der Regierung in Sachen Sprachgesundheit größerer Erfolg beschieden sein wird.

**a** Was haltet ihr von dieser Maßregelung? Wozu könnte das führen?

**b** Sollte man das auch für die deutsche Sprache verordnen?

**c** Klärt alle Fremdwörter mithilfe eines Wörterbuchs! Warum findet ihr manche nicht?

**d** Wo begegnen euch im Alltag häufig Fremdwörter? Schreibt sie geordnet nach Bereichen auf (Sport, Technik, Mode, Essen und Trinken …)!

# Herkunft und Bildung von Fremdwörtern

## 1 Die Herkunft untersuchen

| | | | |
|---|---|---|---|
| [abonema ] | [ˈalkohoːl] | [aˈzyːl] | [bɔẏkɔt] |
| [diaˈgram] | [ɛkˈtaːzə] | [eˈmaljə] | [flɔp] |
| [gɛ[ː]k] | [haloˈgeːn] | [ˈɪmɪtʃ] | [ɪnʒeˈni̯øːɐ̯] |
| [kɔmpanˈjõː] | [ˈlɔbi] | [maˈløːɐ̯] | [ɔpsˈtʂøːn] |
| [ˈrali] | [rəˈlɛː] | [reʃɛrʃiːrən] | [zatɛˈliːt] |
| [zʏnˈteːzə] | [taˈriːf] | [vɛnˈtiːl] | [vɛrˈzi̯oːn] |

Übertrage die Lautschrift in die übliche Schreibweise!
Beispiel: *[abon^ema̲]* – *Abonnement*
Kläre Bedeutung und Herkunft!
Beispiel: *französisch; Dauerbezug von Zeitungen*

## Bildung von Fremdwörtern untersuchen

**2**

> Es gibt eine große Anzahl von häufig vorkommenden Bestandteilen in Fremdwörtern, die eine gleichbleibende Bedeutung haben. Wenn dir diese Wortbestandteile geläufig sind, kannst du Fremdwörter leichter erschließen.

| | |
|---|---|
| absolut | ab- (ab, weg, ent-) |
| Advent | ad- (zu, hinzu, bei, an) |
| Anachronismus | ana- (auf, zurück, gegen) |
| Anästhesie | an- (un-, nicht) |
| antibiotisch | anti- (gegen, wider) |
| bilateral | bi- (zwei, doppelt) |
| disqualifizieren | dis- (ab, ent-, miss-, zer-) |
| Export | ex- (aus) |
| hypermodern | hyper- (über) |
| Hypothek | hypo- (unter) |
| indiskutabel | in- (un-, nicht) |
| infizieren | in- (ein, hinein) |
| kongruent | con- (mit, zusammen) |
| prähistorisch | prä- (vor) |
| Pronomen | pro- (für, vor) |
| Super-G | super- (über, übermäßig) |
| Transport | trans- (quer, hindurch, hinüber) |

**a** Klärt diese Fremdwörter!

**b** Sucht zu den Präfixen (Vorsilben) weitere Fremdwörter und schreibt sie auf!

**c** homo-  gemeinsam, gleich
  hydro-  Wasser
  mono-  allein, einzeln, einmalig
  philo-  Freund, Anhänger, Verehrer
  phys-  körperlich, in der Natur begründet
  psych-  seelisch, zur Seele gehörig
  syn-  gemeinsam, gleichzeitig

Präge dir die Bedeutung dieser Wortbestandteile ein! Suche Fremdwörter mit diesen Wortbestandteilen im Fremdwörterduden oder Wörterbuch!

**∗ d** Sucht Fremdwörter mit folgenden Präfixen: inter-, auto-, re-!

**∗ e** Lege eine Liste mit jeweils fünf Beispielen zu diesen Wortbestandteilen an! Unterscheide danach nach Substantiven, Verben und Adjektiven!

# Grammatik zum Nachschlagen

Mit der „Grammatik zum Nachschlagen" hast du dich in den letzten Jahren schon vertraut gemacht. Auch in diesem Band findest du alle grammatischen Begriffe, die in deinem Sprachbuch vorkommen, in alphabetischer Reihenfolge. In den hervorgehobenen Teilen wird erklärt, was in der Jahrgangsstufe 9 neu hinzugekommen ist. Mit Querverweisen wird auf Zusammenhänge mit anderen grammatischen Begriffen aufmerksam gemacht.

Ableitung: Möglichkeit der Wortbildung. Ein abgeleitetes Wort besteht aus dem Stammwort und Präfix (Vorsilbe) und /oder Suffix (Nachsilbe).

| | | | | |
|---|---|---|---|---|
| *lang* | *- sam* | *un* | *- glaub* | *- lich* |
| Stammw. | Suffix | Präfix | Stammw. | Suffix |

Adjektiv: Eigenschaftswort (Wortart)
Als Beifügung zu einem Substantiv deklinierbar
*Der **klein**e Junge weint. Die **kleinen** Jungen weinen.*
Als Teil des Prädikats nicht deklinierbar
*Der Junge ist **klein**. Die Jungen sind **klein**.*

Adverb: Umstandswort (Wortart)
Adverbien sind nicht konjugierbar und nicht deklinierbar. Sie bestimmen die Aussage eines Satzes näher.
– Verwendung als Adverbial in Verbindung mit einem Verb
  *Der Wandertag fand **gestern** statt.*
– Verwendung als Attribut
  *Das Auto **dort** gefällt mir.*
Siehe auch Adverbial!

Adverbial/ Satzglied (Umstandsbestimmung), das die Aussage eines ganzen Satzes
Adverbialsatz: näher bestimmt
Adverbiale können aus einzelnen Wörtern, aus Wortgruppen oder aus Nebensätzen bestehen.

*Claudia kommt*      ***bald***      ***aus der Schule.***
           ↓         ↓
       Adverbial     Adverbial

*Wir können gehen, **weil die sechste Stunde entfällt.***
                          ↓
                Adverbial (Adverbialsatz)

Adverbiale geben Antwort auf ganz unterschiedliche Fragen, z. B.:

„Wo, wohin, woher + Prädikat + Subjekt (+ Objekt) ?"

„Wie + Prädikat + Subjekt (+ Objekt) ?"

„Warum + Prädikat + Subjekt (+ Objekt) ?"

„Wann, seit wann, bis wann + Prädikat + Subjekt (+ Objekt) ?"

*Nicole macht **jeden Morgen** das Frühstück, **weil Mutter erkrankt ist**.*

„**Wann** macht Nicole das Frühstück?" *jeden Morgen*

„**Warum** macht Nicole das Frühstück?" *weil Mutter erkrankt ist*

Siehe auch Nebensatz!

Akkusativ: Wortform bei der Deklination (4. Fall)

*den Mann, die Frau, das Kind* (Singular)

*die Männer, die Frauen, die Kinder* (Plural)

*Ich sah **den Mann, die Frauen** und **die Kinder**.*

Siehe auch Nominativ, Genitiv, Dativ!

Aktiv: Form des Verbs. Darstellung des Geschehens aus der Sicht des Handelnden

*Die Polizei **sperrte** die Straße.*

Siehe auch Passiv!

Apposition: Beisatz

Siehe Beisatz!

Artikel: Begleiter von Substantiven, der mit dem Substantiv dekliniert wird (Wortart)

bestimmter Artikel:

***der** Junge,     **die** Frau,     **das** Mädchen*

***die** Jungen,   **die** Frauen,   **die** Mädchen*

unbestimmter Artikel:

***ein** Junge,   **eine** Frau,     **ein** Mädchen*

Siehe auch Deklination!

Attribut / Einzelwörter, Wortgruppen oder Nebensätze (Attributsätze), die Substan-
Attributsatz: tive oder ihre Stellvertreter näher beschreiben. Artikel gehören nicht zu den Attributen.

| *Das* | *rote* | *Kleid* | *im Schaufenster gefiel ihr gut.* |
|---|---|---|---|
| | ↓ | ↓ | ↓ |
| | Attribut → | Bezugswort | ←   Attribut |

*Die **jüngere** Schwester **Petras** und **ihre beste** Freundin gehen ins Kino.*

Attribut → Bezugswort ← Attribut   Attribut → Bezugswort

*Die Eins, **die du geschrieben hast**, hat mich sehr gefreut.*

Bezugswort ← Attribut (als Attributsatz)

Attribute sind Bestandteile eines Satzgliedes. Sie können mit der Frage „Was für + Substantiv" erfragt werden.

*Das Auto **meines Vaters, das ganz neu ist**, wurde beschädigt.*

Was für ein Auto? *meines Vaters*

*das ganz neu ist*

Siehe auch Relativsatz!

**Beisatz:** Nachgestellte substantivische Beifügung im gleichen Fall, die durch Komma
**(Apposition)** abgetrennt wird

*Thomas, **mein bester Freund**, liegt im Krankenhaus.*

Wichtig ist die Kommasetzung, denn das Komma verändert den Sinn, wenn es wie bei einer Aufzählung gesetzt wird.

Beisatz: *Karl, mein Bruder, und ich fahren in Urlaub.* (2 Personen)

Aufzählung: *Karl, mein Bruder und ich fahren in Urlaub.* (3 Personen)

**Bestimmungswort:** Teil eines zusammengesetzten Wortes

*Kopfsalat:* **Kopf-** = Bestimmungswort

- salat = Grundwort (Träger der Hauptbedeutung)

**Dativ:** Wortform bei der Deklination (3. Fall)

*dem Mann(e), der Frau, dem Kind* (Singular)

*den Männern, den Frauen, den Kindern* (Plural)

Siehe auch Nominativ, Genitiv, Akkusativ!

**Deklination:** Die Veränderungen von Substantiv, Adjektiv, Artikel, Pronomen in den vier Fällen

Nominativ: ***Das scheue Reh*** *grast am Waldrand.*

Genitiv: *Sie erinnert sich **des scheuen Rehs** am Waldrand.*

Dativ: *Er begegnete **einem scheuen Reh**.*

Akkusativ: *Er sah **das scheue Reh**.*

Siehe auch Nominativ, Genitiv, Dativ, Akkusativ!

**Demonstrativ-**
**pronomen:** Hinweisendes Fürwort (deklinierbare Wortart)
*dies; dieser, diese, dieses; jener, jene, jenes*
   – weist auf Substantive hin
     *Nimm **dieses** Buch!*
   – macht Zusammenhänge deutlich
     *Hans flankte zu Uwe. **Dieser** köpfte ins Tor.*

**Ersatzprobe:** Ersetzen von Satzgliedern
Methode zur Isolierung und Bestimmung von Satzgliedern und zur Verbes-
serung eines Textes (Vermeiden von Wiederholungen)
*Hans     ging     ins Schwimmbad.*
***Er     lief     dorthin.***
Ersetzbare Wörter oder Wortgruppen sind Satzglieder (*Hans - ging - ins
Schwimmbad*).
*Hans ging ins Schwimmbad. Im Schwimmbad traf Hans seinen Freund.*
Vermeiden von Wiederholungen durch Ersetzen: ***Dort** traf **er** seinen Freund.*

**Femininum:** Eines von drei grammatischen Geschlechtern von Substantiven
***die** Frau, **die** Blume, **eine** Sonne*

**finites Verb:** Siehe Personalform!

**Fragewort:** Wörter, die Fragesätze und Nebensätze einleiten; sie beginnen mit w:
*welcher, welche, welches, wie, wo, wann, wohin ...*
***Wo** bist du gewesen?* (Fragesatz)
*Er fragte mich, **wo** ich gewesen sei.* (HS, NS)

**Genitiv:** Wortform bei der Deklination (2. Fall)
*des Mannes, der Frau, des Kindes* (Singular)
*der Männer, der Frauen, der Kinder* (Plural)
Siehe auch Nominativ, Dativ, Akkusativ!

**Grundwort:** Teil eines zusammengesetzten Wortes, der die Hauptbedeutung trägt
Siehe auch Bestimmungswort!

**Hauptsatz:** Selbstständiger, von anderen Sätzen unabhängiger Satz. Die Personalform
des Verbs steht an zweiter Stelle.
*Der Unterricht **endete** um 13.00 Uhr. Alle **lachten**.*

**Imperativ:** Verbform für eine Aussageweise (Modus), mit der eine Aufforderung an eine oder mehrere Personen gerichtet wird
***Geht** in die Pause! Bitte **sei** ruhig!*
Siehe auch Modus!

**Indikativ:** Verbform für eine Aussageweise (Modus), mit der eine Feststellung als tatsächlich und wirklich dargestellt wird (Normalmodus in allen Texten).
*Ich **komme** heute Abend zu euch, wenn ich meine Hausaufgaben **erledigt habe.***
Siehe auch Konjunktiv!

**infinites Verb:** Form des Verbs, die nicht nach Person und Zahl bestimmt ist
*schwimmen* (Infinitiv), *gesungen* (Partizip II)

**Infinitiv:** Grundform des Verbs (nicht konjugiert): *gehen, laufen, springen*

**Infinitivgruppe:** Wortgruppe, bei der an letzter Stelle ein Verb im Infinitiv steht.

Bestandteile:

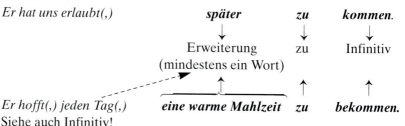

*Er hat uns erlaubt(,)*     ***später***     ***zu***     ***kommen.***
↓     ↓     ↓
Erweiterung    zu    Infinitiv
(mindestens ein Wort)

*Er hofft(,) jeden Tag(,)*     ***eine warme Mahlzeit***    ***zu***    ***bekommen.***
Siehe auch Infinitiv!

**Kasus:** Wortform bei der Deklination von Substantiven, Adjektiven, Artikeln und Pronomen
Siehe auch Nominativ, Genitiv, Dativ, Akkusativ!

**Konjugation:** Die Veränderungen des Verbs in Abhängigkeit vom Subjekt
*singen - ich sing**e** - du sing**st** - wir sing**en** - ihr sing**t** - sie sing**en***

**Konjunktion:** Bindewort (Wortart), das Satzgliedteile, Satzglieder, Haupt- und Nebensätze verbindet
Verbindung von
– Satzgliedern:     *Sie riskierten alles **und** gewannen verdient. Er war krank **oder** verreist.*
– Satzgliedteilen:     *Der ruhige **und** fleißige Schüler ..*
– Hauptsätzen:     *Nadine liest **und** Anna löst Rätsel.*
– Nebensätzen mit dem Hauptsatz:     *Sie wusste, **dass** er etwas falsch gemacht hatte.*

        – Nebensätzen untereinander: *Er glaubt, dass er eine gute Arbeit geschrieben hat(,) **und dass** er eine Zwei bekommt.*

    nebenordnende Konjunktionen: *und, oder, aber, denn, deshalb, darum ...*

    unterordnende Konjunktionen: *als, indem, nachdem, während, dass, da, weil, sodass, ...*

**Konjunktiv:** Verbform für eine Aussageweise (Modus); (Ausnahmemodus in Texten). Der Konjunktiv dient als Ausdruck der Aufforderung, des Wunsches (besonders höfliche Wünsche) oder als Zeichen, dass der Sprecher/Schreiber etwas nur Vorgestelltes, nur möglicherweise Existierendes bezeichnen will.

Wunsch: *Gott **sei** Dank! **Würden** Sie mir bitte das Buch geben?*
Aufforderung: *Man **nehme** 100 g Mehl, 3 Eier und **vermische** alles.*
Vorgestelltes: *Ich **wäre** gerne zu dir **gekommen**. Er **hätte** gerne gesungen. Wir **würden** uns freuen.*

Der wichtigste Anwendungsbereich des Konjunktivs ist die indirekte Rede.
*Gregor sagte: „Es           tut mir Leid, ich entschuldige mich."*

*Gregor sagte, dass es ihm Leid **tue** und er sich **entschuldige**.*

Man unterscheidet zwischen dem Konjunktiv I und Konjunktiv II.

| | **Konjunktiv I** | **Konjunktiv II** |
|---|---|---|
| Präsens | *er **singe*** | *er **sänge*** |
| Perfekt | *er **habe** gesungen* | *er **hätte** gesungen* |
| Futur | *er **werde** singen* | *er **würde** singen* |

Siehe auch Indikativ!

**Maskulinum:** Eines von drei grammatischen Geschlechtern von Substantiven
***der** Baum, **der** Hund, **ein** Mann*

**Modus:** Aussageweise des Verbs
Siehe auch Konjunktiv, Indikativ, Imperativ!

**Nebensatz:** Unselbstständiger, von einem Hauptsatz abhängiger Satz. Die Personalform des Verbs steht an letzter Stelle.
*Er kam verspätet, **weil der Bus in einen Stau geriet**.*

                    Personalform des Verbs

Neutrum: Eines von drei grammatischen Geschlechtern eines Substantivs
*das Kind, das Mädchen, ein Unglück*

Nomen: Anderer Begriff für Substantiv. Siehe dort!

Nominativ: Wortform bei der Deklination (1. Fall)
*der Mann, die Frau, das Kind* (Singular)
*die Männer, die Frauen, die Kinder* (Plural)

Numerale: Zahlwort (Wortart); Plural: Numeralien oder Numeralia
Bestimmtes Zahlwort: *eins, zwei, tausend, eine Million ...*
Unbestimmtes Zahlwort: *einige, manche, viele ...*
Ordnungszahl: *der erste Schnee; Er war Zweiter.*

Objekt: Satzglied (Satzergänzung), das vom Verb abhängig ist
Akkusativobjekt: *Er zog den Schlitten.*
Dativobjekt: *Er dankte seinem Retter.*
Genitivobjekt: *Ich bedarf eurer Hilfe.*

Das Objekt kann mithilfe der Ersatz- oder Umstellprobe als Satzglied
erkannt und mit Fragen bestimmt werden.
Akkusativobjekt: Wen oder Was + Prädikat + Subjekt?
Dativobjekt: Wem + Prädikat + Subjekt?
Genitivobjekt: Wessen + Prädikat + Subjekt?

Partizip: Verbform. Man unterscheidet zwei Arten:
– Partizip Präsens (1. Partizip oder Partizip I):
Es wird mit der Endung *-end* bzw. *-nd* gebildet.
*brems-end, lächel-nd*
– Partizip Perfekt (2. Partizip oder Partizip II):
Es wird in der Regel mit dem Präfix *ge-* und der Endung *-t*, *-et* oder *-en*
gebildet.
*ge-lob-t, ge-red-et, ge-sung-en*

Es gibt auch Verben, die das Partizip Perfekt ohne das Präfix *ge-* bilden.
*verreist, entlaufen*
Das Partizip Perfekt wird innerhalb des Prädikats zur Bildung der Tempora
Perfekt, Plusquamperfekt, Futur II und beim Passiv gebraucht.
*Er hat viel geredet. Es wurde viel gelacht.*

Partizipgruppe: Wortgruppe, bei der am Ende ein Verb als Partizip steht.

Bestandteile:

*Von dem Gewitter*     *überrascht(,)*     *brachen wir den Ausflug ab.*

↓        ↓

Erweiterung     Partizip Perfekt

*Am ganzen Körper*     *zitternd(,)*     *warteten wir in der grimmigen Kälte.*

↓        ↓

Erweiterung     Partizip Präsens

Siehe auch Partizip!

Passiv: Form des Verbs. Es zeigt die Darstellung des Geschehens vom betroffenen Gegenstand oder der betroffenen Person aus. Der Handelnde wird verschwiegen, weil er unbekannt, unwichtig oder selbstverständlich ist.
*Der Spieler **wurde** nur leicht **verletzt.***
*Die Schulaufgabe **wird** auf morgen **verlegt.***
*Der Spieler **ist** nur leicht **verletzt.***
Der Handelnde kann jedoch auch genannt werden: *Der Torwart **wurde** (vom gegnerischen Mittelstürmer) **verletzt.***

Bildung des Passivs:
– Präsens, Präteritum:   Personalform von „werden" + Partizip II

↓             ↓

Präsens:     *Er **wird***     ***gefragt.***
Präteritum:     *Er **wurde***     ***gefragt.***

– Perfekt, Plusquamperfekt:
Personalform von    „sein" + Partizip II + „worden"

↓          ↓

Perfekt:     *Er **ist***     ***gefragt***     ***worden.***
Plusquamperfekt:     *Er **war***     ***gefragt***     ***worden.***

– Futur I: Personalform von „werden" + Partizip II + „werden".

↓          ↓          ↓

*Er **wird***     ***gefragt***     ***werden.***

Siehe auch Aktiv!

Perfekt: siehe Tempus!

Personalform: Form des Verbs, die Person und Zahl angibt und durch das Subjekt bestimmt wird (finites Verb)
*ich **gehe**, du **läufst**, der Chor **singt**, die Schüler **lachen***
Zur Stellung der Personalform des Verbs im Satz siehe auch Satzarten, Hauptsatz und Nebensatz!

| | |
|---|---|
| Personal-<br>pronomen: | Siehe Pronomen! |
| Plural: | Mehrzahl |
| Plusquamperfekt: | Siehe Tempus! |
| Possessiv-<br>pronomen: | Siehe Pronomen! |
| Prädikat: | Satzglied, das aus einem oder mehreren Verben besteht, die auch andere Satzteile umklammern können (Verbklammer)<br>Gita **lernt** Englisch.<br>Carsten **spielt** in einer erfolgreichen Mannschaft **mit**.<br>Till **hat** seine Hausaufgaben **gemacht**. |
| Präposition: | Verhältniswort (Wortart), das das Verhältnis zwischen dem, was mit zwei Wörtern oder Wortgruppen bezeichnet wird, kennzeichnet. Präpositionen legen den Kasus (Fall) des folgenden Ausdrucks fest.<br>Er verspätete sich **trotz** schnellen Laufens. (Genitiv)<br>Sie stand **vor** dem Eingang. (Dativ)<br>Er schlug **gegen** den Ball. (Akkusativ)<br>Auf manche Präpositionen können verschiedene Fälle folgen:<br>Die Stifte lagen **auf** dem Tisch. (Dativ)<br>Hans legte die Stifte **auf** den Tisch. (Akkusativ) |
| Präsens: | Siehe Tempus! |
| Präteritum: | Siehe Tempus! |
| Pronomen: | Fürwort (Wortart) - Stellvertreter oder Begleiter eines Substantivs<br>– Personalpronomen: *ich, du, er, sie, es, wir ...*<br>– Possessivpronomen: *mein, dein, sein, ihr, unser ...*<br>– Fragepronomen: *wer, welcher, wessen, wem, ...* |
| Pronominaladverb: | besondere Form des Adverbs (Wortart)<br>Pronominaladverbien werden gebildet aus den Adverbien *da(r)*, hier, *wo(r)* und Präpositionen (z. B. *an, auf, bei* ...): damit, daran, darauf, hiermit, hierdurch, hierbei, woran, worauf, wobei ...<br>*Das Buch liegt auf der Bank, der Spickzettel ist **darin** versteckt.*<br>Siehe auch Adverb und Adverbial! |

Rede (direkte): Wörtlich wiedergegebene Rede (Zitat)
*Daniela sagte: „**Der Wandertag war große Klasse.**"*

Rede (indirekte): Indirekt wiedergegebene Rede (nichtwörtliche Rede)
*Daniela sagte, **dass der Wandertag große Klasse gewesen sei**.*

Redensart: Sprachliche Wendung, die nicht wörtlich gemeint ist. Die verwendeten Bilder werden häufig nicht mehr in ihrer ursprünglichen Bedeutung, sondern sinngemäß gebraucht.
*seinen Senf dazugeben – Maulaffen feilhalten – Dreck am Stecken haben*

Relativpronomen: Bezügliches Fürwort (deklinierbare Wortart)
*der, die, das*
- leitet Relativsätze ein
  *ich suchte das Buch, **das** du mir geliehen hast.*
- weist auf etwas Folgendes voraus
  *Sagt **denen**, die gefehlt haben, sie müssen nachlernen.*
- verdeutlicht bestimmte Beziehungen
  *Klaus, **dessen** Freunde ihn heute besuchen, geht es schon wieder besser.*
  Siehe auch Relativsatz!

Relativsatz: Attribut, das aus einem Nebensatz (Attributsatz) besteht. Er enthält meist ein Relativpronomen, das auf das Bezugswort im vorangegangenen Satz oder Satzteil verweist. Attributsätze werden durch Komma vom Hauptsatz abgetrennt.
*Den Wandertag, **an dem es stark geregnet hat**, vergessen wir nicht.*

       ↓          ↓

    Bezugswort  ←  Relativsatz (Attributsatz)
Siehe auch Attribut!

Satzarten: – Aussagesatz: *Christine **feierte** Geburtstag. Das Auto **wurde** repariert.*
          *Er **hat** sein Heft vergessen.*
Die Personalform des Verbs steht an zweiter Stelle.
– Fragesatz: ***Wer leiht** mir einen Kugelschreiber?* (Wortfrage)
      ***Hilfst** du mir bei den Hausaufgaben?* (Satzfrage)
Bei der Satzfrage steht die Personalform des Verbs an erster Stelle, bei der Wortfrage an zweiter Stelle.
– Ausrufesatz: *Wie gut das geklappt hat!*
– Befehlssatz (Aufforderungssatz): *Geh mir aus dem Weg!*
Die Satzarten sind meistens auch an den Satzschlusszeichen zu erkennen.

| | |
|---|---|
| Satzgefüge: | Die Verbindung von Haupt- und Nebensätzen<br>*Der Unterricht fällt aus, weil der Lehrer erkrankt ist.* (HS, NS)<br>*Nachdem wir gegessen hatten, gingen wir ins Kino.* (NS, HS) |
| Satzglieder: | Wörter oder Wortgruppen, aus denen sich ein Satz zusammensetzt. Die Satzglieder sind innerhalb des Satzes umstellbar.<br>Siehe auch unter Umstellprobe, Ersatzprobe, Subjekt, Objekt, Prädikat! |
| Satzreihe: | Die Verbindung von mindestens zwei Hauptsätzen<br>*Der Hund bellt und die Katze miaut.* (HS, HS)<br>*Ich fütterte den Hund(,) und meine Frau fütterte die Katze.* (HS, HS) |
| Singular: | Einzahl |
| Sprichwort: | Kurz gefasster, lehrhafter und durch Reim oder Rhythmus einprägsamer Satz, der überlieferte und immer wieder bestätigte Erfahrungen ausdrückt<br>*Ehrlich währt am längsten. – Es ist nicht alles Gold, was glänzt.* |
| Subjekt: | Das Satzglied im Nominativ, das sich durch die Frage „Wer oder Was + Prädikat?" erfragen lässt. Es bestimmt die Personalform des Verbs im Satz.<br>***Meine Eltern** fuhren in Urlaub.* Frage: ***Wer fuhr?*** |
| Substantiv: | Hauptwort oder Nomen (Wortart)<br>Deklinierbare Wortart, die mit einem Artikel verbunden werden kann und großgeschrieben wird: *(das) Haus, (die) Erde* |
| Tempora: | Plural von Tempus<br>Siehe Tempus! |

Tempus:  Verbform (Plural: Tempora): Beispiele im Aktiv

| | | |
|---|---|---|
| Präsens | *er **bindet*** | *es **regnet*** |
| Präteritum | *er **band*** | *es **regnete*** |
| Perfekt | *er **hat gebunden*** | *es **hat geregnet*** |
| Plusquamperfekt | *er **hatte gebunden*** | *es **hatte geregnet*** |
| Futur I | *er **wird binden*** | *es **wird regnen*** |
| Futur II | *er **wird gebunden haben*** | *es **wird geregnet haben*** |

Bildung der Tempora:
- Präsens:        Endung am Wortstamm
                  *ich lauf**e** - du geh**st***
- Präteritum:   Vokalwechsel im Wortstamm
                  *ich laufe - ich **lief***
        oder          eingeschobenes t bzw. et (schwache Verben)
                  *ich lache - ich **lachte***
                  *ich arbeite - ich **arbeitete***
- Perfekt:
Personalform (Präsens) von „haben" oder „sein" + Partizip II

                  *ich **habe**          **gelacht***
                  *ich **bin**  **gelaufen***
- Plusquamperfekt:
Personalform (Präteritum) von „haben" oder „sein" + Partizip II

                  *ich **hatte**          **gelacht***
                  *ich **war**  **gelaufen***
- Futur I: Personalform von „werden" + Infinitiv

                  *ich  **werde**    **kommen***
- Futur II:
Personalform von „werden" + Partizip II + „haben" oder „sein"

                  *ich **werde**    **gelacht**    **haben***
                  *ich **werde**    **gekommen**        **sein***

Siehe auch Passiv!

Umstellprobe:  Methode zur Isolierung und Bestimmung von Satzgliedern durch Umstellen von Wörtern oder Wortgruppen und zur Verbesserung eines Textes (Abwechslung im Satzbau)

**Uwe**              *wohnt seit drei Jahren in München.*
**Seit drei Jahren**    *wohnt Uwe in München.*
**In München**       *wohnt Uwe seit drei Jahren.*

Wörter oder Wortgruppen, die zusammen umgestellt werden, sind Satzglieder. Als Satzglieder lassen sich daher neben dem Prädikat (Verb) bestimmen: *Uwe, seit drei Jahren, in München.*

Verb: Konjugierbare Wortart, die das Prädikat im Satz bildet. Das Verb bestimmt die Objekte.
*Das Schulfest **gefiel** allen, weil wir viel **tanzen konnten**.*
Siehe auch Personalform und Prädikat!

Verbklammer: Siehe Prädikat!

Wortbildung: Wörter können durch Ableitung und Zusammensetzung gebildet werden.
Siehe auch Ableitung, Grundwort, Bestimmungswort!

Wortfamilie: Wörter, die auf ein gemeinsames Stammwort zurückzuführen sind, bilden eine Wortfamilie.
*groß, Größe, Großbetrieb, riesengroß, vergrößern ...*

Wortfeld: Wenn Wörter einen gemeinsamen Teil an Bedeutung haben, bilden sie ein Wortfeld.
*eng, schmal, dünn, ...*

Zeit: Siehe Tempus!

Zeitstufe: Art der zeitlichen Einbettung aus der Sicht des Sprechers oder Schreibers zu dem Zeitpunkt, zu dem er sich äußert.
Man unterscheidet dabei drei Zeitstufen (Gegenwart, Vergangenheit und Zukunft), die nicht mit den Tempora verwechselt werden dürfen.
Die Zeitstufen werden mit den Tempora des Verbs und anderen Wörtern ausgedrückt.
*Wir **gehen** morgen ins Kino.* (Zeitstufe „Zukunft" aus der Sicht des Sprechers, die mit dem Tempus Präsens und dem Wort „morgen" ausgedrückt wird)

# Stichwortregister

# Bildquellenverzeichnis

*Seite 6 oben rechts:* Erika Fernschild, München; Oda Sternberg, München – *Seite 11 oben links:* Universitätsbibliothek, Heidelberg; *unten rechts:* Archiv für Kunst und Geschichte, Berlin; *oben rechts:* Karl Schönemeier, Pennigbüttel; *unten links:* Claasen Verlag Hildesheim – *Seite 12:* Isolde Ohlbaum, München – *Seite 15:* Archiv für Kunst und Geschichte, Berlin – *Seite 17:* Archiv für Kunst und Geschichte, Berlin – *Seite 19 unten links:* Archiv für Kunst und Geschichte, Berlin; *oben links:* Goethe-Museum, Düsseldorf; *oben rechts:* Guns N'Roses, Gene Kirkland/Idols, London; *unten Mitte:* Pamela Anderson, Bay watch TIM Roney/Idols, London; *Mitte:* Archiv für Kunst und Geschichte, Berlin – *Seite 38 oben:* Archiv für Kunst und Geschichte, Berlin; *unten:* Gerhard C. Krischker (Collage), Bamberg – *Seite 44:* Hans-Joachim Kirsche, Berlin – *Seite 47:* SZ-Archiv, München – *Seite 55,* aus: Auto aktiv. Illustrierte zur 51. IAA in Frankfurt/M, Verband der Automobilindustrie, Ffm – *Seite 57/58,* Joachim Bokeloh, aus: Wir und unsere Umwelt, Bonn 1993 – *Seite 73:* Ganter Schuhfabrik, Waldkirch – *Seite 75:* Quelle Unternehmungswerbung, Fûrth – *Seite 96:* test spezial. Computer & Zubehör Nr. 9.404. Stiftung Warentest, Berlin; Thema: Verkehr. BRVG-Bayerische Raiffeisen- und Volksbank-Verlag GmbH, München, 1993; „Brockhaus Enzyklopädie in 24 Bänden", „Duden. Zitate und Aussprüche", „Schülerduden. Die Literatur". Bibliographisches Institut & F.A. Brockhaus AG, Mannheim – *Seite 105:* Dieter Stockey, Bremen – *Seite 108/109,* aus: Kilometer-Bilanz. Personenverkehr – Informationen über die Verkehrssysteme in Deutschland – *Seite 129:* H. Hertel, Nürnberg – *Seite 136,* aus: Wort + Form 10. C. C. Buchners Verlag, Bamberg, 1975 – *Seite 137:* SAT.1, Schreinemakers live, vom 7. 7. 94 – *Seite 144:* Albert Brückner, Neumarkt – *Seite 150,* aus: Focus Nr. 20 v. 16. 5. 94 – *Seite 151/152:* ARD-aktuell, Hamburg.

# Textquellenverzeichnis

*Hier nicht aufgeführte Texte sind Originalbeiträge der Verfasser.*

*Seite 7:* Bayerisches Staatsschauspiel (Hrsg.): 07/93 (= Spielplan Juni 1993). München 1993 – *Seite 8:* Städtische Bühnen Nürnberg (Hrsg.): Theater Nürnberg 93/94. Nürnberg 1993. S. 74 f. – *Seite 9:* Tödlicher Lebensrausch einer Jugend, aus: Sabine Dultz (Münchner Merkur vom 16. 1. 1993) – *Seite 12/13:* Eine Dichterin stellt sich vor, aus: Sarah Kirsch: Erklärung einiger Dinge. Dokumente und Bilder. Ebenhausen (Langewiesche-Brandt) 1979. S. 13 – *Seite 14:* Sarah Kirsch: Sommerabend, aus: Sarah Kirsch: Erdreich. Gedichte. Stuttgart (Deutsche Verlagsanstalt) 1982. S. 56 – *Seite 15:* Annette von Droste-Hülshoff, aus: Heinrich Pleticha (Hrsg.): dtv junior Literatur-Lexikon. 6. Aufl. Berlin/München (dtv) 1986. S. 120 – *Seite 15/16:* Annette von Droste-Hülshoff: Am Turme, aus: Karl Krolow (Hrsg.): Deutsche Gedichte. 1. Bd. 2. Aufl. Frankfurt (Insel) 1982. S. 488 f. – *Seite 17:* Heinrich Heine, aus: Heinrich Pleticha (Hrsg.): dtv junior Literatur-Lexikon. 6. Aufl. Berlin/München (dtv) 1986. S. 144 f. – *Seite 17/18:* Heinrich Heine: Zur Beruhigung, aus: Heinrich Heine: Werke und Briefe Bd. 1. Berlin (Aufbau) 1961 – *Seite 20:* Johann Hermann Schein: Kunstlied, aus: Marian Szyrocki: Die deutsche Literatur des Barock – Eine Einführung. Hamburg (Rowohlt) 1968. S. 60 – *Seite 20/21:* Achim Reichel: Darling Ultra, aus: Achim Reichel: Ungeschminkt. Hamburg (TELDEC) 1980. (Rechte bei Gorilla Musikverlag und Ja/Nein Musikverlag, beide Hamburg) – *Seite 22/23:* Irgendwann wird mir schon ein Mädchen übern Weg laufen (Schülertext), aus: Krejci/Schmitt (Hrsg.): Textarbeit 3. 1. Aufl. Bamberg (C. C. Buchner) 1986. S. 92 f. – *Seite 24/25:* Aufs Pferd, Kamerad …, aus: Friedrich Schiller: Wallenstein I. Stuttgart (Reclam) 1959. S. 41 ff. – *Seite 26/27:* Erich Maria Remarque: Nürnberger: Geschichte der deutschen Literatur. 24. Aufl. München (bsv) 1992. S. 161 – *Seite 28:* Novalis: Hymnen an die Nacht, aus: Karl Krolow (Hrsg.): Deutsche Gedichte. Bd. 1. 2. Aufl. Frankfurt (Insel) 1982. S. 386 – *Seite 29:* Johann Wolfgang Goethe: Ein Gleiches, aus: Karl Krolow (Hrsg.): Deutsche Gedichte. Bd. 1. 2. Aufl. Frankfurt (Insel) 1982. S. 240 – *Seite 29:* Yvan Goll: Des Dichters Tod, aus: Hans Thiel (Hrsg.): Blaue Segel. 5. Aufl. Frankfurt/Berlin/München (Diesterweg) 1971. S. 83 – *Seite 30/31:* Ludwig Hirsch: Komm großer schwarzer Vogel, aus: Ludwig Hirsch: Komm großer schwarzer Vogel. München (Polydor) 1979. (Rechte bei Edition Karl Scheibmaier, Wien) – *Seite 32–34:* Heinrich von Kleist: Das Bettelweib von Locarno, aus: Erich Hülse (Hrsg.) Beispiele 9. 1. Aufl. München (Oldenbourg) 1974. S. 34 ff. – *Seite 35:* Matthias Claudius: Abendlied, aus: Hans Thiel (Hrsg.): Blaue Segel. 5. Aufl. Frankfurt/Berlin/ München (Diesterweg) 1971. S. 23 f. – *Seite 36:* Lied des Astronauten, aus: Dieter Höss: Schwarz Braun Rotes Liederbuch. Bergisch Gladbach (Lübbe) 1967. S. 52 – *Seite 37:* Parodie, aus: Franz Decker (Hrsg.): Wirklichkeiten. Paderborn (Schöningh) 1982. S. 248 – *Seite 37:* Gert Kalow: Heimatlied, aus: Gert Kalow: Erdgaleere. München (Piper) 1969 – *Seite 40:* Shalom, Nessie, aus: SZ vom 17. 7. 1993 – *Seite 40:* Ein Krokodil auf Irrwegen, aus: Münchner Merkur vom 17. 7. 1993 – *Seite 42:* Mit dem Kleinkraftrad auf parkenden Kleinbus geprallt …, aus: Münchner Merkur vom 5. 7. 1990 (Lokalteil Weilheim) – *Seite 44/45:* Beim Dienst abwechseln, aus: Bundesanstalt für Arbeit (Hrsg.): IZ, Informationszeitung der Berufsberatung 2/März 1993. Wiesbaden (Universum) 1993. Beitrag von Enno Wiese – *Seite 46–48:* Im Liegesitz die Vielfalt des Kontinents erleben, aus: Albert Strick (SZ vom 27. 10. 1987) – *Seite 50:* EU will Bonn zum Müll zwingen, aus: Münchner Merkur vom 2. 12. 1993 – *Seite 51:* EU-Müllskandal, aus: Wilhelm Christbaum (Münchner Merkur vom 2. 12. 1993) – *Seite 52:* Jedes fünfte Kind arbeitet regelmäßig; Geknechtete Kinder, aus: Sigrun Eibner (Nürnberger Zeitung vom 23. 9. 1993) – *Seite 53/54:* Fünf Schritte, damit der Job nicht zum Flop wird, aus Stern 47/1993. S. 101 – *Seite 55:* Tempo 100, aus: Auto aktiv. Illustrierte zur 51. Intern. Automobilausstellung Frankfurt 1985 – *Seite 57/58:* Supermarkt Natur, aus: Bundesumweltministerium Bonn (Hrsg.): Wir und unsere Umwelt 1/1993 – *Seite 59:* Klatsch-Marsch, aus: Michael Mosch (Stern tv-Magazin 53/1992) – *Seite 63/64:* Sollen Schulkinder in den Ferien büffeln, aus: Christa-Maria Brockmann (Ammerseekurier vom 26. 7. 1991. Dießen 1991) – *Seite 66:* Schüler werden immer aggressiver, aus: Ursula Peters (SZ vom 11. 2. 1992) – *Seite 68:* Marco Due, aus: Nicol Ljubic (jetzt; Jugendmagazin der SZ, 48/93 vom 29. 11. 1993) – *Seite 122:* Kohlendioxid-Verringerung, aus: Umweltbundesamt Berlin (Hrsg.): Klimaveränderung und Ozonloch. 1992. S. 22 (gekürzt) – *Seite 123:* Lebensmittel unter der Lupe, aus: Stiftung Warentest (Hrsg.): Sonderheft Umweltschutz (September). Berlin 1990. S. 74 ff. (gekürzt) – *Seite 130:* Aufgabe 7c, aus: Stiftung Warentest (Hrsg.): Sonderheft Umweltschutz (September). Berlin 1990. S. 74 ff. (verändert und gekürzt) – *Seite 133:* Aufgabe 1, aus: Karl O. Frank (Hrsg.): Werkstatt Sprache 9. München (Oldenbourg/C. C. Buchner) 1984. Beitrag von Wolfgang Ambros. S. 17 f. (verändert) – *Seite 141:* Sie lesen heute, aus: SZ vom 8. 3. 1994. S. 1 (verändert) – *Seite 142:* Staatsinstitut für Schulpädagogik und Bildungsforschung, München (Hrsg.): Die Entstehung einer Tageszeitung, aus: Medienerziehung, Handreichung für Lehrer an bayerischen Schulen. Donauwörth (Ludwig Auer) 1990. S. 110 – *Seite 143:* Aufgabe c, aus: Die Nachrichtenagenturen in Deutschland. In: Peter Brand/Volker Schulze (Hrsg.): Medienkundliches Handbuch – Die Zeitung. Braunschweig (Hahner) 1983. S. 63 – *Seite 144:* Kärwa in Fürth, aus: Abendzeitung vom 1./2./3. 10. 1994 – *Seite 145:* Geburt im Lufthansa-Airbus, aus: Bild-Zeitung vom 26. 8. 1993 – *Seite 146:* Hausfrau von 4 Wespen totgestochen, aus: Bild-Zeitung vom 27. 8. 1993. S. 3 – Kapitel 3b, aus: Gerhard Schoebe (Hrsg.): Verstehen und Gestalten C 8. München (Oldenbourg) 1992. Beitrag von Konrad Notzon. S. 76 – *Seite 148:* Aufgabe 1d (Schaubild), aus: Gerhard Schoebe (Hrsg.): Verstehen und Gestalten C 8. München (Oldenbourg) 1992. Beitrag von Konrad Notzon. S. 63 – *Seite 149:* Impressum aus: SZ (Namen und Adressen sind geändert) – *Seite 152:* Fernsehen und/oder Zeitung? Ein Fernsehbericht, aus: Tagesschau (ARD) vom 26. 10. 1993. 20.00 Uhr – *Seite 153:* Ein Zeitungsbericht, aus: Bayerische Rundschau Kulmbach vom 26. 10. 1993 – *Seite 155:* Zapper kennen keine Gnade aus: Volker Thomas (Politische Zeitung – wir in Europa (Medien). August 1993). S. 39 (verändert) – *Seite 156:* „Dumme werden dümmer“, aus: Der Spiegel (Nr. 19 von 1989). Interview mit Hans Dieter Zimmermann. S. 227 (stark gekürzt und verändert) – *Seite 158:* Aufgabe 1 (Dialog), aus: Frank/Pfaff (Hrsg.): Werkstatt Sprache 9 Ausgabe N. München (Oldenbourg) 1993. Beitrag von Eva Bednarek. S. 56 (verändert) – *Seite 158/159:* Aufgabe 2, aus: Frank/Pfaff (Hrsg.): Werkstatt Sprache 9 Ausgabe N. Beitrag von Eva Bednarek. S. 57 (verändert) – *Seite 159:* Schaubild, aus: Frank/Pfaff (Hrsg.): Werkstatt Sprache 9 Ausgabe N. München (Oldenbourg) 1993. Beitrag von Eva Bednarek. S. 58 – *Seite 160:* Aufgabe 4 (Stellenangebot), aus: IHK (Hrsg.): Berufsperspektiven. Ausgabe 3/Oktober 1993. München 1993. S. 31 (verändert) – *Seite 161:* Aufgabe 5, aus: Bundesanstalt für Arbeit und Medialog Gesellschaft für Medientechnik (Hrsg.): Step plus, Beiheft, Ausgabe 1991/92: Selbsterkundungsprogramm. Mannheim 1991/92 – *Seite 162:* Aufgabe 6: Eine Ausbildungsleiterin; Aufgabe 6d, aus: Bundesanstalt für Arbeit (Hrsg.): IZ, Informationszeitung der Berufsberatung 3/April 1993. Wiesbaden (Universum) 1993. Beitrag von Ulrich Hofmann. S. 5 (verändert) – *Seite 163:* Cluster und Text, aus: Frank/Pfaff (Hrsg.): Werkstatt Sprache 9 Ausgabe N. München (Oldenbourg) 1993. Beitrag von Eva Bednarek. S. 59 – *Seite 169:* Aufgabe 1: Sich auf das Vorstellungsgespräch vorbereiten, aus: Karl O. Frank (Hrsg.): Werkstatt Sprache 9. München (Oldenbourg/C. C. Buchner) 1984. Beitrag von Eva Bednarek. S. 65 f. – *Seite 171:* Aufgabe 3: Der beste Empfehlungsbrief, aus: Frank/Pfaff (Hrsg.): Werkstatt Sprache 9 Ausgabe N. München (Oldenbourg) 1993. Beitrag von Eva Bednarek. S. 68 – *Seite 173:* Daten und Namen des Protokolls sind erfunden. – *Seite 191:* Aufgabe 4a–e, aus: Gabriele Achhammer/Friederike Gebhardt: Abschlussprüfungsaufgaben mit Lösungen, Deutsch, Realschule Bayern. Freising (Stark) 1994. S. 34 f. – *Seite 192:* Aufgabe 5, aus: Gabriele Achhammer/Friederike Gebhardt: Abschlussprüfungsaufgaben mit Lösungen, Deutsch, Realschule Bayern. Freising (Stark) 1994. S. 35 – *Seite 193:* Aufgabe 7, aus: Walter Kallert: Deutscher Aufsatz. Der Weg zur Erörterung, 9. Jahrgang. 1. Aufl. München (Manz) 1992. S. 87 – *Seite 204:* Text zu Aufgabe 1, aus: Walter Kallert: Deutscher Aufsatz. Der Weg zur Erörterung, 9. Jahrgang. 1. Aufl. München (Manz) 1992. S. 78 f. – *Seite 205:* Text zu Aufgabe 2, aus: Walter Kallert: Deutscher Aufsatz. Der Weg zur Erörterung, 9. Jahrgang. 1. Aufl. München (Manz) 1992. S. 70 f. – *Seite 212:* Bekanntmachung im Lokalteil einer Zeitung, aus: Heribert Keh: Unser Deutsch b 2. Paderborn (Schöningh) 1968. S. 123 – *Seite 213:* Wahlbezirke, aus: Heribert Keh: Unser Deutsch b 2. Paderborn (Schöningh) 1968. S. 123 – *Seite 214:* Duden, Rechtschreibung der deutschen Sprache und der Fremdwörter. 19. Aufl. Mannheim (Bibliographisches Institut) 1986. S. 60 f. – *Seite 231:* Aufgabe 1, aus: Helmut Pickel (Nürnberger Nachrichten vom 13. 9. 1993) – *Seite 233:* Viele Fremdwörter sind international verbreitet …, aus: Duden. Das Fremdwörterbuch. 5. Aufl. Mannheim (Bibliographisches Institut) 1990. S. 11 – *Seite 233/234:* Die Renaissance der Bahn, aus: Joachim Wille: Die Renaissance der Bahn. In: Genossenschaftsverband Bayern (Hrsg.): Thema: Verkehr. Hintergrundinformationen für Pädagogen, Politiker und Journalisten zum 24. Internat. Jugendwettbewerb der Volks- und Raiffeisenbanken. München (BRVG) 1993 – *Seite 235:* Fremdwörter erklären, aus: Bayer. Kultusministerium Ausschuss für Prüfungsaufgaben: Herausgegeben von Oskar Schraml/Erich Selzle: Ausleseprüfung für die Einstellung in Laufbahnen des mittleren nichttechnischen Dienstes 1990. Pfaffenhofen (Ludwig) 1990 (verändert) – *Seite 237:* Ingo Bierschwale: Nur kein falsches Wort, aus: Bayerische Rundschau Kulmbach vom 2. 3. 1994 (verändert).